L'AFFAIRE DREYFUS

DU MÊME AUTEUR

Politics and Society in Contemporary France (1789-1971).
A Documentary History (Harrap, 1972).

Péguy et le nationalisme français. De l'affaire Dreyfus à la
Grande Guerre (Amitié Charles Péguy, 1972). *Cahiers de*
l'Amitié Charles Péguy, n° 25.

Politique et société : la France de 1814 à nos jours (Flammarion, 1977).

(Sous la direction de) *Teaching French Civilisation. Proceedings of the Anglo-American Seminar held at Portsmouth Polytechnic 18th-20th September 1987* (Association for the Study of Modern and Contemporary France, 1988).

ERIC CAHM

L'AFFAIRE DREYFUS

Histoire, politique et société

LE LIVRE DE POCHE

Remerciements

Ce livre doit beaucoup à Madeleine Rebérioux, qui connaît l'affaire Dreyfus mieux que quiconque. Elle a bien voulu lire mon manuscrit, et elle m'a évité bien des erreurs historiques. Je ne saurais trop la remercier de son soutien et de son amitié qui m'ont toujours été précieux : ils ne datent pas d'hier.

Il va sans dire que tout ce qui peut rester d'inexactitudes dans le livre m'incombe entièrement.

Je remercie Dominique Goust, qui a si bien compris mes intentions dans ce livre.

Michel Simonin, Gérald Chaix et Pierre Citti savent bien ce que ce livre leur doit.

Je remercie également, pour leur aide et leur fidélité, Joanna Loughlin, mon assistante de recherche, et Joy Harwood, ma secrétaire, qui a su déchiffrer un manuscrit parfois difficile.

Chronologie sommaire de l'Affaire

(1894-1906)

1894

27 septembre	Arrivée du bordereau à la Section de Statistique.
6 octobre	Au ministère, le bordereau est attribué à Dreyfus.
15 octobre	Arrestation de Dreyfus.
1er novembre	Article de Drumont à *La Libre Parole* qui lance la campagne de presse. Les ministres décident une instruction judiciaire.
c. 8 novembre	Mercier décide de faire condamner Dreyfus sur un dossier secret. Volte-face de Drumont et de Rochefort en sa faveur.
3 décembre	Rapport du commandant d'Ormescheville.
19-22 décembre	Premier procès. Communication du dossier secret. Dreyfus condamné à la déportation perpétuelle et à la dégradation.
31 décembre	Rejet du pourvoi de révision.

1895

5 janvier	Dégradation de Dreyfus à l'École Militaire. Ses prétendus aveux à Lebrun-Renault. Démarche de Münster auprès de Casimir-Périer.
Janvier	Mathieu Dreyfus chargé par sa famille d'une campagne de propagande et de la recherche du coupable.
21 février	Le docteur Gibert apprend de Félix Faure que Dreyfus a été condamné sur un dossier secret.
Fin février	Mathieu Dreyfus charge Bernard Lazare de la rédaction d'un mémoire pour Dreyfus.
13 avril	Dreyfus arrive à l'Ile du Diable.

1896

Mars	Picquart reçoit le petit bleu : il file Esterhazy sans succès.
27 août	Picquart convaincu de l'innocence de Dreyfus.

3 septembre	Fausse nouvelle de l'évasion de Dreyfus publiée à Londres.
14 septembre	Article de *L'Éclair* : « Cet animal de Dreyfus ».
15 septembre	Picquart : « Je n'emporterai pas ce secret dans la tombe. »
26 octobre	Picquart, devenu gênant, est envoyé en mission.
2 novembre	Le faux Henry présenté à Gonse, qui est ravi.
6 novembre	Bernard-Lazare publie son premier mémoire.
10 novembre	*Le Matin* publie un fac-similé du bordereau.

1897

Juin	Picquart charge Leblois de sa défense.
14 juillet	Scheurer-Kestner annonce au Sénat sa conviction de l'innocence de Dreyfus.
Automne	Herr convainc les premiers dreyfusards.
30 octobre	Scheurer promet de ne rien faire pendant quinze jours encore.
c. 7 novembre	Mathieu Dreyfus découvre l'identité du coupable.
Novembre	Clemenceau et Zola s'engagent.
15 novembre	Mathieu Dreyfus dénonce Esterhazy.
17 novembre	Pellieux chargé d'une enquête sur ce dernier.
4 décembre	L'instruction du procès Esterhazy confié à Ravary. Méline à la Chambre : « Il n'y a pas d'affaire Dreyfus. »
7 décembre	Interpellation de Scheurer au Sénat.
13 décembre	Rochefort implique l'Empereur Guillaume II.

1898

2 janvier	Esterhazy mis en jugement.
7 janvier	Publication du rapport d'Ormescheville par *Le Siècle*.

10-11 janvier	Procès Esterhazy : acquittement.
13 janvier	Publication de *J'Accuse... !* de Zola.
14-18 janvier	Pétitions des intellectuels et constitution du parti révisionniste. Protestation des nationalistes et des antisémites ; manifestations antisémites en province.
	Manifeste abstentionniste des députés socialistes.
20 janvier	Zola et Perrenx cités en cour d'assises.
22 janvier	Bagarre à la Chambre. Jaurès frappé par Bernis.
7 février	Début du procès Zola.
17 février	Pellieux divulgue au procès le faux Henry.
18 février	Boisdeffre menace de démissionner.
20 février	La fondation de la Ligue des Droits de l'Homme est décidée.
23 février	Zola condamné à un an de prison et 3 000 F d'amende.
8 et 22 mai	Élections législatives.
15 juin	Chute de Méline.
28 juin	Cabinet Brisson : Cavaignac à la Guerre.
7 juillet	Discours de Cavaignac présentant le faux Henry comme preuve de la culpabilité de Dreyfus.
10 août	Jaurès commence la publication des *Preuves*.
13 août	Le commandant Cuignet découvre le faux d'Henry.
30 août	Interrogatoire d'Henry par Cavaignac : aveux.
31 août	Suicide d'Henry.
3 septembre	Demande en révision de Lucie Dreyfus.
5 septembre	Zurlinden ministre de la Guerre.
17 septembre	Chanoine ministre de la Guerre.
20 septembre	L'ordre d'informer contre Picquart signé.
26 septembre	Le conseil des ministres décide de transmettre la demande en révision à la Cour de cassation.
Octobre	Grève des terrassiers à Paris. Rumeurs de coup d'État. La France humiliée à Fachoda.

25 octobre	Rentrée des Chambres. Démission de Chanoine à la tribune. Démission du cabinet Brisson.
29 octobre	La Cour de cassation déclare la demande de révision recevable et ouvre une enquête.
1er novembre	Cabinet Dupuy.
Automne	Émergence de l'idée de dessaisissement. Le dreyfusisme s'identifie à la gauche anticléricale et antinationaliste.
14 décembre	Ouverture par *La Libre Parole* de la souscription en faveur de la veuve d'Henry.
31 décembre	Ligue de la Patrie Française fondée.

1899

10 février	Vote de la loi de dessaisissement par la Chambre.
16 février	Mort du Président Félix Faure.
18 février	Élection d'Émile Loubet comme Président.
23 février	Obsèques de Félix Faure. Échec de la marche sur l'Élysée de Déroulède.
31 mars	*Le Figaro* commence la publication de l'enquête de la Cour de cassation.
29 mai	A la Cour de cassation : rapport de Ballot-Beaupré concluant au renvoi de Dreyfus devant un nouveau conseil de guerre.
31 mai	Acquittement de Déroulède.
3 juin	Arrêt de révision. Dreyfus renvoyé devant le conseil de guerre de Rennes.
4 juin	Auteuil : Loubet frappé par le baron Christiani.
11 juin	Longchamp : riposte républicaine. Bagarres.
12 juin	Chute du cabinet Dupuy.
22 juin	Cabinet Waldeck-Rousseau, avec Galliffet et Millerand. Prise en main de l'armée et de la police.
30 juin/ 1er juillet	Dreyfus débarqué et conduit à Rennes.

Été	Mercier contre Dreyfus. Nouveau complot de Déroulède.
7 août	Début du procès de Rennes.
12 août	Arrestation de Déroulède et des comploteurs. Déposition de Mercier. Siège du « fort Chabrol ».
9 septembre	Dreyfus condamné à la majorité de 5 contre 2 à dix ans de détention, avec circonstances atténuantes.
19 septembre	Dreyfus gracié par Loubet.
20 septembre	Reddition du fort Chabrol.
21 septembre	Galliffet : « L'incident est clos ».

1900
27 décembre   Loi d'amnistie.

1903
6 et 7 avril   Jaurès relance l'Affaire à la Chambre.

1904
5 mars   La Chambre criminelle de la Cour de cassation déclare recevable la seconde demande en révision.

1906
12 juillet   Arrêt de réhabilitation de Dreyfus.

CHAPITRE I

La première affaire Dreyfus
(de novembre 1894 à janvier 1895)

Un bordereau

27 septembre 1894, rue Saint-Dominique à Paris : dans une chambre basse du ministère de la Guerre, un grand officier moustachu montra à ses camarades du service de contre-espionnage un document qui prouvait la trahison d'un officier français.

« Voyez donc ce qui m'a été remis », dit-il. « C'est fort. Et j'espère bien qu'on va le pincer ! »

L'auteur de ce document non signé, qu'on appellera le bordereau, avait écrit :

« Sans nouvelles m'indiquant que vous désirez me voir, je vous adresse cependant, Monsieur, quelques renseignements intéressants :

1° Une note sur le frein hydraulique du 120 et la manière dont s'est conduite cette pièce ;

2° Une note sur les troupes de couverture (quelques modifications seront apportées par le nouveau plan) ;

3° Une note sur une modification aux formations de l'artillerie ;

4° Une note relative à Madagascar ;

5° Le projet de manuel de tir de l'artillerie de campagne (14 mars 1894).

Ce dernier document est extrêmement difficile à se procurer, et je ne puis l'avoir à ma disposition que très peu de jours. Le ministère de la Guerre en a envoyé un nombre fixe dans les corps, et ces corps en sont responsables. Chaque officier détenteur doit remettre le sien après les manœuvres. Si donc vous voulez y prendre ce qui vous intéresse et le tenir à ma disposition après, je le prendrai. A moins que vous ne vouliez que je le fasse copier in extenso et ne vous en adresse la copie.

Je vais partir en manœuvres. »

Le commandant Henry

Quel est l'homme qui a reçu cette preuve incontestable d'une trahison et comment lui est-elle parvenue ? C'est le commandant Henry, 48 ans, officier sorti du rang, la personnalité dominante du service de contre-espionnage. D'origine paysanne, intelligent et rusé, mais sans culture et ne connaissant pas les langues étrangères, Henry n'a dû son entrée au service — pudiquement baptisé « Section de Statistique » — qu'à la protection du général de Miribel. En 1894, il est chargé de trier les documents qui arrivent au service, et de reconstituer au besoin ceux qui sont rédigés en français. C'est ce qu'il a fait dans le cas du bordereau, recollant les morceaux du document déchiré.

La pièce lui avait été remise par Marie Bastian, agent français travaillant comme femme de ménage à l'ambassade d'Allemagne. Tenue pour sotte, elle n'avait jamais été soupçonnée par ses employeurs, et, une ou deux fois par mois, elle remettait à Henry ou à un de ses émissaires les papiers qu'elle récoltait tranquillement dans les corbeilles à papier de l'ambassade. Ces rencontres romanesques avaient lieu à la tombée de la nuit dans une église des environs, le plus souvent à la basilique Sainte-Clotilde, située juste en face du ministère, à moins de cent mètres de la rue Saint-Dominique.

Henry s'acquittait bien de ses tâches essentiellement policières : parmi elles figurait la confection de faux, destinés à « intoxiquer » les services étrangers.

Dès sa réception, Henry soumit tout de suite le bordereau à son chef de service, Sandherr, Alsacien et grand patriote, qui se flattait d'avoir, pendant des années, gavé le Grand État-Major allemand de faux renseignements.

Un traître

Tous les officiers qui virent le bordereau le premier jour
furent persuadés que le traître était à chercher au ministère.
Il utilisait tellement, selon eux, « le langage de la maison ».
On ne se donna pas le temps de réfléchir sur les impropriétés
de langage du texte.

Du coup, tous les officiers devinrent des suspects. Leur
nervosité était accentuée par l'atmosphère d'espionnite qui
régnait au ministère, comme dans le pays. La presse alle-
mande avait beau jeu d'ironiser régulièrement sur la tendance des Français à découvrir des espions à tous les coins
de rue.

Le bordereau fut soumis aux grands chefs ; il arriva même
au bureau du ministre de la Guerre, le général Mercier. Mais
pendant quelques jours, l'enquête n'avançait pas. Il fut
décidé alors de communiquer une photo du bordereau aux
quatre chefs de bureau et à la direction de l'artillerie.

Déjà, on était convaincu en haut lieu non seulement que
le traître était au ministère mais qu'il s'agissait d'un artilleur,
en raison des allusions du bordereau à des questions d'artillerie. Mais personne ne reconnaissait l'écriture du document.
Le 6 octobre, on se déclarait prêt à classer définitivement
l'affaire.

C'est alors que le chef du 4e bureau, le colonel Fabre,
montre la photo à son nouveau sous-chef de bureau, le lieutenant-colonel d'Aboville, qui vient d'entrer en fonctions. Ce
dernier lui dit :

« Ce n'est pourtant pas bien difficile de trouver l'auteur
de cette pièce et si j'en étais chargé, je crois que j'y arriverais
assez facilement.

— Comment ?

— Il est évident que l'auteur du bordereau est un officier
extrêmement versé dans les questions techniques. »

Et d'Aboville, désireux de se faire remarquer dans ses
nouvelles fonctions, explique que l'auteur de la pièce a dû
avoir des relations avec le 1er, le 2e et le 3e bureau, et que
seul un stagiaire a pu être dans ce cas.

Le stagiaire Dreyfus

Fabre n'a pas de réponse. Il cherche la liste des officiers
en stage à l'État-Major, et son attention est attirée par le nom

d'Alfred Dreyfus, à qui il a donné une note de stage médiocre : « Officier incomplet, très intelligent et très bien doué, mais prétentieux et ne remplissant pas au point de vue du caractère, de la conscience et de la manière de servir les conditions nécessaires pour être employé à l'État-Major de l'armée. »

D'Aboville renchérit : « Il a un caractère sournois, il est peu aimé de ses camarades et il a une curiosité indiscrète qui a été remarquée par tout le monde. »

Capitaine d'artillerie, Alfred Dreyfus avait fait jusque-là une brillante carrière, qui l'avait amené, à 35 ans, à être stagiaire à l'État-Major. Il appartenait à une famille d'industriels juifs de Mulhouse. A l'exception d'un de ses frères, Jacques, toute cette famille alsacienne avait opté pour la France en 1872. Jusqu'en 1894, Alfred a été considéré par ses supérieurs — presque sans exception — comme très intelligent et très zélé. Il était particulièrement bien instruit, et il cherchait à maîtriser les questions les plus difficiles. L'avenir lui souriait : il était riche, ayant épousé la fille d'un diamantaire de Paris, Lucie Hadamard. Il habitait avec sa femme et ses enfants un appartement du 16e arrondissement, en bas de l'avenue du Trocadéro (actuelle avenue du Président-Wilson).

Mais il est vrai qu'il n'était pas aimé de ses camarades. L'un d'eux, qui l'a connu à l'École de Guerre, a donné de lui ce portrait peu flatteur : « Au physique, très mal partagé, mais ne paraissant s'en douter, tant il avait une haute opinion de lui. De taille moyenne, roux, les yeux à fleur de tête, le nez accentué, la figure rouge, la tête dans les épaules et d'une myopie excessive. Très intelligent, point débauché, il inspirait à sa promotion plus de confiance en sa probité que de sympathie pour son caractère.

Il était d'une nature orgueilleuse, qui le portait à une ostentation continuelle et universelle. Il se flattait bien haut de son argent et de ses relations, avait à l'École une chambre où il vivait seul [1]. »

La fortune de Dreyfus l'isolait en effet des autres officiers, dont beaucoup devaient vivre de leur solde ; il n'appartenait

---

1. « Un traître », *Le Matin* (3 novembre 1894).

pas non plus au milieu aristocratique dont sortaient nombre de ses camarades. Il représentait un nouveau type d'officier, qui ne devait sa promotion qu'à sa compétence technique.

Cela dit, son impopularité et sa curiosité excessive n'étaient pas des preuves suffisantes de trahison pour d'Aboville et Fabre. Il leur fallait encore l'écriture. Et le malheur voulait que celle de Dreyfus ressemblât superficiellement à celle de l'auteur du bordereau. Fabre et d'Aboville, après avoir trouvé un échantillon de celle de Dreyfus, virent tout de suite une « ressemblance frappante » entre les deux graphismes.

Ils révélèrent tout de suite leur découverte au sous-chef d'État-Major, le général Gonse, et au chef d'État-Major, le général de Boisdeffre. Et lorsque Sandherr, le chef antisémite de la Section de Statistique, apprit le nom du suspect, il s'écria : « J'aurais dû m'en douter ! » Comme le note Marcel Thomas, le fait qu'il ne s'en était pas douté jusque-là montre que ce n'était pas son appartenance juive qui avait tout d'abord fait soupçonner Dreyfus.

Officiers juifs

Les officiers juifs, avant l'affaire Dreyfus, avaient pu accéder aux plus hautes fonctions militaires sans rencontrer d'obstacles officiels. Vingt-cinq officiers juifs sont devenus généraux sous la troisième République. Et Dreyfus lui-même n'avait eu à se plaindre qu'une seule fois lorsqu'une mauvaise note lui avait été attribuée à l'École de Guerre par le général Bonnefond, qui déclarait ne pas vouloir de juifs à l'État-Major. Le général de Dionne avait écrit à son propos : « J'ai vu beaucoup d'officiers israélites à l'École de Guerre. J'affirme qu'aucun d'eux n'a été l'objet de l'animosité ni de ses chefs ni de ses camarades. S'il n'a pas été de même pour le sieur Dreyfus, cela tenait à son détestable caractère, à l'intempérance de son langage, à une vie privée sans dignité et nullement à sa religion. » Ce n'est justement qu'avec l'affaire Dreyfus que les officiers juifs commencèrent à voir le déroulement de leur carrière perturbé par le fait qu'ils étaient juifs [1].

_____

1. LANDAU, P., « Les officiers juifs et l'Affaire », *Archives juives*, n° 27/1 (1er semestre 1994), pp. 5-14 et HELIE, J., « L'arche sainte fracturée »,

Dans les premiers jours de l'affaire, son appartenance juive rendait simplement moins surprenante aux yeux de certains officiers l'idée de la trahison de Dreyfus. Il était accusé d'abord à cause d'une ressemblance d'écriture. Cette ressemblance frappa tout de suite le général Mercier, ministre de la Guerre. Lorsqu'il fut informé par le chef d'État-Major des soupçons portant sur Dreyfus, il ressentit, dit-il, « une impression terrible. Le fait paraissait ne pas être douteux, à première vue. » Il crut immédiatement à la culpabilité de Dreyfus.

Mercier avait la réputation de tenir obstinément à ses premières impressions. Il avait pris aussi l'habitude de dire qu'il ne revenait jamais sur un ordre.

Donc dès le début il allait rester convaincu non seulement, comme ses subordonnés, que le traître était au ministère, et que c'était un artilleur, mais que c'était bel et bien Alfred Dreyfus. Il ordonna donc de chercher : « Cherchez ! Trouvez ! » Mais il ne doutait pas du résultat de l'enquête.

Cette enquête devait, à ses yeux, aboutir très rapidement, sa situation politique personnelle étant plus que fragile. Après des débuts ministériels très prometteurs et des succès parlementaires faciles, il avait commis deux « gaffes » dans la gestion de son ministère. Il avait d'abord refusé de recevoir l'inventeur Turpin, qui avait déjà vendu un explosif au gouvernement, ce qui lui avait valu un blâme au Parlement, et il avait de plus provoqué l'hilarité générale en parlant, lors du débat à la Chambre, de son « flair d'artilleur ».

Il avait ensuite avancé le renvoi de 60 000 hommes du contingent, ce qui avait affaibli les garnisons.

Depuis le printemps de 1894, il avait indisposé la Haute Armée, le Parlement et l'ensemble de la presse. Les journaux nationalistes ne cessaient pas de se moquer de son « flair d'artilleur ». Il était menacé d'une interpellation à la commission de l'armée et déjà ses collègues du gouvernement pensaient le « débarquer ». Une affaire de trahison non résolue pouvait lui porter le coup de grâce.

Dans cette situation si critique pour le ministre, le général

BIRNBAUM, P. (sous la direction de), *La France de l'affaire Dreyfus* (Gallimard, 1994), pp. 231 et suiv.

Gonse, sous-chef d'État-Major, fit appeler le commandant du Paty de Clam, considéré comme une des étoiles montantes de l'État-Major. Du Paty était sorti deuxième de Saint-Cyr et de l'École de Guerre. Marquis, il était représentatif des milieux nobles qui, sous la III⁰ République, avaient cessé de bouder l'armée démocratisée, comme ils l'avaient fait au temps de la Révolution et de l'Empire, et, de plus en plus nombreux à passer par Saint-Cyr, peuplaient à la fin du XIX⁰ siècle la Haute Armée, qui avait gardé tant de vestiges de l'Ancien Régime. Là, ils pouvaient encore servir la France, même s'ils détestaient son régime républicain. Ces nobles ne pensaient qu'à exclure des hauts postes militaires les républicains, les protestants et les juifs, tous ceux qui, comme Dreyfus, juif et bourgeois nouveau riche, n'étaient pas de leur milieu, tous ceux qui ne devaient pas leur promotion à leur sang [1]. L'armée des années 1890 n'avait donc pas été entièrement républicanisée, malgré les efforts de Gambetta et de ses successeurs. Elle restait même, aux yeux des adversaires du régime, l'instrument possible d'une revanche politique.

Ce fut donc à un officier noble et hostile à Dreyfus que fut confiée la première comparaison d'écritures. Du Paty se piquait de son talent de graphologue, mais il n'était pas un expert en graphologie. Il conclut que, malgré les dissemblances entre les deux écritures, il y avait assez de similitudes pour qu'on procédât à une expertise en règle.

Mercier n'avait pas besoin d'être convaincu. Une expertise d'écriture était évidemment pour lui une nécessité légale mais, dans son esprit, il s'agissait d'une simple formalité. Son siège était déjà fait : il fallait agir vite, et s'il continuait à parler officiellement de présomptions, il agissait comme s'il tenait Dreyfus pour coupable. Il demanda donc le nom d'un expert en écriture à son collègue Guérin, ministre de la Justice : celui-ci lui recommanda Gobert, l'expert de la Banque de France.

---

1. BIRNBAUM, P., *Les Fous de la République. Histoire politique des Juifs d'État de Gambetta à Vichy* (Fayard, 1992), ch. XII et HELIE, J., « L'arche sainte fracturée », BIRNBAUM, P. (sous la direction de), *La France de l'affaire Dreyfus* (Gallimard, 1994), pp. 231 et suiv.

Mercier agit

Ainsi, dès le 9 octobre, Mercier s'engagea personnellement dans l'affaire pour la première fois. Ne pensant pouvoir agir seul, il avertit le Président de la République, Casimir-Périer, dès le lendemain, lui expliquant que le bordereau émanait d'un officier d'État-Major et que la trahison « paraissait démontrée ». D'ailleurs, il déclara que les documents communiqués étaient de « peu d'importance ». De l'Élysée, il courut chez le président du Conseil, Charles Dupuy, qui décida qu'on agirait avec la plus grande discrétion et qu'un petit conseil serait convoqué, composé des quatre ministres intéressés. A ce conseil, tenu le 11, Mercier annonça à ses collègues la découverte du bordereau, expliqua qu'il avait été trouvé dans la corbeille à papier de l'attaché militaire allemand, qu'il avait été déchiré en morceaux, reconstitué et photographié à son ministère. D'une comparaison d'écritures, il dit avoir conclu que le traître était un officier d'État-Major. Il refusa de le nommer.

Gabriel Hanotaux, ministre des Affaires étrangères, lui objecta que, sans autres preuves, il serait impossible d'ouvrir une poursuite judiciaire. Hanotaux s'opposa même à toute enquête. Il craignait un incident diplomatique si on devait mettre en cause l'ambassade d'Allemagne dans une affaire d'espionnage. Il arracha à Mercier la promesse de renoncer aux poursuites s'il n'y avait pas d'autre preuve que le bordereau. Le soir même, Hanotaux insista encore auprès de Mercier. Mais ce dernier, obstiné, répondit que ses présomptions étaient assez fortes, que la loi l'obligeait à poursuivre l'enquête, et que, le fait étant déjà connu de plusieurs officiers, il craignait un scandale en sens inverse : « Nous serions accusés d'avoir pactisé avec l'espionnage. » En réalité, malgré sa promesse au conseil restreint, et avant même de disposer d'une seule expertise d'écriture, Mercier avait déjà décidé l'arrestation de Dreyfus. Le chef d'État-Major, de Boisdeffre, annonça à du Paty qu'il serait chargé de procéder à cette arrestation, et qu'il serait nommé officier judiciaire dans l'enquête qui suivrait.

Entre-temps, Mercier demanda cependant un autre rapport sur l'écriture du bordereau à Alphonse Bertillon. Celui-ci n'était pas graphologue non plus, mais chef du Service d'identité judiciaire à la Préfecture de police.

Expertises d'écriture

Le rapport de Gobert tombe le premier. Par malheur, il n'est pas probant. S'il trouve des analogies « assez sérieuses » entre les deux écritures, il trouve en même temps des « dissimilitudes nombreuses et importantes », et il conclut que la lettre incriminée « pourrait être d'une personne autre que celle soupçonnée ». Bertillon écrit : « Si l'on écarte l'hypothèse d'un document forgé avec le plus grand soin, il appert manifestement, pour nous, de la comparaison des pièces, que c'est la même personne qui a écrit la lettre et les pièces communiquées. » De toute façon, là n'était pas l'essentiel. Mercier confirma à du Paty le 13 octobre l'ordre d'arrêter Dreyfus, en se couvrant de l'autorité de Casimir-Périer et de Dupuy.

L'arrestation

Le scénario de l'arrestation fut préparé dans tous ses détails par du Paty, qui avait le sens du romanesque. Dreyfus fut convoqué en civil, le 15 octobre à 9 heures du matin, pour une inspection générale au ministère, dans le bureau du chef d'État-Major.

Lorsqu'il arrive, du Paty lui dicte une lettre contenant les principaux mots du bordereau. Pour lui, si Dreyfus est le traître, il tremblera. Une glace lui permet d'étudier les variations du visage de sa victime. Enfin, un revolver est sur la table...

Pendant la dictée, du Paty l'interpelle vivement : « Vous tremblez. » « Je ne tremblais pas », raconte Dreyfus dans ses souvenirs. « Cette remarque véhémente me surprit singulièrement », dit-il, « ainsi que l'attitude hostile du commandant du Paty. Mais tout soupçon était fort loin de mon esprit, je crus qu'il trouvait que j'écrivais mal... Comme je continuais à écrire sans présenter aucun trouble, du Paty tenta une nouvelle interpellation et me dit violemment : "Faites attention, c'est grave !" » Jugeant inutile de poursuivre l'expérience, du Paty pose la main sur Dreyfus et s'écrie : « Au nom de la loi, je vous arrête ; vous êtes accusé du crime de haute trahison. » Dreyfus proteste : « Prenez mes clefs, ouvrez tout chez moi, je suis innocent ! » Et il refuse de se tuer. Henry l'escorta à la prison militaire de la rue du Cherche-Midi, où il fut incarcéré dans le plus grand secret.

Du Paty se précipita alors chez Lucie Dreyfus, perquisitionna, mais ne trouva rien de compromettant. Apprenant l'arrestation de son mari à sa femme affolée, qui le croyait mort, il lui interdit d'en parler à personne : « Un mot, et c'est la guerre ! » En réponse à ses questions, il dit mystérieusement : « Pensez au Masque de Fer » et, avec hostilité : « Votre mari est un lâche et un misérable. »

Recevant un neveu de Dreyfus, du Paty accusa le capitaine de mener une double vie et de tromper sa femme. Son imagination lui suggéra encore d'imposer à Dreyfus dans sa prison des exercices absurdes : dix dictées consécutives... Il lui montra à la lueur d'une lampe une seule ligne d'une photo du bordereau. Jour après jour, il interrogea son détenu.

Ne sachant pas au juste de quoi il était accusé, et ne comprenant pas les questions de du Paty, Dreyfus se trouvait de plus en plus déboussolé : au bout de dix jours, selon Forzinetti, le directeur de la prison, il était au bord de la folie.

L'enquête de du Paty n'avait rien donné et il dut admettre sagement devant de Boisdeffre que Dreyfus n'avouerait pas, et que, vu la fragilité de la preuve matérielle qui pourrait déterminer un acquittement, « il y aurait peut-être lieu d'abandonner les poursuites ». Le 31 octobre, dans son rapport au ministre, il refusa même de conclure, et s'en remit à Mercier de la suite à donner à l'affaire.

Que ferait Mercier ? Les nouvelles expertises d'écriture qu'il avait commandées furent toujours contradictoires. Bertillon avança la première de ses théories bizarres et de plus en plus incompréhensibles : l'auteur du bordereau, sans réellement déguiser son écriture, en aurait modifié certains détails pour pouvoir arguer d'une forgerie. Il conclut : « La preuve est faite, péremptoire. Vous savez quelle était ma conviction du premier jour. Elle est maintenant absolue, complète, sans réserve aucune. » Pour Charavay, les ressemblances l'emportaient sur les dissemblances, et lui et Teyssonnières conclurent à l'identité des écritures, voyant tous les deux des signes de déguisement dans l'écriture du bordereau. Pelletier, au contraire, trouva l'écriture normale ; les analogies de détail étaient « banales » et il y avait « de sérieuses dissemblances ». En résumé, il ne se croyait pas autorisé à attribuer le bordereau aux « personnes soupçonnées ».

Que faire face à ces contradictions ? Si Mercier pensait reculer, ce qui semble exclu, la presse allait lui fermer toute porte de sortie. Le 31 octobre, le jour même où du Paty remit son rapport, *L'Éclair* confirma les bruits qui couraient déjà sur l'arrestation d'un officier, « non toutefois un officier supérieur ». *Le Soir* et *La Patrie* révélèrent même le nom de Dreyfus.

A 22 heures, Mercier doit faire publier en catastrophe par l'agence Havas un communiqué officiel. Dans ce texte, il continue à minimiser l'affaire pour ne pas trop s'exposer, et il évite de nommer Dreyfus : « Des présomptions sérieuses ont motivé l'arrestation provisoire d'un officier de l'armée française, soupçonné d'avoir communiqué à des étrangers quelques documents peu importants mais confidentiels. L'instruction se poursuit avec la discrétion que comportent les affaires de ce genre, et une solution pourra intervenir à très bref délai. »

Révélations en chaîne

Mais c'est trop tard, car le lendemain matin, 1er novembre, *La Libre Parole*, quotidien antisémite d'Édouard Drumont, publie un grand article sous la manchette à sensation : « HAUTE TRAHISON. ARRESTATION DE L'OFFICIER JUIF ALFRED DREYFUS. » Drumont déclare que Dreyfus « a fait des aveux complets » et qu'on a « la preuve absolue qu'il a vendu nos secrets à l'Allemagne ». Surtout, « l'affaire sera étouffée parce que cet officier est juif ». Le branle est donné, et la nouvelle est répercutée dans toute la presse française, accompagnée le plus souvent par les détails faux mis en circulation par Drumont — les aveux de Dreyfus, la certitude de sa culpabilité — et par l'implication de l'Allemagne. Dès ce premier jour, Dreyfus est accablé par le mensonge, condamné sans preuves. Grâce à Drumont, la campagne antisémite est lancée. Seul *Le Temps,* organe officieux du pouvoir, et *Le Figaro,* récemment rallié à la République, hésitent encore à nommer Dreyfus et à le présenter comme coupable.

A Paris, selon *Le Voltaire,* la nouvelle « s'est répandue [...] comme une traînée de poudre, de terrasse en terrasse, sur les boulevards, où la foule s'arrêtait un instant stupéfaite dans l'éblouissement de mille lumières papillotantes ». Tout le pays est sous le choc. L'émotion est profonde : les journaux expriment leur horreur, leur indignation.

Plusieurs ministres, dont Raymond Poincaré, apprennent la nouvelle pour la première fois en ouvrant leur journal du matin. Surpris et indigné, Poincaré téléphone au Premier ministre Dupuy pour réclamer de toute urgence une délibération gouvernementale. Malgré la fête de la Toussaint, un conseil de cabinet est réuni tout de suite, place Beauvau.

Poincaré, Barthou, Leygues et Delcassé se plaignent au conseil de n'avoir pas été informés plus tôt. Et les explications que Mercier se trouve maintenant obligé de leur donner sont ponctuées de leurs observations aigres-douces. Certains le tiennent pour incapable, à cause des « gaffes » qu'il a commises. Mais ils ne mettent pas en doute ses paroles lorsqu'il leur affirme que les documents mentionnés dans le bordereau « n'avaient pu être livrés que par Dreyfus », que « seul Dreyfus les avait connus : seul il les avait détenus. Seul il avait pu les vendre ». Mercier raconte la scène de la dictée, le visage du misérable « trahissant une émotion extrême à l'énumération des documents du bordereau », puis le tremblement de sa main et de son écriture. Selon Poincaré, « on ne nous a montré aucune autre pièce, ni indiqué alors aucune autre preuve ». Mercier attribue le crime aux déceptions d'un ambitieux. Son ton est âprement affirmatif pour présenter ces pauvretés. Il ne possède pas plus de preuves que la veille, mais Drumont a parlé. Il lui faut absolument convaincre ses collègues.

Hanotaux maintient ses objections à des poursuites basées sur un document volé dans une ambassade. Mais les ministres, trop heureux sans doute de laisser la responsabilité de cette nouvelle affaire au gaffeur Mercier, ne veulent pas trop s'en occuper. Ils votent les poursuites à l'unanimité.

Ainsi l'antisémite Drumont, et ce ne sera pas la dernière

fois, est intervenu dans l'affaire Dreyfus de façon décisive, faisant pencher la balance en faveur des poursuites.

L'antisémitisme

En se saisissant ainsi de l'arrestation d'un officier juif accusé de haute trahison, Drumont pensait pouvoir exploiter à fond cette affaire pour que l'antisémitisme français réussisse enfin sa percée politique décisive. Depuis les temps, en 1886, où sa *France juive* avait connu un immense succès de librairie, Drumont et ses amis antisémites avaient nourri l'ambition de faire accompagner la poussée antisémite dans la société française par la création d'un mouvement politique. Ils avaient pu constater que la France des années 1880 constituait un terrain fertile pour le développement d'un nouvel antisémitisme économique et social qui deviendrait politique, à côté du vieil antijudaïsme catholique. Le nouvel antisémitisme viserait à rassembler tous les mécontents : car Drumont pouvait facilement amener d'une part de petits commerçants, menacés de ruine par la crise économique, à incriminer la concurrence juive, et des ouvriers à diriger leurs ressentiments contre le capitalisme juif. D'autre part, des conservateurs et des catholiques, qui étaient également concurrencés dans la finance et la banque par les juifs, étaient victimes du krach de l'Union Générale en 1882, ou avaient été évincés de l'appareil de l'État par les républicains triomphants, pouvaient facilement être persuadés par lui que les juifs étaient responsables de tous leurs problèmes. Le financier juif ou le préfet juif pouvaient désormais être présentés comme des incarnations d'une « invasion juive » qui dépossédaient les Français de leur pays. « La France aux Français ! » Tel fut le slogan.

Enfin, l'arrivée en France des réfugiés juifs fuyant les pogromes de l'Europe de l'Est à partir de 1881 permettait plus facilement encore à ce moment-là de désigner, comme cible des haines, des juifs aux caractéristiques exotiques bien marquées. Tout concourait alors à créer un climat que l'indéniable talent de Drumont sut si bien exploiter.

Dès lors, en rendant les juifs responsables de tous les maux dont souffrait la France, Drumont pensait créer une coalition politique de gens de gauche et de droite opposés à la République.

Certes, le développement politique de l'antisémitisme en France avait connu des hauts et des bas, en fonction des événements, et il avait été handicapé justement par son incohérence politique. Si, grâce à l'affaire de Panama, le nouveau quotidien de Drumont, *La Libre Parole*, a pu vendre 200 000 exemplaires par jour en 1893, au moment où l'affaire Dreyfus a éclaté, le mouvement antisémite était au point mort, et Drumont lui-même se trouvait en fuite à Bruxelles, inculpé d'outrages à magistrat. L'arrestation de Dreyfus représentait ainsi en 1894 une chance inespérée de remonter la pente : la trahison d'un officier juif d'État-Major semblait l'illustration parfaite de la thèse antisémite du juif traître par nature que, tout au long de l'affaire Dreyfus, l'antisémitisme ne cessera pas d'exploiter à fond.

L'Allemagne alertée

Les révélations de Drumont, le 1er novembre 1894, ont eu un autre effet : elles ont tout de suite attiré l'attention de l'Allemagne, directement mise en cause. Par ailleurs, la plupart des journaux ont présenté Dreyfus comme étant à la solde de l'Italie.

Les deux puissances, alliées depuis 1882 avec l'Autriche au sein de la Triplice, ne pouvaient que se sentir concernées, dès lors que la presse française cherchait à les impliquer dans une grave affaire d'espionnage. L'Europe des années 1890 vivait dans un état de nervosité permanente, tout incident diplomatique comportant un risque de guerre, d'autant plus que, comme dans ce cas, les nationalistes dans chaque pays grossissaient ces incidents à plaisir.

Les grandes puissances étaient lancées depuis les années 1880 dans une compétition implacable, compétition économique d'abord, puis compétition territoriale, notamment en Afrique. Il fallait toujours plus d'alliés, toujours plus de canons. La France, isolée face à la Triplice par la diplomatie de Bismarck, avait réussi enfin en 1893 à conclure une convention militaire avec la Russie, ce qui avait mis fin à son isolement. Mais la situation européenne ne s'était pas stabilisée pour autant, la course aux armements continuait, ainsi que la domination du continent par l'Allemagne. On s'acheminait vers la division de l'Europe en deux camps armés. Les plans français de défense et de mobilisation étaient donc en constante évolution, et l'espionnage battait son plein.

Inquiet, le grand État-Major allemand télégraphia à tous les attachés militaires allemands, à Paris, Rome, Berne et Bruxelles. Tous répondirent qu'ils entendaient pour la première fois le nom de Dreyfus. L'attaché militaire italien à Paris, Panizzardi, envoya à Rome un télégramme chiffré : « Si le capitaine Dreyfus n'a pas eu de relations avec vous, il conviendrait de charger l'ambassadeur de publier un démenti officiel, afin d'éviter les commentaires de la presse. » Ce télégramme fut intercepté par la poste française. Son déchiffrage dura plusieurs jours et, dans une première version, les cryptographes proposèrent une lecture qui se terminait par les mots : « notre émissaire prévenu ». Sandherr y vit une autre preuve de la culpabilité de Dreyfus. Mais lorsqu'il connut la version définitive et correcte, il n'y attacha plus de signification.

Cependant, ce texte prouvait que Dreyfus n'avait pas eu de relations avec l'Italie, car le télégramme était postérieur à l'annonce de son arrestation. Si Panizzardi ne disait pas la vérité, il s'exposait à un rapide démenti. Le gouvernement français devait savoir désormais que seule l'Allemagne restait en cause.

La journée fatidique du 1er novembre fut encore marquée par l'arrivée à Paris de Mathieu Dreyfus, le frère aîné d'Alfred, qui dirigeait à Mulhouse les usines familiales. Du Paty de Clam avait enfin autorisé Lucie Dreyfus à l'appeler à Paris.

Mathieu était un grand blond, aux yeux bleus, au naturel gai, mais la nouvelle de l'arrestation de son frère lui a porté un coup : « Je fus, pendant quelques minutes, comme assommé, sans rien penser [...] je ne comprenais pas [...] Je ne doutais pas un seul instant de sa complète, absolue innocence. Je connaissais sa parfaite loyauté, son caractère, ses qualités et ses défauts, son goût pour le travail, sa passion pour le métier militaire. » Mathieu n'était pas qu'un frère pour Alfred, dit Joseph Reinach, mais « l'ami de son cœur, l'ami d'élection. Aucune intimité plus étroite ». Mathieu, avec son patriotisme de protestataire alsacien avait, comme Alfred, rêvé d'une carrière militaire. Mais après un premier échec, il dut se résigner à suivre la carrière paternelle. Dans l'affaire Dreyfus, il allait soutenir son frère dès le premier instant.

Arrivé à Paris, il demanda d'abord une entrevue à du Paty, qui lui présenta son frère comme un monstre, un homme à femmes. Mathieu affirma sa conviction de l'innocence d'Alfred, demanda où était le mobile du crime, et expliqua à du Paty que rien dans la vie de son frère n'avait jusqu'alors laissé penser qu'il s'agissait d'un monstre. « On n'est pas un monstre pendant vingt-quatre heures, on l'est toujours. » Lorsque Mathieu proposa à du Paty d'écouter, en cachette, la réponse d'Alfred à la question qu'il lui poserait sur sa culpabilité, ce dernier répondit : « Jamais, jamais, un seul mot et ce serait la guerre européenne. » « C'est un fou », conclut Mathieu.

Du Paty, sachant que les poursuites contre Dreyfus étaient déjà décidées, ajouta : « Demain votre frère sera déféré au conseil de guerre. » En effet, le 3 novembre, suite à la délibération gouvernementale, le général Saussier, gouverneur militaire de Paris, donna l'ordre d'informer contre Dreyfus : le commandant d'Ormescheville, rapporteur près le premier conseil de guerre de Paris fut chargé de l'instruction. Saussier dut agir contre ses propres convictions en la matière car, dès le départ, il avait été hostile aux poursuites ; il avait même conseillé à Mercier d'envoyer Dreyfus se faire tuer en Afrique, ce qui aurait fait l'économie du procès. Selon Marcel Thomas, Saussier était « aussi pondéré, aussi diplomatique et aussi réaliste que Mercier était autoritaire et cassant. D'une obésité célèbre, il avait envers les hommes et les choses l'indulgence un peu désabusée d'un bon vivant que les allures sèches et tranchantes de Mercier irritaient souvent ». Il était de notoriété publique que les deux généraux ne s'entendaient pas. En décembre, au cours d'une chasse à Marly, Saussier dirait au Président de la République : « Dreyfus n'est pas coupable. Cet imbécile de Mercier s'est mis encore une fois le doigt dans l'œil ! » Mais le 3 novembre, Saussier se trouva officiellement dans l'obligation d'ouvrir l'instruction contre Dreyfus.

A Mathieu, il ne restait maintenant qu'à chercher un avocat. On lui recommanda Me Waldeck-Rousseau, un des grands avocats d'affaires de la place de Paris. Ce dernier demanda le temps de réfléchir.

L'attente allait être dure pour Mathieu Dreyfus : tout au long de la première semaine de novembre, une avalanche d'articles de presse affirmaient la culpabilité de son frère ; beaucoup de journaux ne voulaient entendre parler que de la peine de mort : le sentiment populaire ne pouvait concevoir d'autre châtiment pour un traître.

Après qu'un haut fonctionnaire eut expliqué dans le très officiel *Temps* que Dreyfus avait simplement trahi son pays pour de l'argent, une série de racontars parurent dans les journaux : Dreyfus se serait laissé « amorcer » ; il aurait trahi les secrets de la mobilisation, vendu des documents à l'Italie, livré les noms des officiers en mission. Son crime s'expliquerait même par ses relations avec une « noble et belle dame » rencontrée à Nice. Tout cela était pure invention et aucune de ces histoires n'a tenu plus de quelques jours. Mais en l'absence de tout démenti officiel, ils eurent le temps d'avoir leur effet. « Ce fut un torrent contre lequel nous ne pûmes rien », écrivit Mathieu dans ses souvenirs ; « il nous fut impossible de faire passer une ligne de protestation contre les infamies qu'on répandait. » Pourtant, se reprenant un peu, *Le Temps* publia une interview de Mme Hadamard, la belle-mère de Dreyfus, soulignant son patriotisme et le fait qu'il n'avait pas de souci d'argent. Mais la tempête continuait. On comprend le sentiment d'impuissance de Mathieu.

Cela dit, si le premier mouvement de tous les journaux était de tenir Dreyfus pour coupable — le ministre de la Guerre ne l'aurait sûrement pas arrêté sans preuves sérieuses —, plusieurs d'entre eux surent se rappeler la présomption d'innocence. C'était surtout le fait, bien sûr, des journaux républicains.

Lorsqu'on examine la presse parisienne de novembre 1894, on s'aperçoit que les réactions face à l'arrestation de Dreyfus ont varié énormément selon le type de journal.

La presse quotidienne et le pouvoir en 1894
   Les quatres grands : _Le Petit Journal, Le Petit Parisien, Le Journal_ et _Le Matin,_ s'adressent au grand public. C'est une presse d'information : pour garder une clientèle aussi large que possible, elle privilégie les nouvelles, s'abstient de toute polémique et affiche un vernis de neutralité politique. Face à l'affaire Dreyfus naissante, ces journaux restent sur la réserve, même si la tentation de refléter les passions populaires est toujours présente, notamment au _Petit Journal,_ qui publie au moins un article qui frise l'antisémitisme.
   Quant à la presse d'opinion, ses réactions varient du tout au tout. Les grands organes de la bourgeoisie républicaine et gouvernementale, _Le Temps, Le Figaro_ ou _Le Journal des Débats,_ mènent le débat politique de façon courtoise et rationnelle. Reflétant la position gouvernementale, ils vont parler le moins possible de l'affaire Dreyfus, qui est embarrassante pour tout le gouvernement, et non pas seulement pour Mercier. Car la grande priorité pour les républicains du Centre au pouvoir en 1894, c'est la paix politique et sociale. Cette paix a été menacée, depuis le début des années 1890, par la montée du socialisme et du syndicalisme, puis par une série d'attentats anarchistes entre 1892 et 1894. Les républicains se sentent menacés sur leur gauche, socialement et politiquement, au moment où ils commencent à croire que leur triomphe sur la droite monarchiste est définitif. Le péril est désormais à gauche. A Fourmies, dans le Nord, les forces de l'ordre ont tiré sur des manifestants ouvriers, tuant neuf personnes, le 1er mai 1891. Une vague de sympathie publique pour les ouvriers a suivi, des grèves se sont multipliées, des syndicats se sont constitués. Il y a eu des candidatures socialistes, notamment celle de Jean Jaurès. Aux législatives de 1893, les députés socialistes sont passés, d'un seul bond, à une cinquantaine. Les républicains ont pris peur. Pour défendre la société et la propriété privée, ils ont fait des avances aux catholiques au printemps de 1894, afin de constituer contre les socialistes un front de défense sociale. Ce mouvement a été facilité par une encyclique du pape de 1892, enjoignant aux catholiques français d'accepter la République comme le gouvernement légitime du pays ; si peu de catholiques se sont ralliés, les républicains vont conti-

nuer, au temps de l'affaire Dreyfus, de les courtiser. Pour
eux, la grande guerre est finie avec l'Église.

Le grand message des républicains, en 1894, est donc qu'il
faut mettre fin aux anciennes querelles politiques et religieuses, et que tous les Français doivent être réconciliés autour
d'une République « progressiste », prête à faire des gestes
en direction des plus démunis. Ainsi pensent-ils désamorcer
la menace du socialisme, après avoir éliminé l'anarchisme
par des lois répressives.

Dans un tel contexte, l'arrestation d'un officier juif accusé
de haute trahison, risquant de rallumer les guerres religieuses, était particulièrement mal venue. Il y avait d'autre part,
on l'a vu, le risque d'incidents diplomatiques avec l'Allemagne ou l'Italie. Pour toutes ces raisons, à partir de 1894, tous
les gouvernements français, et toute la presse républicaine,
s'astreindront à minimiser l'affaire Dreyfus, préférant, si
possible, ne pas en parler du tout. Sauf exception, les journaux radicaux et socialistes ne l'évoqueront guère non plus
avant le premier procès, même si leurs raisons ne sont pas
tout à fait les mêmes.

Les journaux nationalistes et antisémites au contraire vont
tout faire pour la pousser en avant : *L'Autorité* (bonapartiste), *La Patrie* et surtout *La Libre Parole* de Drumont et
L'Intransigeant de Rochefort. Pour eux, l'affaire Dreyfus se
présente tout de suite comme une arme inespérée contre le
pouvoir et, pour Drumont et Rochefort, contre les juifs. Ces
journaux s'adressent à un public populaire ; ils flattent les
passions les plus basses. Le préjugé et la violence remplis-
sent quotidiennement leurs colonnes, la polémique atteignant
une violence inimaginable aujourd'hui. La loi sur la liberté
de la presse de 1881 leur assure une quasi-impunité.

C'est ainsi qu'on trouve dans la presse parisienne d'alors
le meilleur et le pire. A côté des violences antisémites, il y
a quelques journalistes qui posent des questions très perti-
nentes, notamment celle du mobile ; sous la plume
d'Edmond Magnier, directeur de *L' Événement,* journal radical très bien informé, on a pu lire ceci, à propos de l'accusé :
« Cet officier est un fils d'Alsace. Il est de la souche des
grands industriels de Mulhouse, dont il avait jusqu'ici toujours porté dignement le nom. Il est donc deux fois français.

Ses études ont été d'un ordre supérieur. Il sort de l'élite des écoles. A trente-cinq ans, il est capitaine d'artillerie en premier. Si le passé est correct, le présent est beau, l'avenir s'ouvre plein d'espérance. Ses chefs ont toujours rencontré en lui l'obéissance exemplaire, une ardeur qui ne demandait qu'à s'employer, qui s'offrait au péril.

Marié à une femme qui est elle-même issue de la plus respectable famille, il est père de deux enfants qu'il adore. Sa fortune personnelle, jointe à celle de sa femme, et sa solde, lui assurent une existence aisée, conforme et au-delà de son rang. Rien ne l'empêche d'aspirer à tout, d'arriver à tout.

Et c'est ce soldat qui, soudain, se métamorphose en espion, en renégat, en traître. Quel cauchemar [1] ! »

Magnier voyait tout à fait juste : l'absence de tout mobile plausible à la trahison présumée allait continuer à troubler tous les esprits objectifs.

Et que dire de l'interview spectaculaire que Mme Bodson a donné au *Journal* le 6 novembre ? Elle y déclare qu'entre tous les officiers qui fréquentaient son salon au moment où Dreyfus était à l'École de Guerre, ce dernier s'affirmait comme le plus patriote, le plus chauvin même ; elle révélait que Dreyfus avait rompu avec elle justement parce qu'elle avait des relations avec un officier allemand [2].

Les quelques articles favorables à Dreyfus ont été complètement occultés, pour les contemporains et devant l'Histoire, par le flot de violences et de mensonges qui menaçaient de l'accabler, avant même la fin de l'instruction.

Mais, même sur la question de la peine, les journaux républicains entendaient raison garder. Si les nationalistes et les antisémites — et ils n'étaient pas seuls — réclamaient la peine de mort, les feuilles républicaines ne faisaient que s'interroger doctement sur la peine, concluant, après une discussion juridique assez confuse, que Dreyfus tomberait sous le coup de l'article 76 du Code pénal, mais qu'il éviterait la peine de mort, celle-ci ayant été abolie pour les crimes politiques par la Constitution de 1848.

---

1. MAGNIER, E., « Le traître », *L'Événement* (5 novembre 1894).
2. « Chez Mme B. », *Le Journal* (6 novembre 1894).

Évidemment, la question sur laquelle la divergence de ton est la plus flagrante est celle de l'antisémitisme. Les journaux républicains, par respect de leurs principes de tolérance religieuse et dans un souci de paix publique, condamnent sévèrement toute utilisation de l'argument antisémite à propos de Dreyfus.

Drumont le manie au contraire avec une joie féroce. Pour lui, l'affaire Dreyfus « n'est qu'un épisode de l'histoire juive ». Les juifs ont toujours trahi. « C'est la fatalité du type et la malédiction de la race. » Il brandit la menace : « en cas de défaite de la France, ce mot : *les Juifs ! Ce sont les Juifs !* reprendra la signification véridique qu'il avait pour les Français d'autrefois. Il résumera toutes les indignations, il justifiera tous les entraînements. Quelques innocents se trouveront peut-être confondus avec les criminels qui ont si lâchement abusé de la plus naïve mais aussi de la plus généreuse des hospitalités... Nous avons été suscités au milieu du peuple... pour prédire aux envahisseurs de Judée l'effroyable châtiment qui les attend [1]. »

Et il ne suffit pas à Drumont de prédire les persécutions à venir, il utilise l'antisémitisme comme arme contre le général Mercier. Dreyfus, dit-il, avait été arrêté le 15 octobre. « Qu'attendait donc le ministre de la Guerre pour ordonner qu'une enquête fût faite ? » Mercier n'avait qu'une pensée, selon lui : étouffer l'affaire. Drumont a répété inlassablement pendant toute cette première semaine de l'affaire Dreyfus, que Mercier, en n'agissant pas plus vite, a cédé à des pressions juives. D'autre part, tous les ministres étaient au courant : « Ils sont tous aussi criminels les uns que les autres. »

Pour Rochefort aussi, les juifs comme Dreyfus ne sont que « les rouages du grand complot juif », et il associe l'antisémitisme à ses attaques contre Mercier.

L'utilisation de l'argument antisémite s'étend encore à des journaux catholiques : *L'Univers,* véritable organe du parti catholique, et *La Croix,* journal des Assomptionnistes. Pour eux, les juifs sont toujours un peuple déicide : c'était l'argument théologique traditionnel. Mais on ne peut pas non plus

---

1. Drumont, E., « L'espionnage juif », *La Libre Parole* (3 novembre 1894).

leur confier les secrets de la Défense nationale, disent-ils, car ce ne sont pas de vrais Français. Ces journaux trouvent ainsi de nouveaux arguments plus politiques, qui les rapprochent de Drumont.

La campagne de Drumont et de Rochefort contre Mercier atteint son paroxysme à la veille de l'interpellation Le Hérissé au Parlement, sur le renvoi du contingent par Mercier, interpellation annoncée pour le 6 novembre. Selon Drumont, le ministère de la Guerre est un « cloaque ». Rochefort dénonce « l'incurie, la bêtise et la mauvaise foi » de Mercier, qui font de lui le quasi-complice du traître. Il le qualifie de « Ramollot de la guerre », et s'exclame : « Dans toute autre France que la nôtre le nommé Mercier [...] aurait été depuis plusieurs jours pris au collet et jeté avec la dernière brutalité dans les escaliers de son ministère. »

Mercier est au bord de l'abîme : au Parlement, Le Hérissé est fort applaudi lorsqu'il interpelle : Mercier est entendu dans un silence glacial ; et le Président du Conseil doit le sauver *in extremis* d'un blâme, par le vote de l'ordre du jour pur et simple. Mercier sort de la séance devenu l'ombre de lui-même.

La capitulation de Mercier

Pour sauver son ministère, il cède au chantage de Drumont et de Rochefort : il consent à faire condamner Dreyfus coûte que coûte, malgré la fragilité des preuves dont il dispose. C'est le seul moyen de sauver son portefeuille. C'est ainsi qu'il utilisera un dossier secret qui ne sera pas soumis à la défense.

Nous le savons à cause de la spectaculaire volte-face de Drumont et de Rochefort à son égard. Dès le 8 novembre, Rochefort écrit : « Si quelqu'un nous avait prédit que nous passerions un jour du côté de Mercier, notre surprise eût confiné à la plus entière incrédulité. » Selon Rochefort, Mercier avait déclaré au conseil des ministres qu'il était décidé à « aller jusqu'au bout, c'est-à-dire à condamner à mort et à fusiller le traître [1] ». Si rien ne prouve que Mercier ait dit cela, le fait est que, comme par magie, les attaques de

---

1. Rochefort, H., « Les coulisses de la trahison », *L'Intransigeant* (9 novembre 1894).

Drumont et de Rochefort contre lui se sont arrêtées du jour au lendemain, et les deux polémistes sont devenus ses champions les plus ardents, même *contre* le reste du gouvernement.

C'est que Mercier leur a donné des assurances sur son intention de faire condamner Dreyfus à tout prix. Il ne leur a sûrement pas révélé tout le mécanisme du crime, mais il leur a laissé entendre qu'il disposait d'autres preuves que le bordereau contre Dreyfus. Cela fut dit et répété dans *La Libre Parole*.

Quelles autres preuves ? Il fallait en trouver d'urgence. Mais fort heureusement pour lui, les officiers de la Section de Statistique l'avaient compris avant lui. Sous la direction de Sandherr, ils s'étaient livrés à la pratique, parfaitement normale d'ailleurs, de rechercher dans les dossiers de la section tout document qui pouvait, de près ou de loin, se rapporter à une affaire en cours. Selon Marcel Thomas, ils avaient déjà élaboré un système d'accusation contre Dreyfus : les fuites qui s'étaient produites à l'État-Major se faisaient au bénéfice des attachés militaires étrangers, et celui qui les renseignait, c'était lui.

A l'appui de cette thèse, ils ont sélectionné d'abord un billet signé *Alexandrine*, que Schwartzkoppen, l'attaché militaire allemand, avait adressé à son confrère italien Panizzardi. Ce billet, intercepté au printemps, commençait par ces mots :

« Mon cher ami,

Je regrette bien de pas vous avoir vu avant mon départ : Du reste, je serais *(sic)* de retour dans huit jours. Si *(sic)* joint, douze plans directeurs que ce canaille de D. m'a donné *(sic)* pour vous. »

Pour les officiers de la Section de Statistique, l'initiale « D » s'appliquait à Dreyfus, malgré le fait qu'il était invraisemblable qu'on utilisât la première lettre de son nom pour le désigner. D'autre part, les plans directeurs ne valaient que dix francs la feuille, et leur vente n'aurait pu intéresser Dreyfus.

Puis, il y avait une note autographe de Schwartzkoppen, concoctée d'après des fragments de papiers déchirés, et dont l'ordre était incertain :

« Doutes... Preuves... Lettre de service... Situation dangereuse pour moi avec un officier français... Ne pas conduire
personnellement de négociations... Apporter ce qu'il a...
Absolute ge [en allemand]... Bureau des Renseignements...
Aucunes relations avec corps de troupes... Importance seulement sortant du ministère... Déjà quelque part ailleurs. »

Cette lettre s'expliquerait selon eux par une « lettre Davignon », de Panizzardi à Schwartzkoppen, traitant d'une
affaire peu confidentielle et qui se terminait par ces mots :
« il faut jamais *(sic)* faire savoir qu'un attaché s'occuppe
(sic) de l'autre ».

A ces documents, on a ajouté de faux rapports de Guénée,
agent peu recommandable de la Section de Statistique, qui a
inséré dans d'anciens rapports du printemps 1894 l'affirmation par Val Carlos, un de ses informateurs, qu'il y avait un
traître à l'État-Major.

Et c'est sur la base de ces allusions plus que vagues à un
traître à l'État-Major, qui aurait pu tout aussi bien être Dreyfus ou quelqu'un d'autre, qu'on a constitué le fameux dossier
secret, qui allait jouer un rôle capital dans le procès de
décembre. Pour la deuxième fois, Drumont et Rochefort ont
pesé de façon décisive sur le déroulement de l'affaire Dreyfus, acculant Mercier au crime.

Guénée fut d'autre part chargé par Sandherr d'une enquête
sur Dreyfus afin de trouver un mobile au crime. Dans son
rapport, il l'accusa sans preuves de fréquenter au moins quatre cercles de jeu, dont le Cercle Washington, le Betting-
Club et le Cercle de l'Escrime, où il aurait perdu 20 000
francs. La famille de sa femme aurait payé pour lui de grosses dettes. Guénée accusa Dreyfus en outre d'avoir eu plusieurs maîtresses, dont Mme Bodson, évoquée plus haut. Son
rapport fut contredit par une enquête de la préfecture de
police, car il était fondé sur une confusion d'identité. Mais
il eut le temps de contaminer les journaux.

Pendant ce temps, l'instruction de d'Ormescheville n'avançait guère : des témoignages qu'il avait recueillis, il ressortait
seulement que Dreyfus n'était pas aimé de ses camarades.

Le défenseur Demange

Mais Mathieu avait trouvé un défenseur pour son frère,
après que Waldeck-Rousseau lui avait expliqué qu'il ne plai-

derait plus que des causes civiles. Waldeck-Rousseau lui désigna Edgar Demange, avocat catholique et ami passionné des choses militaires. A 53 ans, Mᶜ Demange appartenait à une génération du Palais déjà vieillie, mais toute pénétrée des grandes traditions du barreau français. Il avait déjà mené brillamment la défense dans une série d'affaires criminelles : pour lui, nul droit n'était plus sacré que celui de la défense.

Mathieu se rendit chez lui, et lui expliqua ce qu'il savait, la vie de son frère, la conviction absolue qu'il avait de son innocence. « J'accepte », répondit Demange, d'un accent ému et solennel, « avec les réserves suivantes : je serai le premier juge de votre frère : si je trouve dans le dossier une charge quelconque qui puisse me faire douter de son innocence, je refuserai de le défendre. Ce que je vous propose est extrêmement grave. Le jour où le public apprendrait que j'ai renoncé à défendre votre frère, il serait irrémédiablement perdu. » Mathieu accepta cette condition. Demange ajouta qu'il la poserait également à l'accusé, lorsqu'il serait autorisé à le voir : pour l'instant, il était tenu à distance par le secret de l'instruction.

La nouvelle de l'acceptation de la défense par Demange fut annoncée par tous les journaux. L'avocat donna une importante interview au journal *La Presse*, pour tenter de mettre fin aux racontars. Il les qualifia d'« inexactitudes ». Il précisa que le mobile du crime restait mystérieux ; que tout le procès tournerait autour de l'écriture du bordereau ; que Dreyfus niait qu'il en était l'auteur ; et que lui, Demange, s'opposerait au huis clos « de la façon la plus énergique ». Le bonapartiste Cassagnac déclara, dans *L'Autorité*, suite à cette intervention de Demange : « Ce n'est pas moi qui consentirais à faire fusiller un soldat français, fût-il fortement soupçonné de culpabilité, sur le rapport d'un expert en écriture. » Il demanda, comme Demange, la publicité des débats. Là-dessus, la grande majorité des journaux se mit d'accord. « L'opinion unanime demande la lumière, toute la lumière », écrit le vieux radical Ranc.

Cassagnac alla jusqu'à dire qu'il fallait tout prévoir, « même l'innocence de l'accusé ». Que Demange ait accepté de défendre Dreyfus, cela donnait à réfléchir en effet.

La Presse avait affirmé cependant qu'on avait saisi des

lettres de Dreyfus à Schwartzkoppen. L'ambassadeur allemand, le comte de Münster, fit immédiatement paraître dans
Le Figaro un démenti très net : l'information était « absolument inexacte ». Schwartzkoppen « n'a jamais été en relations ni directes ni indirectes » avec Dreyfus. « Si cet officier
s'est rendu coupable du crime dont on l'accuse, l'ambassade
d'Allemagne n'est pas mêlée à cette affaire. » L'attaché avait
convaincu son ambassadeur qu'il ne connaissait pas Dreyfus.
Mais il avait évité de parler de ses relations avec le véritable
traître. Il a ainsi abusé de la crédulité de Münster, vieil aristocrate honnête et étranger à la ruse. La presse en France
accueillit naturellement avec scepticisme le démenti de
l'ambassadeur : car il était évident qu'il couvrait son attaché militaire.

A la mi-novembre, on parlait un peu moins de Dreyfus
dans les journaux. Mais on s'impatientait toujours devant les
lenteurs de l'instruction : selon *La Lanterne :* « Il est temps
d'en finir. Il n'est pas admissible qu'on laisse plus longtemps
l'opinion publique se surexciter. »

Le 17, face à cette impatience et à l'idée de l'innocence
possible de Dreyfus qui faisait surface, Mercier évoqua dans
trois quotidiens [1] les notes qui « prouvaient » qu'un officier
avait communiqué des renseignements à une puissance
étrangère, affirmant sa certitude que cet officier était le capitaine Dreyfus. Il dut admettre cependant qu'il n'y avait pas
eu d'aveux et il ajouta que si Dreyfus était condamné, « ce
serait à la déportation perpétuelle ».

Le 28 novembre dans *Le Figaro* il revint à la charge, en
parlant des « preuves criantes » de la trahison de Dreyfus.
La culpabilité de cet officier était « absolument certaine », et
à l'État-Major « on savait de source également certaine que
Dreyfus était depuis trois ans en relations avec les agents
d'un gouvernement étranger qui n'était ni le gouvernement
italien, ni le gouvernement austro-hongrois [2] ».

En parlant ainsi, Mercier portait atteinte à l'indépendance
du judiciaire. Dans le monde du Palais, c'était la surprise : à

---

1. Notamment dans *Le Journal*, voir BARTHELEMY, H., « Le crime de trahison. Chez le ministre de la guerre » (17 novembre 1894).

2. LESER, Ch., « L'espionnage militaire », *Le Figaro* (28 novembre 1894).

la demande de Demange, Waldeck-Rousseau protesta auprès du Premier ministre ; à la Chambre, l'émotion fut vive également : le juif Joseph Reinach, républicain influent qui avait eu l'intuition de l'innocence de Dreyfus, fit de même.

Mercier démentit l'interview, mais le journaliste du *Figaro* maintint l'exactitude de son compte rendu d'une interview qui avait, selon lui, duré une heure et demie. Il n'y avait presque que *La Libre Parole* pour défendre Mercier ; la majorité des journaux pensaient qu'il avait trop parlé. Il avait d'ailleurs provoqué une nouvelle protestation de l'Allemagne, en la mettant en cause de façon à peine voilée.

Sans s'en prendre directement à lui, Münster s'éleva contre une série d'articles du *Matin*, dirigés contre les attachés militaires étrangers, et qui présentaient l'ambassade d'Allemagne comme le centre de l'espionnage allemand en France. Il réclamait des mesures de protection efficaces de la part du gouvernement français. La déclaration du gouvernement selon laquelle il n'avait nullement l'intention de supprimer l'institution des attachés militaires ne l'a pas satisfait.

Au total, les interviews de Mercier ne lui avaient valu que de nouvelles critiques, et un mécontentement persistant à l'ambassade d'Allemagne.

Le 3 décembre, son instruction terminée, le commandant d'Ormescheville déposa son rapport, concluant à la mise en jugement de Dreyfus. Les seules bases de l'accusation étaient la ressemblance d'écriture — le rapport de Gobert ayant été écarté comme « entaché » —, l'attitude « indiscrète » de Dreyfus, ses liaisons, et même sa connaissance des langues ! C'est tout ce que 15 jours d'interrogatoire et d'enquête avaient donné.

Demange put enfin prendre connaissance de la nullité du dossier. L'expliquant à Mathieu et Lucie Dreyfus, il déclara, avec une profonde émotion : « Si le capitaine Dreyfus n'était pas juif, il ne serait pas au Cherche-Midi. » Jamais il n'avait vu un dossier pareil. Au gouverneur de la prison, Forzinetti, il dit : « Voici trente-trois ans que je plaide, et c'est le deuxième innocent que je suis appelé à défendre. » Il dit à Dreyfus qu'il ne doutait pas de son innocence et qu'il plaiderait sa cause.

La quasi-totalité des journaux continuait à réclamer la publicité des débats. Demange demanda à Waldeck-Rousseau de faire une démarche en ce sens auprès du Président de la République, mais celui-ci, tenu par la Constitution, répondit qu'il avait les mains liées.

Ainsi, armé du huis clos et du dossier secret, Mercier tint bon. S'il était attaqué dans la presse républicaine, Saint-Genest du *Figaro* déclarant qu'il ne devait pas être maintenu grâce à l'affaire Dreyfus [1], le vent tournait quelque peu en sa faveur.

Le procès de 1894

Le procès devait s'ouvrir le 19 décembre, dans un vieil hôtel de la rue du Cherche-Midi, en face de la prison militaire. C'était l'Hôtel des conseils de guerre, que Victor Hugo avait connu dans sa jeunesse, et où avait eu lieu son banquet de noces en 1822, dans la même salle où Dreyfus allait être jugé [2] ! Ce matin-là, l'opinion dans la rue, c'était que le ministre avait bien fait de poursuivre la répression. « C'est la mort, n'est-ce pas ? » demandait un ouvrier. La foule des grands procès ne s'était pas déplacée, tant on était sûr que le huis clos serait prononcé. C'est à midi que s'ouvrirait le procès, dans la salle des délibérations du premier étage, salle simple, « nue, froide, sévère », de 60 mètres carrés, et qui avait pour seule décoration un immense portrait du Christ et un cartel comme celui des cafés. Un poêle monumental au centre dégageait une chaleur suffocante. Mathieu Dreyfus était là : il avait le cœur serré, la sueur au front.

« Faites entrer l'accusé ! » ordonne le colonel Maurel, président du conseil de guerre. Alfred Dreyfus est introduit. Tous les yeux sont tournés vers cet officier myope, qui porte un lorgnon. Hélas ! ce n'est pas le personnage tragique attendu.

« Je ne vis rien, je n'entendis rien », raconte celui que tous

---

1. SAINT-GENEST, « Pas d'équivoque. Le général Mercier », *Le Figaro* (12 décembre 1894).

2. Au 37, rue du Cherche-Midi, voir FROMAGEOT, P., *La Rue du Cherche-Midi et ses habitants depuis ses origines jusqu'à nos jours* (Firmin-Didot, 1915), p. 557 et *passim*. L'hôtel a été démoli en 1907, mais il était pratiquement identique à celui qui subsiste encore 1, rue du Regard.

regardaient. « J'ignorais tout ce qui se passait autour de moi ; j'avais l'esprit complètement absorbé par l'affreux cauchemar qui pesait sur moi depuis de si longues semaines, par l'accusation monstrueuse de trahison dont j'allais démontrer l'inanité, le néant.

Je distinguai seulement, au fond, sur l'estrade, les juges du conseil de guerre, des officiers comme moi, des camarades devant lesquels j'allais enfin pouvoir faire éclater mon innocence [...]. Derrière eux, les juges suppléants, le commandant Picquart, délégué du ministre de la Guerre, M. Lépine, préfet de police. En face de moi, le commandant Brisset, commissaire du gouvernement, et le greffier Vallecalle. »

Dès que Dreyfus a décliné son identité, Brisset se lève pour requérir le huis clos. Demange commence à lire les conclusions qu'il a préparées pour justifier sa demande de publicité des débats. Mais le colonel Maurel l'interrompt au mot « l'unique pièce » : « Toute incursion dans le domaine des faits est interdite. » « Oui ou non, accepte-t-on mes conclusions ? » demande Demange. Brisset : « Déposez-les sans les lire. » « Mais l'intérêt de la défense, c'est que je les développe, ces conclusions. » Brisset : « Il y a d'autres intérêts que ceux de la défense et de l'accusation en jeu dans ce procès. »

Maurel ordonne que le conseil se retire. Au bout de quinze minutes, le huis clos est prononcé. La salle est évacuée. Il ne reste que Dreyfus et son défenseur, face à ses juges et à Brisset, puis Picquart et Lépine, qui suivront tous les débats.

Le greffier lit l'acte d'accusation dressé par d'Ormescheville. Le vide de ce document frappe Freystätter, un des juges [1].

Répondant à l'accusation, Dreyfus nie tout. Il parle clairement, avec précision, sans émotion apparente. Il refuse de faire appel à la pitié ; le voudrait-il qu'il ne le pourrait pas : cet homme très émotif a toujours eu de la peine à extérioriser ses sentiments. « Rien dans son attitude n'était de nature à

---

1. Pour les réactions de Freystätter, voir sa note manuscrite à Joseph Reinach (juillet 1900), Bibliothèque Nationale, Cabinet des Manuscrits, papiers Reinach, Naf 24896.

éveiller la sympathie » (Lépine). Il proteste seulement avec véhémence que tout dans sa vie témoigne contre l'accusation de haute trahison.

Suivent les témoins à charge, parmi eux Gonse et Henry. Mais le principal est cependant du Paty. Celui-ci est confondu, à propos de sa dictée à Dreyfus. Demange montre le papier aux juges : il n'y a aucune trace de tremblement dans l'écriture.

Si Dreyfus n'a pas ému ses juges le premier jour, il a quand même ébranlé leur conviction.

Le lendemain, ses camarades répètent les racontars déjà recueillis par d'Ormescheville. Ils n'apportent, selon Freystätter, « aucun fait à retenir ».

Le procès est en train de s'effondrer. Il faut réagir. Henry, ce paysan dévoué à ses chefs, et qui représente Sandherr, décide de frapper un coup. Rappelé à la barre, il déclare que dès le mois de mars, une personne très honorable a averti la Section de Statistique qu'un officier du ministère de la Guerre trahissait. Dreyfus bondit, proteste, demande une confrontation avec la personne honorable. Henry : « Quand un officier a un secret dans sa tête, il ne le confie pas même à son képi. »

Puis, se tournant vers Dreyfus, il s'exclame : « Le traître, le voilà. » Cette intervention théâtrale a fort impressionné les juges : « Le geste, l'attitude du commandant, je les vois encore », a noté Lépine. « C'était l'apparition du justicier. » Le juge Freystätter ne pouvait pas croire qu'un officier parlant au nom de ses supérieurs pût ne pas dire la vérité.

Jusque-là, les débats, selon Lépine, s'étaient traînés « dans la note terne, grise d'une affaire vulgaire ». Henry a transformé une banale affaire d'espionnage en drame.

Suivent les experts en écriture qui répètent leurs témoignages contradictoires (voir plus haut, pp. 27-29). Le troisième jour, Bertillon développe pendant trois heures son système basé sur l'autoforgerie par Dreyfus, avec force détails fastidieux et inintelligibles. Les juges n'y comprennent rien, sauf qu'il attribue le bordereau à Dreyfus. Ensuite, ce sont les témoins à décharge : les Alsaciens, le grand rabbin de Paris, un philosophe et cousin de Dreyfus, Lévy-Brühl, enfin cinq officiers courageux. Mais les juges écoutent comme si cela ne les concernait pas.

Le réquisitoire de Brisset est bref, « vide de faits », selon Lépine. Il ne fait que rééditer le rapport d'Ormescheville. Le procès n'avance pas. On s'oriente vers un acquittement. Demange le dit à Mathieu Dreyfus.

A la dernière séance, Demange plaide pendant trois heures. Il démontre que le bordereau ne peut émaner de Dreyfus ; il conteste les commérages de ses camarades ; et il demande : où est le mobile ?

Mais il n'a pas le maniement des conseils de guerre. Il veut faire naître le doute chez des militaires, étrangers aux nuances, qui savent qu'à l'État-Major on tient Dreyfus pour coupable, qui savent que Mercier l'a affirmé haut et fort, et qui ont déjà entendu parler du dossier secret. L'accusé n'est même pas pour eux une figure sympathique.

Brisset, dans sa réplique, se voit pourtant forcé d'abandonner tous les griefs accessoires, pour ne retenir comme pièce à charge que le bordereau : « Si je ne vous apporte pas de mobile à ce crime, le plus grave qui se puisse commettre, si je n'ai pas d'autre preuve que la lettre missive, elle reste, elle, écrasante pour l'accusé. Prenez vos loupes, vous serez sûrs que c'est Dreyfus qui l'a écrite. »

Le préfet de police, croyant toujours à l'acquittement, donne des ordres éventuels pour protéger Dreyfus à sa sortie.

Les juges se retirent pour délibérer. L'un deux a confié plus tard : « Si nous n'étions pas en pleine lumière quand nous sommes entrés dans la salle des délibérations, nous y avons été tous dès qu'on nous a communiqué certains documents [1]. »

En effet, le dossier secret, communiqué sur « l'ordre moral aussi complet que possible » de Mercier, retourne la situation. Légalement, Mercier n'a pas le droit de donner un tel ordre.

Le Président Maurel commence la lecture des pièces — ce sont les pièces repêchées des dossiers par la Section de Statistique (voir plus haut, pp. 41-42), avec un commentaire de du Paty. Tous les juges sont frappés par la pièce « canaille de D. ». Face au dossier secret, et après l'intervention

_____

1. « Autour de l'Affaire Dreyfus », *Le Gaulois* (3 novembre 1897).

d'Henry, comment peuvent-ils soupçonner la bonne foi de leurs supérieurs ? Ils votent à l'unanimité la culpabilité et la déportation dans une enceinte fortifiée, la peine de mort n'étant pas possible, on l'a vu, en temps de paix. « Nous n'avions qu'un mot à la bouche, a confié l'un d'eux plus tard : "le maximum [1]". »

Maurel lit la sentence en séance ouverte, Demange éclate en sanglots. Dreyfus n'a pas le droit d'être présent.

Dans la rue du Cherche-Midi, « l'impression qui domine est une sorte de déception que la combinaison des textes de 1848 et de 1850 permette à un aussi grand criminel d'échapper à la peine de mort. Le peuple, qui est simpliste, ne peut pas comprendre les chinoiseries judiciaires ».

La nuit tombée, Dreyfus, qui attend à l'infirmerie, est conduit dans le vestibule du tribunal. Le greffier, à la lumière d'une chandelle, donne lecture du jugement. « La loi vous accorde un délai de 24 heures pour exercer votre droit de recours devant le conseil de révision », lui dit Brisset. Dreyfus a conservé sa fermeté pendant la lecture mais aussitôt après il fond en larmes. Me Demange lui prend les mains, en lui disant : « Courage, nous verrons en révision. »

De retour dans sa cellule, Dreyfus se livre au désespoir ; il appelle la mort, se précipite pour se briser la tête contre le mur. Plusieurs fois il demande un revolver. « Mon désespoir fut immense », écrira-t-il. « La nuit qui suivit ma condamnation fut une des plus tragiques de ma tragique existence. »

Dehors, sur les boulevards, on s'arrache les journaux. On continue à commenter la peine, et l'animation continue jusqu'à une heure fort avancée de la nuit.

Chez le Président de la République et au Parlement, l'unanimité du verdict apporte un soulagement. Cette unanimité suffit largement, écrit Cornély, dans *Le Matin,* « à tranquilliser les consciences indécises ». *Le Temps* écrit : « Si une seule divergence s'était produite, la conscience publique en aurait été d'autant plus troublée qu'un huis clos reconnu nécessaire lui enlevait tout moyen de s'éclairer directement. » Déjà, pendant le procès, l'organe officieux du pouvoir avait écrit : « il n'y a pas dans l'armée française sept

---

1. « Autour de l'Affaire Dreyfus », *Le Gaulois* (3 novembre 1897).

officiers capables de condamner un innocent, ni sept officiers capables d'acquitter un traître [1]. » C'était l'annonce de la ligne officielle qui sera maintenue tout au long de l'Affaire : confiance aveugle dans le conseil de guerre unanime. Toute la presse républicaine s'aligne sur cette position.

Les socialistes eux-mêmes, malgré leur antimilitarisme, n'osent pas mettre en doute ce verdict unanime ; ils n'échappent pas entièrement à l'explosion de patriotisme engendré par le procès.

Chez les nationalistes et les antisémites, on fait à Mercier un triomphe. Son portefeuille est sauvé pour le moment. Drumont exulte : « Tout ce que j'ai écrit n'a-t-il pas été justifié par les événements ? Hors d'ici les Juifs ! La France aux Français ! » L'agitation antisémite est relancée : des réunions publiques réclament des mesures d'exclusion contre les juifs. Et la presse catholique fait toujours écho à Drumont : sans aller jusqu'à demander l'exclusion, elle pense que les juifs ne sont pas de vrais Français.

Les juifs eux-mêmes ne réagissent guère. Selon Léon Blum, ils acceptent en général la condamnation de Dreyfus comme définitive et comme juste. Républicains fidèles, affichant un patriotisme ardent, ils ne veulent pas se singulariser. Ils vont, pour la plupart, continuer à se réfugier dans le silence, dans l'espoir de ne pas offrir de cible à leurs adversaires.

Que dit la presse de l'homme Dreyfus lui-même ? Puisque le mobile de la trahison n'a toujours pas été élucidé, il apparaît comme un monstre. « Comment se trouve-t-il un homme pour un tel acte ? » demande Clemenceau. « Il n'a donc pas de parent, pas d'enfant, pas d'amour de quelque chose, pas de lien d'humanité. »

Mais la note la plus répandue dans toute la presse, c'est la révolte à l'idée que Dreyfus a échappé à la peine de mort, alors qu'elle frappe le simple soldat qui a levé la main sur son supérieur. Mercier doit introduire d'urgence un projet de loi au Parlement pour rétablir la peine de mort pour la trahison, même en temps de paix. Jaurès propose au contraire une

1. « La condamnation », *Le Temps* (23 décembre 1894) et « Le procès de trahison », *ibid.* (21 décembre 1894).

loi pour abolir la peine de mort frappant les soldats qui ont commis un acte de violence contre leurs supérieurs. Il accuse le gouvernement de jouer du patriotisme, et se voit censuré par la Chambre, avec exclusion temporaire.

A la suite du procès, les journaux de tous les horizons politiques pensent qu'il est temps de tirer le rideau. Le pourvoi en révision de Dreyfus est rejeté le 31 décembre 1894.

La dégradation

Le 5 janvier 1895, c'est la cérémonie de dégradation dans la cour de l'École militaire, par un glacial matin d'hiver. Devant une immense parade de soldats, et des milliers de Parisiens massés devant la grille, le général Darras lance : « Alfred Dreyfus, vous êtes indigne de porter les armes. » Dreyfus s'écrie : « Soldats, on dégrade un innocent ! Vive la France, vive l'Armée ! » L'adjudant Bouxin arrache à Dreyfus tous les insignes de son grade, brise son sabre sur son genou. La foule hurle, siffle : « A mort ! A mort ! » Mais la voix de Dreyfus n'a pas été complètement étouffée : il a pu faire entendre son cri de protestation.

A la suite de cette cérémonie et des cris d'innocence de Dreyfus, des doutes renaissent chez quelques-uns des assistants : Théodore Herzl, Sarah Bernhardt, et une poignée de journalistes. Mais le silence va tomber, voulu par le gouvernement. L'affaire Dreyfus est dangereuse, il faut que Dreyfus soit oublié.

CHAPITRE II

La découverte du vrai coupable
et les débuts de la campagne de révision
(de janvier 1895 à janvier 1898)

La légende des aveux

La parade de dégradation à peine achevée, le bruit commençait à circuler que Dreyfus avait fait des aveux. Des journaux, dont *Le Temps,* rapportaient qu'il avait dit au capitaine Lebrun-Renault, qui l'escortait à la parade : « Je suis innocent. Si j'ai livré des documents à l'étranger, c'était pour amorcer et en avoir de plus considérables ; dans trois ans on saura la vérité et le ministre lui-même reprendra mon affaire. »

C'est que Lebrun-Renault avait trop bavardé au sortir de la cérémonie : il avait certainement mal entendu ou mal compris les paroles de Dreyfus. Au ministère de la Guerre où l'on avait en vain cherché à tirer un aveu de ce dernier à la suite de son procès, on s'était étonné de ces rumeurs qui contredisaient toutes les informations dont on disposait. Lebrun-Renault fut mené d'urgence chez le président du Conseil et chez le Président de la République : il n'osa pas répéter ses bavardages. Un démenti officiel suivit.

Cet incident n'aurait pas eu d'importance si l'État-Major, en mal de preuves contre Dreyfus en 1897 et à partir de 1898, ne s'en était pas saisi pour répandre la légende des aveux.

Les indiscrétions de Lebrun-Renault avaient inquiété le

gouvernement pour une autre raison : on craignait qu'il n'ait également révélé le fait que le bordereau provenait de l'ambassade d'Allemagne.

Incident diplomatique

Justement, le jour même de la dégradation, l'ambassadeur Münster avait remis au président du Conseil une note très sèche du chancelier allemand Hohenlohe, selon laquelle l'Empereur lui-même demandait que le Président français soit informé que Sa Majesté espérait une confirmation du gouvernement français, s'il était prouvé que l'ambassade d'Allemagne n'avait jamais été impliquée dans l'affaire Dreyfus. C'était à Casimir-Périer de répondre.

Il convoqua Münster le lendemain et lui expliqua que le bordereau avait été trouvé à son ambassade. Münster s'écria : « Oh ! il n'est pas possible qu'une pièce importante se soit ainsi égarée à l'ambassade d'Allemagne. » Mais, voulant l'apaisement, il ajouta : « Comment régler cet incident ? » Le Président français lui répondit qu'il n'impliquait pas l'ambassade dans l'affaire, car rien n'établissait que le document ait été sollicité, et il ne pouvait pas la rendre responsable des papiers qu'elle pouvait recevoir. Münster et lui tombèrent d'accord alors sur une note française mettant toutes les ambassades étrangères hors de cause.

Par cette intervention ingénieuse, Casimir-Périer réussit à faire baisser la légère tension diplomatique. Cet incident, lui aussi, n'aurait guère compté si, lors du procès de Rennes en 1899, le général Mercier n'avait tenté de le transformer abusivement en « nuit historique », au cours de laquelle la France et l'Allemagne furent au bord de la guerre (voir plus bas, p. 208).

En raison des conditions peu avouables dans lesquelles Dreyfus avait été jugé — sans parler des complications persistantes engendrées par son affaire — il était considéré comme urgent, en milieu gouvernemental, on l'a vu, qu'elle soit classée aussi rapidement que possible. Mercier prit le dossier secret à Sandherr, et brûla le commentaire de du Paty qu'il considérait comme sa propriété personnelle. Puis, il donna l'ordre à Sandherr de « disloquer » le reste du dossier et de remettre chaque document à sa place d'origine. Sandherr désobéit : il le fit mettre sous clef par Henry dans l'armoire de fer de la Section de Statistique. La preuve du crime a ainsi été préservée.

Cependant, Dreyfus ayant été conduit dans les fers vers La Rochelle dans la nuit du 18 janvier 1895 pour rejoindre l'Île de Ré, la France l'oublia en effet.

Dans le haut personnel gouvernemental, certains soupçonnaient l'erreur. Le doute était revenu chez certaines personnalités, on l'a vu, à la suite de ses cris d'innocence lors de sa dégradation. Mais personne n'en avait parlé dans la presse, à part le socialiste Maurice Charnay. Demange, l'avocat de Dreyfus, était le seul, avec le commandant Forzinetti, à persister à affirmer publiquement sa conviction de l'innocence du capitaine.

A Paris, on cessa de parler de lui, même chez les juifs. Ceux-ci fuyaient le sujet, dit Léon Blum. « Un grand malheur était tombé sur Israël. On le subissait sans mot dire, en attendant que le temps et le silence en effacent les effets. » Le vide se fit autour de la famille, selon Mathieu Dreyfus. « Le silence, un silence de mort, planait sur nous. »

D'un commun accord, tous les membres de la famille, bien qu'abattus par la catastrophe, chargèrent Mathieu de la campagne familiale. « Je compris ma tâche ainsi », a rappelé celui-ci : « Entreprendre sans me lasser jamais, sans me laisser rebuter par rien, une campagne personnelle de propagande dans tous les milieux où je pouvais pénétrer ; y faire des recrues, demander à ces recrues et à tous nos amis d'agir à leur tour dans leurs milieux, par une propagande active, et enfin chercher le coupable. »

Après plus d'un mois passé à l'Île de Ré et une « horrible traversée », Alfred Dreyfus arriva le 12 mars aux Îles du Salut, situées à une vingtaine de kilomètres au large des côtes de la Guyane française.

A l'Île du Diable

Le 13 avril, il fut transféré du bagne de l'Île Royale à l'Île du Diable. Là, un lieu de détention spécial avait été aménagé à son intention, à l'extrémité de ce rocher volcanique d'à peine 900 mètres de long, où l'on avait détenu des lépreux. Près de la plage, où s'élevaient une vingtaine de cocotiers,

on avait construit sa prison. Sa case était en pierre et mesu-
rait quatre mètres sur quatre. Les surveillants ne devaient le
perdre de vue ni de jour ni de nuit. Une lampe y brûlait toute
la nuit, attirant une foule d'insectes.

Il lui était interdit d'adresser la parole à qui que ce fût.
Dès qu'il sortait, il était accompagné d'un surveillant armé.
« Je n'avais la faculté de circuler, durant le jour, que dans
la partie de l'île comprise entre le débarcadère et l'ancien
campement des lépreux, soit sur un espace de 200 mètres
environ, complètement découvert. » « Triste île ! » notait-il.
« Quelques bananiers, quelques cocotiers, un sol aride, d'où
émergent partout des roches basaltiques. »

La ration du début fut celle du soldat aux colonies, sans
le vin. « Je devais faire la cuisine moi-même, faire d'ailleurs
tout moi-même. » Les chaleurs commençaient dès dix heures
du matin. Elles devenaient « terribles » au mois de juillet.
Un jour, il nota une température de 45°.

Mais les jours passaient encore à peu près, a-t-il écrit, « à
cause des mille occupations de la vie matérielle ». L'atroce,
c'étaient les nuits sans sommeil. « Dès que je me couche, si
épuisé que je sois, les nerfs reprennent le dessus, le cerveau
se met à travailler. Je pense à ma femme, aux souffrances
qu'elle doit endurer ; je pense à mes chers petits, à leur gai
et inconscient babillement. Toute la nuit, c'est un va-et-vient
continu dans le corps de garde, un bruit incessant de portes
brusquement ouvertes, puis verrouillées [...] ces allées et
venues continuelles, ces grincements de serrures, deviennent
comme des choses fantasmagoriques dans mes cauche-
mars. »

Les jours et les nuits se suivent dans ce qu'il appelle « la
lutte pour la vie », et dans l'interminable attente du courrier,
toujours en retard. Mais Dreyfus ne se résigne ni moralement
ni physiquement. « Je résisterai », écrit-il, « je lutterai contre
mon corps ; je veux vivre, voir la fin. »

Malgré les insomnies, les fièvres et les coliques, il se met,
à force de volonté, à l'étude de l'anglais, lit Shakespeare et
les classiques français et russes.

Il commence, à l'intention de sa femme, un journal qui
permet de suivre ses souffrances et sa révolte. « Les peines
du corps ne sont rien », y écrit-il, « celles du cœur sont atro-

ces. » Il ne parle jamais dans son journal de son appartenance juive, et il n'évoque pas Dieu, sauf pour dire qu'il se rappelle constamment le mot de Schopenhauer : « Si Dieu a créé le monde, je ne voudrais pas être Dieu. »

C'est seulement à l'honneur, à la justice, à la lumière qu'il se réfère. Se disant homme qui « place l'honneur au-dessus de tout », il se sent surtout atteint dans son honneur. « S'il y a une justice dans ce monde, l'honneur doit m'être rendu. » « Il faut, je veux la lumière entière, absolue, sur cette ténébreuse affaire. »

Il réclame constamment la justice, mais en militaire, discipliné jusqu'au bout, il ne met jamais en question la bonne foi de ses supérieurs.

Il écrit pourtant très respectueusement au Président de la République pour lui demander justice, « et cette justice pour laquelle je vous sollicite, avec toute mon âme, avec toutes les forces de mon cœur, les mains jointes dans une prière suprême, c'est de faire la lumière sur cette tragique histoire, de faire cesser ainsi le martyre effroyable d'un soldat et d'une famille ». Il ne reçoit aucune réponse. Pendant quatre ans, dans ses lettres, il encouragera sa femme à « faire appel à tous les concours ». Mais il va continuer, sur son île torride, à rester muré dans le silence, ignorant tout de sa propre affaire.

Le frère admirable

Ainsi, il ignorera que, dès les premières semaines de sa détention, avant même son arrivée aux Îles du Salut, son frère Mathieu, plein d'énergie et de dévouement, multiplie déjà les démarches en sa faveur. Mathieu Dreyfus entendait agir avec un maximum de discrétion, se refusant à toute initiative publique. Il frappait à toutes les portes. Mais si des journalistes et quelques hommes politiques le reçurent avec sympathie, aucun ne voulait rompre le silence. « Le courant contre votre frère est si fort, si puissant, que seule la découverte du coupable pourrait amener un revirement », lui dit Yves Guyot, ancien ministre. « Il faut découvrir le coupable. » Mais qui donc avait écrit le bordereau ? La question le hantait. Aucune piste sérieuse ne s'offrait à lui.

Cependant, une information capitale allait lui être révélée.

Il a appris que le docteur Gibert, du Havre, croyait à l'innocence de son frère, et qu'un médium, Léonie, sur laquelle ce
docteur faisait des expériences, prétendait que le coupable
était un officier du ministère de la Guerre. Sceptique,
Mathieu se rendit quand même au Havre, où Léonie, sans
donner le nom de l'officier, apporta suffisamment de détails
convaincants pour lui inspirer une certaine confiance.

Début février, Léonie dit un jour, lors d'une séance :
« Qu'est-ce que c'est que ces pièces qu'on montre secrète-
ment aux juges, ne faites pas cela, ce n'est pas bien. Si
M. Alfred et Me Demange les voyaient, ils détruiraient leur
effet. » Mathieu n'a pas compris ces paroles, mais le docteur
Gibert en a reçu l'explication le 21 février, lors d'une
audience avec Félix Faure, le nouveau Président de la République. Le docteur Gibert avait été le médecin de Félix Faure
au Havre. Félix Faure, bourgeois fortuné, connu pour sa
grande élégance et ses succès auprès des femmes, avait remplacé Casimir-Périer le 17 janvier. Le Président dit à Gibert :
« Dreyfus n'a pas été condamné sur le bordereau, ni sur les
incidents d'audience. Il a été condamné sur des pièces
communiquées aux juges dans la salle des délibérations, pièces qu'on ne pouvait montrer, ni à l'accusé, ni à son défenseur, pour des raisons d'État. » Ainsi s'expliquaient ces
paroles de Léonie. La même information parvint à Demange
deux mois plus tard.

Mais, sans appui dans la presse ou dans le monde politique, Mathieu ne pouvait toujours pas exploiter ce qu'il avait
appris. Un jeune critique littéraire juif, Bernard Lazare, fut
le premier à lui apporter son soutien. Pugnace, attiré par
le symbolisme, qu'il exprimait dans la petite revue éphémère, les *Entretiens politiques et littéraires*, qu'il avait fondée avec des amis, Bernard Lazare était déjà, à 30 ans, le
critique de sa génération. Pour lui, l'art se devait aussi d'être
social : il avait des sympathies anarchistes. Enfin, répondant
aux campagnes de Drumont, il avait publié en 1894 une
étude remarquable, *L'Antisémitisme, son histoire et ses causes*.

Il avait constaté, dès novembre 1894, la recrudescence de
l'antisémitisme provoquée par l'annonce de l'arrestation de
Dreyfus, mais il n'avait pas encore voulu s'occuper du capi-

taine. « Je ne connais ni lui, ni les siens. Ah ! si c'était un pauvre diable, je m'inquiéterais de lui aussitôt, mais Dreyfus et les siens sont très riches, dit-on ; ils sauront très bien se débrouiller sans moi, surtout s'il est innocent. »

A la suite de la condamnation de Dreyfus, il continua de se préoccuper seulement de l'antisémitisme en général ; mais, dès la deuxième quinzaine de février, il déclara à Joseph Valabrègue, beau-frère d'Alfred et de Mathieu Dreyfus, qui lui avait demandé rendez-vous, que la campagne antisémite l'avait éclairé et que la certitude était née en son esprit que l'affaire Dreyfus était le résultat d'une machination antisémite.

Il reçut Mathieu Dreyfus, qui lui communiqua tout ce qu'il savait et lui demanda alors d'écrire et de signer un mémoire sur la base des notes et des informations dont il disposait, puis de faire de la propagande en faveur de son frère dans le monde de la presse et le monde littéraire. Bernard Lazare rédigea une première version du mémoire, mais Mathieu ne voulut pas une publication immédiate. « Je crois », rappelle Bernard Lazare, « que j'aurais marché plus tôt si Mathieu n'avait pas été retenu par Me Demange. Ce dernier pensait qu'une initiative purement familiale n'aurait guère convaincu. » D'août 1895 à août 1896 Bernard Lazare continua donc de s'impatienter. C'était du « piétinement sur place ».

Les découvertes de Picquart

Néanmoins, au ministère de la Guerre, le colonel Picquart, qui remplaça Sandherr, gravement malade, à la tête de la Section de Statistique le 1er juillet 1895, fut saisi, dès son entrée en fonctions, du dossier Dreyfus, demeuré inquiétant pour le général de Boisdeffre, qui lui dit : « L'affaire Dreyfus n'est pas finie. Elle ne fait que commencer. » De Boisdeffre demanda à Picquart de nourrir le dossier par des recherches, notamment sur le mobile de la trahison.

Marie-Georges Picquart, 41 ans, le plus jeune lieutenant-colonel de l'armée française, était un des espoirs de ses supérieurs ; leur très haute estime lui avait déjà valu d'être nommé à un poste de professeur à l'École de Guerre et à la direction du bureau de renseignements à l'État-Major du général Galliffet. Il était doué de courage, selon Reinach, et d'une intelligence « très étendue, à la fois solide et fine, sans imagination, et servie par une mémoire impeccable. » Comme Alsacien, il parlait parfaitement l'allemand, et il lisait l'anglais, l'italien et l'espagnol. Il s'adonnait en dehors des heures de service, à la lecture et à l'art. Il se livrait peu : de Boisdeffre pensait qu'il avait une trop haute opinion de lui-même.

Au procès de 1894, qu'il avait suivi officiellement pour le compte de Mercier et de Boisdeffre, il n'avait éprouvé aucune sympathie pour Dreyfus. Il partageait même le préjugé alsacien contre les juifs. Mais, n'ayant pas été particulièrement impressionné par l'intervention d'Henry, il avait cru un acquittement probable. Après la condamnation, sa croyance à la culpabilité de Dreyfus n'avait pu reposer que sur le dossier secret, qu'il n'avait pas vu.

Jusqu'en mars 1896, toutes les informations qu'il avait récoltées sur Dreyfus avaient été sans valeur. Mais un jour, un petit bleu, provenant de la corbeille à papier de Schwartzkoppen, lui vint entre les mains. Il portait :

« Monsieur, j'attends avant tout une explication plus détaillée que celle que vous m'avez donné *(sic)*, l'autre jour, sur la question en suspens. En conséquence, je vous prie de me la donner par écrit, pour pouvoir juger si je peux continuer mes relations avec la maison R. ou non. »

Ce petit bleu était adressé à « Monsieur le commandant Esterhazy, 27 rue de la Bienfaisance. »

Le vrai coupable

Qui était Esterhazy ? Marie-Charles-Ferdinand Walsin-Esterhazy, 48 ans, était le fils d'un général français ; son grand-père était le descendant naturel d'une lignée noble de l'Europe centrale remontant au Moyen Age.

Au cours d'une carrière militaire sans éclat, Esterhazy avait atteint le grade de capitaine en 1881, après un passage de trois ans à la Section de Statistique. Mais il détestait l'armée et la France. C'était un aventurier, avide de plaisir, d'argent et de considération, qui s'était ingénié à se rapprocher le plus possible de Paris, où il poursuivait les femmes, spéculait à la Bourse et s'endettait progressivement. Il était prêt à tout pour s'en sortir : mensonges, intrigues, vols de bijoux, car il ne distinguait pas entre le bien et le mal, entre la vérité et ses imaginations extravagantes. Mythomane, il croyait inébranlablement à ses propres inventions.

Mais c'était surtout un malheureux : tuberculeux, il ne dormait guère, et à sa haine pour l'armée et pour la France il ajoutait du mépris pour la femme noble et fortunée qu'il avait épousée et qui n'avait pas pu le sauver de la ruine. Il se croyait persécuté par tout le monde.

Et cependant, il avait su s'attirer la bonne opinion constante de ses supérieurs, et il ne désespérait pas de trouver de très hautes protections. Car c'était un charmeur. « La parole brûlante, la mimique endiablée, une intensité de vie, la frénésie communicative de cet étonnant comédien continueront à fasciner », dira Reinach de lui.

Esterhazy avait d'autre part des dons de journaliste, voire d'écrivain. Il savait rédiger des articles sur des questions militaires, et il informait les correspondants militaires de plusieurs journaux, notamment le commandant Biot de *La Libre Parole*.

Si donc, en 1894, il était à bout de ressources, il était presque naturel pour lui d'offrir ses informations à Schwartzkoppen, en lui demandant les fortes sommes dont il avait besoin. Ce dernier, non sans hésitations, avait accepté, sur ordre de Berlin. C'est dans le cadre de leurs relations qu'Esterhazy a rédigé le bordereau. C'était lui, le traître, si toutefois les informations qu'il offrait étaient réellement des secrets d'État.

Dans un premier temps, Picquart le prit pour un second traître, ou un simple complice de Dreyfus. Un ancien ami, du même régiment, révéla à Picquart sa vie déréglée et sa curiosité incessante pour les questions d'artillerie. Picquart le fit filer pendant quatre mois sans résultat. Un agent allemand retourné, Richard Cuers, révéla que le ministère allemand de la Guerre recevait des informations sur des questions d'artillerie d'un officier français de quelque 45 ans, mais il ne le nomma pas. Cela ne suffisait pas.

C'est Esterhazy lui-même qui se découvrit, lors d'une tentative audacieuse pour se faire rattacher au ministère de la Guerre. Il avait su obtenir non seulement une lettre de recommandation de l'aide de camp du général Saussier, mais l'appui de plusieurs députés et de deux généraux... Mais, le 27 août, deux de ses lettres tombèrent entre les mains de Picquart.

Celui-ci s'aperçut rapidement que son écriture était identique à celle du bordereau, et plus encore, que ce document pourrait bien s'appliquer à lui.

« Je résolus de consulter le dossier secret », racontera-t-il « pour voir quelle part pouvait rester à Dreyfus dans la trahison (...) J'avoue que j'eus un mouvement de stupeur en lisant le dossier secret. Je croyais y trouver des choses graves, et je ne trouvais en somme qu'une pièce pouvant s'appliquer à Esterhazy au moins aussi bien qu'à Dreyfus, une pièce indifférente (celle où il est question de Davignon), une pièce qu'il me paraissait absurde d'appliquer à Dreyfus (celle "ce canaille de D"), et enfin une dernière, où je reconnaissais, dans un rapport annexe l'écriture de Guénée, et qui paraissait au moins aussi indifférente que la deuxième. »

Il ne restait donc plus rien contre Dreyfus. Tout de suite, Picquart exposa sa découverte au général de Boisdeffre, affirmant qu'il importait de réparer l'erreur commise en 1894. De Boisdeffre l'écouta en silence jusqu'au moment où il fut question du dossier secret, puis il lança : « Pourquoi n'a-t-il pas été brûlé comme il avait été convenu ? »

Ne se fiant pas à l'inexpérience de Picquart, de Boisdeffre temporisa, lui dit de demander l'avis de Gonse.

« Alors, on se serait trompé », dit Gonse. « Il faut séparer les deux affaires. »

Ainsi commençait à s'ouvrir l'abîme entre le jeune Picquart, qui pensait aller droit au but que lui suggérait son intelligence, et ses supérieurs, qui connaissaient mieux que lui le monde et les hommes, et comprenaient les complications qu'entraînerait la révision du procès de 1894 : elle révélerait fatalement l'illégalité commise par Mercier.

Et, comme pour souligner les dangers que comportait la situation, un article de presse rompit le silence que le gouvernement avait voulu imposer sur la question Dreyfus. Un journaliste anglais, Clifford Millage, qu'on avait recommandé à Mathieu Dreyfus, lui avait proposé de lancer la fausse nouvelle de l'évasion d'Alfred, pour éveiller l'opinion en Angleterre et, si possible, en France. Mathieu accepta, à condition que la nouvelle fût si invraisemblable qu'elle serait immédiatement démentie.

La fausse nouvelle de l'évasion de Dreyfus

Millage fit donc passer, le 3 septembre 1896, dans son journal, le *Daily Chronicle* de Londres, un article relatant que, selon le *South Wales Argus* de Newport, Monmouthshire, le capitaine Hunter, à son arrivée à ce port du pays de Galles, avait raconté l'évasion de Dreyfus, accompagné de sa femme, à bord d'un schooner américain qui avait trompé la surveillance de l'aviso du gouvernement français. L'agence Havas publia l'information à Paris le lendemain, et elle fut diffusée par toute la presse française. Mais, après avoir télégraphié au gouverneur de Cayenne, le gouvernement français la démentit immédiatement, le jour même. Si bien que, lorsque, le 4 septembre, le *South Wales Argus* parla pour la première fois — au passé — de son article purement imaginaire du 2, l'information était sur le point d'être démentie à Paris.

Sur son île, Dreyfus fut mis sous double boucle. Deux fers en forme de U furent fixés par leurs parties inférieures à son lit. Dans ces fers s'engageaient une barre en fer, à laquelle étaient fixées deux boucles ; quand la nuit ses pieds étaient engagés dans les boucles, il n'avait pas la possibilité de remuer. « Le supplice était horrible », raconte-t-il, « surtout par ces nuits torrides. » Cela dura deux ans. « Une mesure de sûreté ? » écrivait-il. Non, c'était une mesure de haine, de torture, « ordonnée de Paris par ceux qui, ne pouvant frapper une famille, frappent un innocent parce que ni lui ni sa famille ne veulent, ne doivent s'incliner devant la plus épouvantable des erreurs judiciaires qui ait jamais été commise ».

Néanmoins, l'opération avait réussi : un article favorable de Gaston Calmette parut au *Figaro*, *Le Jour* parla de Dreyfus et Paul de Cassagnac, dans *L'Autorité*, évoqua à nouveau ses doutes sur sa culpabilité. Là-dessus, le député nationaliste Castelin annonça qu'il allait interpeller le gouvernement sur son indifférence à l'égard des activités de Dreyfus et de ses partisans.

Pour Mathieu, le moment semblait venu de laisser Bernard

Lazare publier sa brochure. Mais, le 15 septembre, un long article parut dans *L'Éclair,* comportant un récit détaillé de l'arrestation et du procès de Dreyfus. *L'Éclair,* qui s'était constitué comme porte-parole de l'État-Major, prétendait vouloir compenser les réticences gouvernementales en livrant au public français des preuves irréfutables de la culpabilité de Dreyfus. Il réédita la thèse de l'État-Major, déjà élaborée en 1894, selon laquelle la culpabilité de Dreyfus était attestée par la pièce « canaille de D ». Mais dans cette version de *L'Éclair,* ces mots « canaille de D » furent remplacés par la phrase : « Décidément cet animal de DREYFUS devient trop exigeant ».

L'article contenait également un résumé inexact du bordereau, et l'aveu capital que le dossier secret n'avait pas été soumis à la défense. L'illégalité de 1894 était ainsi proclamée *urbi et orbi.* Selon Joseph Reinach, l'article de *L'Éclair* fut reproduit par toute la presse. « Il parut vraisemblable [...] comme aucun démenti ne survint, on en conclut, non seulement que ces étonnantes révélations étaient exactes, mais que le gouvernement lui-même les avait inspirées, et fait paraître pour arrêter, avant qu'elle ne devînt périlleuse, une campagne détestable [...] Cette version du crime, évidemment authentique, confirmée par le silence approbateur du gouvernement, porte la conviction avec elle, pénètre le cerveau national, s'y cristallise, va dominer, deux ans durant, la mentalité française. »

Après la publication de l'article de *L'Éclair,* qu'il est tenté d'attribuer à la famille Dreyfus, Picquart pensa qu'il était devenu encore plus urgent d'agir. « Si nous attendons encore », écrit-il à Gonse, « nous serons débordés, enfermés dans une situation inextricable, et nous n'aurons plus les moyens de nous défendre ni d'établir la vérité vraie. »

L'entrevue de Picquart avec Gonse

Le 15 septembre, selon le témoignage de Picquart, Gonse réagit enfin, en lui disant : « Mais qu'est-ce que cela vous fait que ce juif reste à l'Île du Diable ?

— Mais, mon général, il est innocent.

— C'est une affaire qu'on ne peut pas rouvrir ; le général Mercier, le général Saussier y sont mêlés.

— Mais puisqu'il est innocent ! »

Gonse hausse les épaules : « Cela ne fait rien ; ce ne sont pas des considérations qui doivent entrer en ligne de compte. »

Picquart évoque les manœuvres de la famille Dreyfus : « Quelle sera notre posture si elle arrive à découvrir le véritable coupable ?

— Si vous ne dites rien, personne ne le saura.

— Ce que vous dites là est abominable, mon général. Je ne sais pas ce que je ferai, mais en tout cas je n'emporterai pas ce secret dans la tombe ! »

Gonse a toujours nié les termes de cette conversation, mais elle correspond à sa position constante.

Trois jours plus tard, Lucie Dreyfus, cherchant à profiter de l'agitation créée dans la presse, adressa à la Chambre des députés une pétition demandant la révision du procès de 1894. Elle fut rejetée.

Pour le moment, Picquart pouvait continuer sa surveillance d'Esterhazy, mais il allait bientôt s'apercevoir qu'il n'avait plus la confiance des grands chefs. A la Section de Statistique, le vent tournait contre lui. Henry et les autres officiers commençaient à regretter les temps de Sandherr, où tout se passait en famille. Si leur jeune chef réussissait à provoquer la révision du procès Dreyfus, ce serait pour eux la catastrophe. Henry n'avait-il pas, au procès de 1894, proclamé sans preuves la culpabilité de Dreyfus ?

Henry convainquit de Boisdeffre et Gonse qu'il avait raison de se méfier de Picquart. De Boisdeffre proposa alors à Billot, le ministre de la Guerre, de l'envoyer en Indochine pour l'éloigner de Paris. Mais Billot ne voulait pas infliger une mauvaise note à un si bon officier. Le 26 octobre, il finit par l'envoyer en mission dans l'Est et dans le Sud-Est.

C'est alors qu'Henry prit sur lui une nouvelle fois d'agir, afin de conjurer les dangers de la révision que souhaitait Picquart. Si les preuves contre Dreyfus étaient insuffisantes, pourquoi ne pas en fabriquer d'autres, procédé normal au fond pour ce paysan qui avait eu la mission de falsifier des documents pour intoxiquer les Allemands ? L'intérêt de ses supérieurs lui semblait commander encore une fois un geste décisif.

Le 1er novembre 1896, il colla entre l'en-tête et la signature authentiques d'une note de Panizzardi à Schwartzkoppen le texte suivant, qu'il a tracé de sa main au crayon bleu, en imitant de son mieux l'écriture et le style de Panizzardi : « Mon cher ami, j'ai lu qu'un Député va interpeller sur Dreyfus. Si on me demande à Rome nouvelles explications, je dirai que jamais j'avais des relations avec ce juif. C'est entendu ! Si on vous demande, dites comme ça. Car il faut pas que on sache jamais personne *(sic)* ce qui est arrivé avec lui. »

Malheureusement pour la suite, Henry ne remarqua pas que les quadrillages du papier original et de celui sur lequel il avait rédigé son faux n'étaient pas de la même couleur.

Dans l'immédiat, ce qu'on appellera le faux Henry ravit de Boisdeffre, Gonse et Billot. On tenait enfin contre Dreyfus le document massue.

Pendant ce temps, Bernard Lazare refit sa brochure de 1895, en tenant compte de l'article de *L'Éclair*. Il le fit imprimer à Bruxelles en 3 500 exemplaires, qu'il adressa, le 6 novembre, aux députés, aux sénateurs et à tous ceux que l'affaire Dreyfus pouvait intéresser.

« Je veux établir », écrivit-il, « que la culpabilité de Dreyfus n'a jamais été démontrée. » Point par point, il réfuta les thèses de *L'Éclair*. Il donna le texte exact du bordereau, et, insistant sur l'aveu de l'illégalité de 1894, il déclara que la pièce secrète ne contenait pas le nom de Dreyfus. « Le capitaine Dreyfus est un innocent », conclut-il, « et on a obtenu sa condamnation par des moyens illégaux ; je demande la révision du procès [1]. »

Craignant l'étouffement, il multiplia les démarches du côté de la presse. Mais, dans le climat créé par l'article de *L'Éclair*, l'accueil fut hostile. Qui, à Paris, pourrait faire confiance à la parole d'un juif et d'un anarchiste, plutôt qu'à un article semblant provenir d'une source autorisée ? Partout, il ne rencontra qu'insultes et injures.

Les juifs eux-mêmes ne se montrèrent pas plus favorables. Car Bernard Lazare avait rompu avec leur passivité peu-

---

1. BERNARD LAZARE, *Une erreur judiciaire. L'Affaire Dreyfus* (Bruxelles, Veuve Monnom, 1896), *passim*.

reuse. S'attribuant le rôle d'un prophète d'Israël — Péguy le qualifiera ainsi dans *Notre Jeunesse* —, il avait tenu à défendre en Dreyfus l'ensemble de son peuple. Il le dirait clairement dans la deuxième édition de sa brochure en 1897 : « C'est parce qu'il était juif qu'on l'a arrêté, c'est parce qu'il était juif qu'on l'a jugé, c'est parce qu'il était juif qu'on l'a condamné, c'est parce qu'il est juif que l'on ne peut faire entendre en sa faveur la voix de la justice et de la vérité [1]. »

Mais les dreyfusards, pas plus que les juifs, ne voudraient alors porter le combat sur ce terrain-là. Bientôt, Bernard Lazare allait être réduit au silence sur l'affaire Dreyfus par les dreyfusards, après avoir subi, chez les juifs, le sort des prophètes. Il mourra, isolé, en 1903, pour être enseveli par la suite dans l'oubli. Pendant longtemps, la seule trace qui subsistera de lui sera le magnifique portrait que Péguy donnera de lui dans *Notre Jeunesse*.

Ce qui est clair pour Mathieu, c'est qu'en novembre 1896, l'essentiel, le fait « capital », ce n'était pas la publication de la brochure de Bernard Lazare, qui avait échoué, mais celle, quatre jours plus tard, par *Le Matin,* d'un fac-similé du bordereau. Cette publication lui permit de faire diffuser à Paris des placards où étaient confrontés le fac-similé et des échantillons de l'écriture de Dreyfus. « De proche en proche », rappelle-t-il, « grâce à cette incessante propagande par les yeux, plus efficace que les raisonnements et les affirmations, notre cercle d'action s'élargissait, de jour en jour. » Voilà pour Bernard Lazare. Toujours selon Péguy, il n'avait été, pour Mathieu, qu'un « pamphlétaire, à gages ».

Le 18, c'était l'interpellation annoncée par le député Castelin. Jusqu'en 1898, la nébuleuse nationaliste, composée d'éléments d'extrême-gauche et de droite issus du boulangisme, ne disait pas encore son nom. Mais, comme les antisémites, les nationalistes utilisaient déjà l'affaire Dreyfus pour harceler les gouvernements républicains sur deux fronts. Ainsi, l'interpellation de Castelin invitait le gouvernement à réprimer les agissements des partisans de la réhabilitation de Dreyfus.

---

1. BERNARD LAZARE, *Une erreur judiciaire. L'Affaire Dreyfus* (Allia, 1993) (= deuxième mémoire, 1897), p. 6.

Dès le début de la séance, le ministre de la Guerre Billot, se sachant armé de la nouvelle preuve décisive contre Dreyfus qu'Henry venait de lui soumettre, coupa hardiment l'herbe sous les pieds de Castelin : « Cette triste affaire fut, il y a deux ans, provoquée par un de mes prédécesseurs au ministère de la Guerre. Justice fut alors rendue. L'instruction de l'affaire, les débats, le jugement ont eu lieu conformément aux règles de la procédure militaire [...] Il y a donc chose jugée, et il n'est permis à personne de revenir sur ce procès. »

Le gouvernement dut, certes, accepter la motion Castelin à la suite du débat, l'invitant à rechercher, s'il y avait lieu, les responsabilités dans l'affaire Dreyfus, mais en réalité elle semblait enterrée à nouveau. Elle n'intéressait pas la Chambre.

Le ministère fut soulagé. Mais, pour plus de sécurité, on amorça ce qui allait devenir une campagne en règle contre Picquart. Henry forgea des lettres qui semblaient impliquer ce dernier dans une conspiration juive, et l'on essaya de lui attribuer des fuites, notamment la communication du bordereau au *Matin*. Gonse s'appliquait en même temps à lui rendre la vie intolérable, l'expédiant de corps en corps.

Finalement, un nouveau faux d'Henry, une lettre signée Speranza, arrivée au ministère le 15 décembre, laissa entendre qu'il était en relations avec une énigmatique femme pour les besoins de sa « cause ». Cela suffit pour que Gonse fût convaincu par Henry de l'envoyer en Tunisie. La carrière du gêneur semblait finie.

Mais allait-il mourir avec son secret ? Après avoir reçu d'Henry une lettre fort hostile l'accusant de machinations contre Esterhazy, il se décida enfin quelques mois plus tard, en juin 1897, à communiquer ses découvertes sur Esterhazy à un vieil ami, Louis Leblois, avocat au barreau de Paris. Il lui confia une lettre testamentaire, destinée, dans le cas de sa mort, au seul Président de la République. Mais il interdit en même temps à Leblois d'entrer en relations avec la famille de Dreyfus, ou avec Demange, et de leur révéler le nom d'Esterhazy.

Heureusement pour les partisans de Dreyfus, ils purent quand même prendre connaissance du dossier de Picquart.

Car, le 13 juillet 1897, sous le sceau du secret, Leblois crut bon de révéler ce que Picquart lui avait dit à un grand personnage de l'État, Auguste Scheurer-Kestner, vice-président du Sénat. Il se trouvait qu'un collègue de Leblois, Charles Risler, maire du 7e arrondissement de Paris — où Leblois était son adjoint — était le neveu de Scheurer-Kestner. Risler avait appris à Leblois que le sénateur était très préoccupé par l'affaire Dreyfus. Alors, Leblois résolut de parler.

Scheurer-Kestner

Scheurer-Kestner était un des pères fondateurs de la République et un ancien associé de Gambetta. Né en 1833, ce scientifique était issu d'une grande famille protestante de Mulhouse. Militant républicain sous l'Empire, son patriotisme était au-dessus de tout soupçon : il avait été parmi les derniers à avoir représenté l'Alsace au Parlement français avant l'annexion. Il incarnait ainsi les provinces perdues. Il était devenu ensuite sénateur inamovible en 1875. Scheurer était universellement estimé au Parlement pour sa proverbiale honnêteté.

La condamnation de Dreyfus en 1894 l'avait en effet troublé. Connaissant le milieu mulhousien dont sortait Dreyfus, il avait trouvé son crime inexplicable.

Mais, comme tant d'autres, il avait été rassuré par l'unanimité du verdict de 1894. Joseph Reinach et le vieux radical Ranc avaient essayé de lui faire partager leurs doutes, qui renaissaient après les cris d'innocence de Dreyfus lors de la dégradation. A partir de cette date, Scheurer avait cherché à plusieurs reprises à se renseigner. Mais son esprit scrupuleux de scientifique n'avait pas été convaincu par les explications de ses collègues Freycinet ou Casimir-Périer. Billot, un ami d'enfance, le défenseur de la chose jugée au Parlement, lui avait conseillé nettement de ne pas s'occuper de Dreyfus.

Scheurer avait reçu Mathieu Dreyfus en février 1895, et ce dernier lui avait inspiré « une pitié si profonde » qu'il se laissa attendrir. N'était-il pas le défenseur de tous les Alsaciens qui avaient besoin d'être assistés ? Il encouragea Mathieu, sans pourtant lui offrir un concours direct.

Deux ans plus tard, en mai 1897, toujours tourmenté par la question Dreyfus, il résolut de rechercher la vérité de façon plus active. A un dîner chez des amis, une exclamation lui échappa : « Ah ! que je voudrais donc être édifié sur la culpabilité de Dreyfus ! » Un officier assura les invités que c'était facile à démontrer. Dreyfus avait pu acheter une maison à Paris, avec l'argent qu'il avait gagné comme espion. Scheurer apprit que c'était un simple ouï-dire.

Effrayé, selon ses dires, d'une telle légèreté chez un militaire qui avait été mêlé à l'instruction, il vit toute sa belle confiance dans les officiers de l'armée ébranlée. « Je me jurai que je ne reculerais plus devant rien chaque fois qu'une occasion se présenterait de me faire une opinion sur le cas du capitaine Dreyfus, en dehors de sa famille que je ne voulais pas mêler à mes investigations, afin de faire mon enquête, sans bruit, toute personnelle et sans pouvoir jamais être soupçonné d'avoir cédé à des influences étrangères à moi. Pas de sentiment ! Pas de commisération préalable ! me disais-je. Faisons une instruction complète ; ma position m'en donnera sans doute le moyen ; usons-en au profit de la Justice et de la Vérité. Si Dreyfus est coupable, je le saurai et s'il ne l'est pas, je le sauverai. Il n'est pas admissible qu'au XIXᵉ siècle, sous la République, sous un gouvernement de liberté et de discussions, il se produise des iniquités qui seraient dignes d'un régime absolu des siècles passés. »

Ce furent déjà, chez cet homme de science, des accents typiquement dreyfusards. Ainsi, lorsque Leblois lui confia, le 13 juillet, les révélations de Picquart sur le rôle d'Esterhazy et la campagne de l'État-Major pour le perdre, il en fut « renversé ». Mais, ajoute-t-il, « il me manquait quelque chose pour que ma conviction fût complète, il me manquait un document matériel ». Leblois lui montra alors des lettres de Gonse à Picquart, où ce dernier continuait à conseiller la prudence, après les découvertes de Picquart sur Esterhazy. Il en fut « absolument terrassé ». Le lendemain, au Sénat, il affirma devant ses amis républicains sa conviction de l'innocence de Dreyfus.

Pendant tout l'été, il continua à faire connaître cette conviction dans le monde politique et littéraire. Il informa Lucie Dreyfus qu'il tenait la preuve de l'innocence de son mari, et qu'il allait, dès la rentrée des Chambres, s'employer à faire réviser son procès.

Ainsi Mathieu Dreyfus avait enfin trouvé une recrue de taille pouvant influencer le gouvernement et la classe politique. Hélas ! Du fait de sa promesse de laisser le témoignage de Picquart dans l'ombre, Scheurer ne put jamais produire publiquement de preuve décisive. Cela allait gravement handicaper son action : la presse nationaliste n'hésitera pas à tourner en dérision cette grande figure du républicanisme.

Lucien Herr

Néanmoins, le camp des dreyfusards commençait à se constituer peu à peu. Un des premiers à s'engager fut Lucien Herr, 33 ans, bibliothécaire de l'École Normale Supérieure depuis 1888, et militant socialiste. L'ambition de Herr avait été d'user de son influence pour orienter l'élite des générations montantes vers le rationalisme et la science, et les détacher du nationalisme. Son rôle dans leur conversion au socialisme deviendrait légendaire. Herr avait été convaincu de l'innocence de Dreyfus par Lucien Lévy-Brühl, professeur de philosophie et cousin de Dreyfus [1].

Dès août 1897, ces premiers dreyfusards disposaient, en plus des confidences de Leblois à Scheurer, de commencements de preuves très substantiels : le fac-similé du bordereau, ainsi que de nouvelles expertises d'écriture commandées par Bernard Lazare.

Mais ils n'étaient encore qu'une poignée autour de Herr et de Lévy-Brühl : Gabriel Monod, historien protestant et maître de la méthode historique, et seulement trois hommes politiques, Scheurer, Ranc et Joseph Reinach.

Ranc et Reinach

Ranc, né en 1831, était, comme Scheurer, une grande personnalité de la République, respecté partout à gauche en raison de son passé courageux et de sa force de caractère. Déporté sous l'Empire, il avait été élu à la Commune, puis il avait démissionné. Devenu un des proches de Gambetta, il l'avait suivi dans son radicalisme assagi. Il avait été élu

1. LINDENBERG, D., et MAYER, P. A., *Lucien Herr. Le socialisme et son destin* (Calmann-Lévy, 1977), pp. 55-57, 142.

député en 1881 et sénateur en 1891. Il avait été un grand
adversaire de Boulanger.

Dès 1894, il s'était élevé contre le huis clos dans le procès
Dreyfus et il avait été le premier homme politique à émettre
alors une mise en garde contre la recrudescence de l'antisémitisme[1]. Depuis 1895, il avait accompagné Reinach dans
toutes ses démarches en faveur de Dreyfus. A partir de 1898,
il allait devenir un des principaux artisans de l'évolution du
dreyfusisme vers l'anticléricalisme.

Mais, incontestablement, Joseph Reinach était le principal
dreyfusard dans la classe politique ; il écrira à chaud sa
monumentale *Histoire de l'Affaire Dreyfus*, à laquelle tous
les historiens de l'Affaire, y compris l'auteur du présent
livre, doivent tant.

Reinach, né en 1856, était depuis longtemps une personnalité fort influente du parti républicain. Remarqué tôt par
Gambetta, qui avait fait de lui son chef de cabinet à vingt-
cinq ans, il l'avait remplacé après sa mort à la direction de
La République Française. Il s'opposa au boulangisme, et fut
élu triomphalement contre un boulangiste à Digne en 1889.
Grand patriote, grand adversaire du socialisme, ce fort en
gueule intervenait beaucoup à la Chambre.

Il était également le juif le plus en vue au Parlement. Mais
il se considérait comme Français d'abord et comme juif
ensuite ; ainsi, le combat dreyfusard allait être pour lui un
combat essentiellement républicain et non pas un combat
pour défendre le peuple juif.

Malheureusement pour lui, il se trouvait enfin être le
neveu et le gendre du baron Jacques de Reinach qui se sui-
cida après avoir été impliqué dans le scandale de Panama.
Ce qui ne l'empêcha pas d'être réélu à Digne en 1893.

Léon Blum

A ce noyau de dreyfusards de la première heure s'ajouta,
dès septembre, 1897, le jeune critique littéraire Léon Blum.
Né en 1872, il avait été chassé de la rue d'Ulm pour « insuf-
fisance de travail », mais il restait un disciple de Herr. Le

---

1. « La politique. L'Édit de Nantes », *La Dépêche de Toulouse* (10 novembre 1894) et « Pas de huis clos », *Paris* (13 novembre 1894).

jeune esthète anarchisant collabora alors à plusieurs revues d'avant-garde, notamment *La Revue Blanche*. C'était un grand admirateur de Clemenceau, de Barrès et de Disraeli (voir plus bas, p. 85-86). C'est Herr qui avait converti au socialisme ce jeune rebelle qui sympathisait avec les pauvres et les opprimés [1].

Et c'est Herr qui lui dit un jour de septembre 1897, à brûle-pourpoint : « Savez-vous que Dreyfus est innocent ? » Blum fut immédiatement conquis. « La force de Herr, sa force incroyable et vraiment unique... tenait essentiellement a ceci », rappelle-t-il : « En lui, la conviction devenait évidence. La vérité était si tranquille, qu'elle se communiquait sans effort et comme de plain-pied à son interlocuteur. La possibilité même d'une discussion semblait écartée. »

Forts de leurs débuts de preuves, ces premiers dreyfusards, ne prévoyant pas la résistance de l'État-Major, croyaient à une victoire rapide. « Devant un tel faisceau de documents et de faits », écrit encore Blum, « aucune trace de doute ne traînait dans notre esprit. Notre certitude était pure, entière, sérieuse, et nous étions convaincus qu'elle serait spontanément partagée par l'univers entier dès que l'univers serait au fait de ce que nous avions appris nous-mêmes. »

Jaurès

Dès la rentrée de 1897, Herr s'attela à la tâche de convertir ses proches, à commencer par les professeurs et les élèves de l'École Normale. Pendant tout l'automne, avec Lévy-Brühl, il essaya aussi de convaincre Jean Jaurès, une des figures de proue du nouveau socialisme parlementaire, celui des Indépendants. Né en 1859, professeur de philosophie, puis élu député du Tarn en 1885, Jaurès avait débuté en politique au centre gauche. Mais il avait été, peu à peu, déçu par la politique opportuniste et il s'était orienté vers le socialisme. La grève des mineurs de Carmaux avait déterminé son engagement militant : il avait été élu comme député socialiste en 1893 grâce à des voix ouvrières. Pour lui, la République menait au socialisme : l'émancipation économique des ouvriers était la conséquence logique de leur émancipation

1. LINDENBERG et MAYER, op. cit., pp. 136 et suiv.

politique et sociale. Sur l'innocence de Dreyfus, Jaurès hésita longtemps, n'ayant pas encore de certitude. D'autre part, les premiers défenseurs de Dreyfus étaient des adversaires du socialisme, des grands bourgeois comme Scheurer ; les socialistes pouvaient-ils s'allier à Reinach et aux hommes de Panama ? Jaurès se bornerait donc, pendant tout l'automne, à demander au gouvernement, dans *La Petite République*, pourquoi il n'avait pas fait d'enquête sur des questions troublantes, notamment les irrégularités du procès de 1894.

Quelle fut, en face du mouvement dreyfusard naissant, la réaction des autorités ? Les déclarations de Scheurer inquiétaient Billot, le gouvernement et l'État-Major : ce qu'ils voulaient savoir d'abord, c'était de quelles preuves il disposait. Leur enquête sur ce point n'aboutit pas.

Au même moment, Gonse, craignant une dénonciation d'Esterhazy, ou sa fuite — ce qui équivaudrait à une confession — réactiva du Paty de Clam. Ce dernier devait lui communiquer une mise en garde. Une lettre, signée Espérance, lui expliquant les dangers qui le menaçaient, lui fut envoyée vers le 16 octobre. Pris de panique, Esterhazy parla de se suicider ; sa maîtresse l'en dissuada.

Puis l'État-Major essaya de le calmer et de le rassurer lors d'une rocambolesque rencontre dans le parc Montsouris où du Paty, avec Gribelin, l'archiviste de la Section de Statistique — l'un portant une fausse barbe, l'autre des lunettes bleues — lui dirent qu'il serait protégé s'il se conformait aux instructions qui lui seraient données. Cette protection par l'État-Major allait être durable.

D'autre part, on prépara à la Section de Statistique un nouveau système d'accusation contre Dreyfus, fondé d'abord sur ses prétendus aveux à Lebrun-Renault, qui dataient de janvier 1895 (voir plus haut, p. 55), puis d'une série de pièces à conviction, anciennes ou nouvelles, qui constituaient la base d'un nouveau dossier secret.

Le 22 octobre, Scheurer demanda une entrevue avec Félix Faure, Président de la République. Celui-ci, impatient, déclara ne pouvoir, du fait de sa situation constitutionnelle, que lui promettre sa « neutralité bienveillante ».

Au même moment, Esterhazy, profitant de la protection

qui venait de lui être offerte, écrivit une lettre à Félix Faure, bien dans son style, évoquant la lettre Espérance : « Je suis la personne désignée dans cette lettre comme la victime choisie... ma famille est assez illustre dans les fastes de l'histoire de France et dans celle des grandes causes européennes pour que le gouvernement de mon pays ait le souci de ne pas laisser traîner mon nom dans la boue. » Il demanda justice, sinon il s'adresserait à l'empereur d'Allemagne, son chef de blason, le suzerain de la famille Esterhazy. « Un Esterhazy ne craint rien, ni personne, si ce n'est Dieu. »

Scheurer fut invité à déjeuner le 30 octobre par son ami Billot, qui lui affirma que Dreyfus était coupable et qu'il avait avoué. « C'est faux ! » s'exclama Scheurer. Billot lui donna alors une vague promesse de poursuivre ses recherches. En échange, Scheurer s'engagea à ne rien faire pendant quinze jours encore.

Les journaux nationalistes, certains inspirés par l'État-Major, continuèrent à le couvrir d'injures, l'accusant de porter atteinte à l'honneur de l'armée.

Le lendemain, 31 octobre, Esterhazy passa à l'offensive, se plaignant dans une deuxième lettre au Président de n'avoir reçu aucun appui à la suite de sa première. « Je suis acculé à user de tous les moyens en mon pouvoir. » Il utilisa la menace. Sur la base d'informations fournies par Henry et la lettre Espérance, il inventa une « dame voilée » qui communiquait avec lui par des lettres écrites d'une main déguisée : « La généreuse femme qui m'a prévenu de l'horrible complot tramé contre moi par les amis de Dreyfus, avec l'assistance du colonel Picquart », écrit-il, « a réussi à me procurer entre autres documents, la photographie d'une pièce qu'elle a pu soutirer à cet officier. Cette pièce, volée dans une légation étrangère par le colonel Picquart, est des plus compromettantes pour certaines personnalités diplomatiques. Si je n'obtiens ni appui ni justice, et si mon nom vient à être prononcé, cette photographie, qui est aujourd'hui en lieu sûr à l'étranger, sera immédiatement publiée. » La « dame voilée » lui avait fourni un « document libérateur ». Une nouvelle légende était mise en circulation : le gouvernement ne put que la prendre au sérieux. La collusion d'Esterhazy avec l'État-Major avait commencé.

Mais, malgré ses démarches, quelques jours plus tard, les dreyfusards apprirent son nom. Vers le 7 novembre, un banquier, M. de Castro, crut reconnaître son écriture sur un des fac-similés du bordereau vendus sur les boulevards : Esterhazy était un ancien client. Rentré en vitesse chez lui, il put comparer l'écriture du bordereau avec celle des lettres d'Esterhazy qu'il possédait : elle était identique. Du coup, il offrit de montrer ces lettres à Mathieu Dreyfus.

« Je fus immédiatement frappé par l'extraordinaire ressemblance des écritures », rappelle Mathieu. « C'était l'identité même. C'était l'écriture du coupable. » Enfin, après tant d'efforts inutiles, il savait l'identité du coupable. Mais une question le troublait. Si ce n'était pas la même personne que celle dont Scheurer avait appris le nom par Leblois ? Il courut chez Scheurer. « Je vais vous dire le nom du traître », s'écria Mathieu. « C'est Esterhazy. »

« Oui », répondit Scheurer. « C'est lui. » Mathieu avait donc pu trouver le nom du coupable sans lui. Il allait pouvoir enfin le dénoncer.

Le 12 novembre, lors d'une conférence entre Mathieu, Scheurer, Leblois et Emmanuel Arène — député et journaliste au *Figaro* — Leblois suggéra à Mathieu de le faire sur la seule base de l'identité d'écriture. Ainsi, Picquart ne serait toujours pas compromis.

Il fut décidé également qu'Arène commencerait dans *Le Figaro* une campagne de révélations progressives pendant une huitaine de jours, en attendant la demande de révision qui serait alors faite par Scheurer. Dès le 15 novembre, ce dernier fit paraître dans *Le Temps* une lettre ouverte à Ranc, pour préparer l'opinion : il y parla des pièces qu'il avait montrées à Billot et qui innocentaient Dreyfus, puis de son attente vaine de l'enquête que Billot lui avait promise. Mais il ne produisit toujours aucune preuve.

Cependant, Arène crut bon, dans le même temps, de divulguer au *Figaro*, dans un article signé « Vidi », l'essentiel de la thèse de Scheurer : il affirma que Dreyfus était innocent et que le véritable auteur du bordereau était un officier « en garnison en province dans une ville non éloignée de Paris ». Cet officier « était d'ailleurs fort connu et fort répandu à

Paris ». C'était désigner Esterhazy aux initiés, sans le nommer. Arène fit également état de la pièce « canaille de D ».

Scheurer fut pris de court. Et *La Libre Parole* de l'antisémite Drumont riposta immédiatement par un article signé « Dixi », inspiré par l'État-Major, qui livrait au public une longue série d'accusations contre « un haut fonctionnaire du ministère de la Guerre XY », présenté comme « l'âme du complot ». C'était là une attaque voilée contre Picquart : toutes les accusations qu'on préparait contre lui à l'État-Major y figuraient.

Les choses se précipitent. Le 15 déjà, Mathieu se voit obligé de passer tout de suite à la dénonciation d'Esterhazy, car le journal *La Liberté* avait désigné un officier honorable, M. de Rougemont, comme celui visé par Arène. Il déclara donc au ministre de la Guerre que la seule base de l'accusation dirigée en 1894 contre son frère était le bordereau, et il nomma Esterhazy comme son auteur. Il demanda prompte justice.

Le gouvernement ne put alors qu'accepter la proposition de Billot d'ouvrir une enquête sur Esterhazy. Elle fut confiée au général de Pellieux.

Ce fut de cette façon que dès la mi-novembre, le public fut saisi de l'essentiel de la thèse dreyfusarde et du nom d'Esterhazy.

Zola et Clemenceau

C'est à cette même époque aussi que Zola et Clemenceau entrèrent en lice. Le grand romancier, riche et mondialement connu, avait terminé le cycle des *Rougon-Macquart* et, avec *Paris*, la trilogie des *Villes*.

Zola avait eu des doutes, le soir de la dégradation, ayant été frappé par la férocité des foules, « ameutées contre un seul homme, fût-il cent fois coupable », comme le note Reinach. Il ébaucha un roman, l'histoire d'un soldat innocent qui s'immola à la paix de son pays, puis ne pensa plus à Dreyfus. Il fut renseigné successivement, début novembre 1897, par Bernard Lazare, et par Leblois, qui lui révéla tout le dossier Picquart. L'histoire lui parut « extraordinaire » et « passionnante ». Un déjeuner décisif eut lieu le 13, chez Scheurer qui essaya de le convaincre d'intervenir ; et, après dix jours d'hésitation, il se décida soudain le 24 et offrit son appui au *Figaro* qui était entré dans la campagne dreyfusarde par l'article « Vidi ».

Dans son premier article du 25 novembre, Zola prit la défense de Scheurer contre les nationalistes, faisant l'éloge de sa « vie de cristal » : il en était encore à admirer, en romancier, les personnages du drame. Mais il termina son article par ces mots prophétiques : « La vérité est en marche et rien ne l'arrêtera. »

Georges Clemenceau, 56 ans, avait toujours combattu pour la justice. La lutte, disait-il, était sa raison d'être. Se séparant des républicains modérés en 1881, il s'était fait le porte-parole d'un radicalisme nationaliste, reprochant à Jules Ferry de gaspiller l'or et le sang français dans des expéditions coloniales, au lieu de privilégier la défense contre l'Allemagne. Il s'était taillé une réputation de débatteur féroce et de tombeur de ministères, en exécutant Ferry à la Chambre à propos de l'expédition du Tonkin en 1885.

Mais il avait été éliminé de la vie politique en 1893 à la suite du scandale de Panama.

Pour l'instant, il en était réduit à écrire. Le 19 octobre, il était entré au nouveau journal *L'Aurore,* fondé par Vaughan. Mais il était impatient de retrouver l'action et la lutte. Pour lui, écrire c'était n'agir qu'à demi. L'affaire Dreyfus arriva donc à propos. Rappelons qu'en 1894 il avait vu en Dreyfus un monstre (voir plus haut, p. 51).

Fin octobre 1897, il rencontra Ranc, qui prononça le nom de Bernard Lazare.

« Ah, celui-là, s'écria Clemenceau, tous nous aimons son talent, mais nous avons exigé de lui qu'il nous laisse tranquilles avec son affaire Dreyfus.

— Quoi ? Vous ne savez donc pas que Dreyfus est innocent ?

— Qu'est-ce que vous me dites là ?

— La vérité. Scheurer-Kestner a des preuves. Allez le voir, il vous les montrera.

— S'il en est ainsi, c'est le plus grand crime du siècle. »

Clemenceau alla donc voir Scheurer et se convainquit, non pas de l'innocence de Dreyfus, mais de l'irrégularité du pro-

cès. Dès le 2 novembre, dans *L'Aurore,* Clemenceau
commença à demander la lumière au gouvernement.

La petite bande de dreyfusards, suivie pour le moment
avec prudence par Jaurès, Zola et Clemenceau, grandissait.
Notons que les tout premiers partisans de Dreyfus croyaient
tous à son innocence. Ceux qui les suivaient commençaient
seulement à poser des questions. Ils allaient être secondés
bientôt par les révisionnistes, qui allaient demander la révision, sans nécessairement se prononcer sur la question de
l'innocence.

Les deux enquêtes de Pellieux

De Pellieux, jeune général intelligent mais impétueux,
commença son enquête dès le 17 novembre. Il reçut d'abord
Mathieu Dreyfus qui lui soumit le fac-similé du bordereau
et des spécimens de l'écriture d'Esterhazy. Scheurer, sans
produire de preuves, donna à de Pellieux l'impression d'une
« conviction sincère », et lui dit que Leblois allait tout lui
expliquer. Ce dernier lui parla en effet de l'identité d'écriture, puis des lettres de Gonse à Picquart. Mais Esterhazy
récita la leçon, composée d'accusations contre Picquart, que
l'article « Dixi » avait déjà fait connaître au public.

Rappelons qu'Esterhazy avait été en collusion avec l'État-
Major depuis le mois d'octobre pour accabler Picquart.
C'était Henry qui lui avait fourni les informations nécessaires pour concocter la lettre sur la dame voilée. Ils avaient de
concert expédié en Tunisie, à Picquart, deux télégrammes,
signés « Blanche » et « Speranza », destinés à être intercep-
tés et à le compromettre. Le télégramme « Blanche » disait
que le « bleu », c'est-à-dire le petit bleu, avait été fabriqué
par « Georges ». Cela permettrait à Henry de le « gratter »,
pour pouvoir prétendre que le nom de Picquart y avait été
remplacé par celui d'Esterhazy.

De Pellieux eut quand même un moment de doute. Mais
il consulta le général de Boisdeffre qui « l'éclaira sur la
question Picquart ». Il conclut dans son rapport que Mathieu
Dreyfus n'avait rien produit, non plus que Scheurer-Kestner.
Quant à Leblois, « dans ce qu'il a bien voulu communiquer », il n'y avait rien de plus sérieux que dans le dossier
Mathieu Dreyfus. Esterhazy était un officier taré certes,

« mais de là à la trahison qu'on lui impute, il y a loin ». Donc
Esterhazy semblait « hors de cause », alors que Picquart était
coupable, « ayant livré à un tiers des lettres de service, pro-
bablement des documents secrets ».

Le 21 novembre, le gouvernement décida d'officialiser
l'enquête de Pellieux, car il fallait entendre Picquart. De Pellieux consulta Henry, qui lui raconta que Picquart avait en
effet souvent reçu Leblois dans son bureau du ministère. Il
lui montra le faux Henry, ce qui le convainquit finalement de
la culpabilité de Dreyfus et donc de l'innocence d'Esterhazy.

L'essentiel de la deuxième enquête de Pellieux fut, le 26
et le 27 novembre, l'interrogatoire de Picquart qui exposa
clairement son enquête de 1896 et les manœuvres
d'Esterhazy. Cela ne pouvait pas rester sans réponse.

Esterhazy s'inquiétait maintenant de la situation, car elle
paraissait tourner à la catastrophe, avec la publication, le 28,
dans *Le Figaro,* de ses lettres à Mme de Boulancy.

Ces lettres dataient de 1881 à 1884. En lisant celle dite du
« uhlan », le public français apprit à quoi s'en tenir sur son
patriotisme et sa personnalité. Il y avait écrit à propos des
Français : « Je suis absolument convaincu que ce peuple ne
vaut pas la cartouche pour le tuer [...]. Il n'y a pour moi
qu'une qualité humaine, et elle manque complètement aux
gens de ce pays ; et, si ce soir on venait me dire que je
serais tué demain comme capitaine de uhlans en sabrant des
Français, je serais certainement parfaitement heureux [...] à
l'heure présente, exaspéré, aigri, furieux, dans une situation
absolument atroce, je suis capable de grandes choses, si j'en
trouvais l'occasion, ou de crimes, si cela pouvait me venger.

Je ne ferais pas de mal à un petit chien, mais je ferais tuer
cent mille Français avec plaisir. » Les dreyfusards triomphè-
rent. Esterhazy croyait tout perdu, mais son avocat, Mᵉ Tézenas, lui recommanda de demander à être jugé par un conseil
de guerre.

Ce plan plut à l'État-Major. On serait à l'abri du procès
civil en diffamation qu'Esterhazy menaçait de faire contre
Mathieu Dreyfus et Scheurer. Malgré la conclusion de Pellieux, selon laquelle il n'y avait contre Esterhazy « aucune
preuve », et malgré sa demande d'un conseil d'enquête sur

Picquart, le général Saussier signa le 4 décembre l'ordre d'informer contre Esterhazy.

« Il n'y a pas d'affaire Dreyfus. »

Au Parlement, le nationaliste Castelin, poursuivant sa campagne de harcèlement du gouvernement, demanda au Premier ministre Méline une déclaration pour rassurer l'armée, l'opinion publique et la Chambre. Méline, s'accrochant à la ligne gouvernementale qui remontait à 1894, lui répondit par une phrase qui est passée à l'histoire : « Que l'honorable M. Castelin me permette de lui dire tout de suite ce qui sera la parole décisive dans ce débat : il n'y a pas d'affaire Dreyfus. Il n'y a pas en ce moment et il ne peut pas y avoir d'affaire Dreyfus. » Billot confirma alors les déclarations gouvernementales précédentes selon lesquelles Dreyfus avait été « jugé, bien jugé, condamné à l'unanimité [...] régulièrement et justement jugé ». « Pour moi », conclut-il, « en mon âme et conscience, comme soldat, comme chef de l'armée, je considère le jugement comme bien rendu et je considère Dreyfus comme coupable. » L'autorité de la chose jugée commandait toujours depuis 1894, on l'a vu, de minimiser ou de nier l'affaire Dreyfus. Et l'infaillibilité des sept officiers français serait couverte désormais par le Premier ministre et le ministre de la Guerre. Elle fut encore entérinée par le vote de la Chambre.

Scheurer, le 7 décembre, tenta quand même de porter le débat au Sénat. Son discours était attendu, dit Reinach, comme un événement. Des Belges, des Suisses et des Anglais firent le voyage pour l'entendre. Les galeries furent pleines. Mais Scheurer se trouva toujours handicapé par les scrupules de Leblois, qui lui interdit de compromettre Picquart. Il parut désarmé, réduit à affirmer que ce n'était pas vrai qu'il n'avait soumis aucune pièce au gouvernement. Il avait justement montré des pièces à Billot et à Méline. C'était au gouvernement de faire la révision. Dans le procès Esterhazy, il serait illogique de ne pas faire expertiser le bordereau, car la question du bordereau primait toutes les autres. Sinon, « vous êtes », dit-il au gouvernement, « obligés de dire qu'un accusé a été condamné en France, sur des pièces qu'il n'a pas été appelé à discuter et qui n'ont pas été communiquées à la défense ». Il fut écouté poliment, mais en silence.

Billot répliqua que le bordereau n'était pas tout ; le ministre de la Guerre avait fait, « pendant de longs mois, des recherches et des comparaisons ». Mais il ne dit pas un mot du dossier secret. Méline s'en tint toujours à l'autorité de la chose jugée : « A l'heure actuelle, il n'y a qu'un procès Esterhazy. »

Le Sénat fut rassuré et passa à l'ordre du jour. On y était irrité par la question que remuait Scheurer. Le sénateur avait manqué son coup.

Échec de la révision

Ainsi, la première tentative de révision avait échoué, et les nationalistes, confortés au Parlement, purent prendre l'offensive dans la presse. Scheurer fut accablé encore une fois : « Scheurer le coquin, n'est plus qu'une chiffe, une guenille humaine salie de toutes ses hontes. L'impudent sénateur et sa bande juive doivent être châtiés ». Selon eux, la famille de Dreyfus tout entière trempait dans la trahison. Les antisémites répétaient depuis des mois que tout le peuple juif avait formé un « syndicat » pour le défendre. Les juifs complotaient et dépensaient des millions pour sauver leur coreligionnaire.

Zola protesta dans *Le Figaro* qu'il n'y avait pour défendre Dreyfus que « des hommes de bonne volonté, de vérité, d'équité, partis des quatre bouts de l'horizon » et qui se sont trouvés la main dans la main. « De ce syndicat, ah ! oui, j'en suis, et j'espère bien que tous les braves gens de France vont en être. »

Mais *Le Figaro* abandonna sa campagne dreyfusarde à la mi-décembre à cause de quelques centaines de désabonnements, ce qui priva Zola de sa plate-forme.

Enfin, le 13 décembre, Rochefort poussa l'audace jusqu'à admettre que « Dreyfus a été condamné sur la vue d'une pièce secrète, et même de plusieurs... » Et il ajoute : « une des fameuses pièces secrètes est une lettre de l'Empereur d'Allemagne lui-même [...] Dans cette lettre, adressée à M. de Münster, Guillaume II nommait tout au long le capitaine Dreyfus. » Ainsi naquit une nouvelle légende, qui circulerait de plus en plus jusqu'au moment, en 1899, où les nationalistes affirmeront que le bordereau lui-même avait été annoté par Guillaume II... (voir plus bas, p. 208).

Dans ce climat de violence qui gagnait déjà la rue, et face au désintérêt du monde parlementaire, Lucien Herr eut l'idée de lancer la première pétition des intellectuels en faveur de la révision. Des universitaires illustres signèrent, après Gabriel Monod, puis des caricaturistes comme Steinlen. De jeunes littéraires d'avant-garde, Léon Blum et Daniel Halévy, recueillirent les signatures. Blum s'était chargé de Maurice Barrès, de dix ans son aîné, mais un homme qu'il considérait comme son ami.

Barrès et Péguy

Barrès, né en 1862, avait débuté en littérature à l'âge de 22 ans par sa revue *Les Taches d'encre*. Lancé dans l'aventure boulangiste dès 1887, Barrès devint à la fois et d'un même mouvement opposant au régime républicain — qui pour lui était en ruines, miné par la corruption — et partisan d'un « culte du moi ». Dans un monde en décadence, le moi restait le seul point de repère solide. Il fallait donc l'affirmation du moi contre les « Barbares » oppresseurs. Le moi, toute effusion dans *Sous l'œil des Barbares* (1889) fut vite tempéré par la raison et l'analyse dans *L'Homme libre* (1889), dont le mot d'ordre était « sentir le plus en analysant le plus possible ». Barrès devint le prince de la jeunesse, l'objet d'un culte littéraire, l'inspiration de toute une génération. Pendant les années 1890-1894, après le naufrage du boulangisme, il voulut orienter ce qui restait du mouvement vers le socialisme dont tout le monde parlait alors. Il flirta même avec l'anarchisme dans *L'Ennemi des lois* (1892).

« Il était pour moi, comme pour la plupart de mes camarades », écrit Blum, « non seulement le maître mais le guide ; nous formions autour de lui une école, presqu'une cour [...] Puisqu'il était notre chef, eh bien ! il allait nous suivre. »

Barrès ne répond ni oui ni non à Blum. « Il ne me cache point son trouble. Dreyfus était-il le scélérat ; était-il un stoïque, un martyr ? » demande Barrès. « Je n'en sais plus rien [...] Je veux réfléchir encore. Je vous écrirai. »

Quelques jours plus tard, la lettre tomba. Dans le doute,

c'était l'instinct national qu'il choisirait. L'affaire Dreyfus avait déjà décidé du reste de la vie de Barrès : il deviendrait un des chefs intellectuels de l'antidreyfusisme et du nationalisme.

Alors que le reste du Quartier Latin était toujours muet et hésitant, le bureau de Herr à l'École Normale devint « le rendez-vous de tous ceux qui voudraient voir clair ». Herr allait convertir d'abord Charles Péguy au dreyfusisme. Celui-ci avait 25 ans et était socialiste depuis deux ans. Entré à l'École Normale en 1894, il avait annoncé en 1895 sa conversion au socialisme. Il se proposait de convertir ses amis et les générations montantes uniquement par la propagande, dans un *Journal vrai,* pour lequel il organisait des collectes. Son socialisme en 1895 envisageait une situation où « tous les hommes feraient leur part de la tâche matérielle nécessaire et où tous auraient un très grand loisir pour la vraie vie de l'homme ». Mais s'il avait perdu la foi chrétienne à 16 ans, il était toujours préoccupé par la tâche de sauver les hommes du mal sur la terre, de la faim, de la guerre. L'héroïne du drame qu'il venait de terminer était Jeanne d'Arc, « chef de guerre contre le mal ». Converti au dreyfusisme par Herr, Péguy se consacra à la tâche d'entraîner ses camarades de l'École Normale.

En décembre 1897, les dreyfusards n'étaient toujours que deux ou trois cents personnes, selon Daniel Halévy : c'étaient surtout des professeurs et des intellectuels ; à part la poignée de personnalités déjà rencontrées — Ranc, Reinach et Clemenceau — les seuls éléments politiques actifs étaient des révolutionnaires d'extrême-gauche : le 15 décembre, les anarchistes Sébastien Faure et Louise Michel organisèrent au Tivoli-Vaux-Hall le premier meeting révisionniste. Deux jours plus tard, le Comité Révolutionnaire Central, qui groupait les socialistes blanquistes autour d'Edouard Vaillant, lança un manifeste dans lequel, tout en se disant « aussi ennemi de l'antisémitisme que des juifs, et ayant par-dessus et avant tout horreur du militarisme », il dénonçait « les efforts par lesquels les chefs de l'armée et du gouvernement cherchaient à étouffer l'enquête sur les scandales et les trahisons militaires », et fit appel à tous les citoyens pour faire la lumière. C'était le premier manifeste socialiste de l'affaire

Dreyfus. Le 9 décembre, ces révolutionnaires furent rejoints par Marguerite Durand et les femmes qui lancèrent *La Fronde*, journal féministe déjà acquis au dreyfusisme par sympathie, pour quelqu'un qui était une victime, comme les femmes.

La bataille s'ouvrit, mais la toute petite bande de dreyfusards ou de révisionnistes, composée essentiellement d'intellectuels, de féministes, de socialistes extra-parlementaires, et d'une poignée d'anarchistes autour de Sébastien Faure, ne représentait encore qu'une force infime face à l'énorme bloc de leurs adversaires : l'État-Major, qui multipliait les manœuvres et les faux, à la fois contre Dreyfus et contre Picquart ; le gouvernement, qui campait sur ses positions, quitte à avoir concédé le procès Esterhazy, et qui était suivi par la masse des parlementaires et des bons bourgeois ; l'Église, qui déclara, par la voix du cardinal Richard, archevêque de Paris, que l'affaire Dreyfus était « l'affaire des tribunaux français » ; et enfin les nationalistes et les antisémites, secondés par les religieux antisémites de la congrégation des Assomptionnistes qui flétrissaient le plus qu'honorable Scheurer-Kestner et poussaient à l'agitation dans la rue.

Zola lança un appel aux jeunes qui manifestaient contre Scheurer. « Où allez-vous, jeunes gens, où allez-vous, étudiants qui courez en bandes dans les rues ? » Autrefois, les étudiants manifestaient pour les grandes causes ; maintenant ils huaient un vieillard. « Jeunesse, jeunesse ! » s'écria-t-il. « Sois toujours avec la justice [...] sois humaine, sois généreuse ! »

Par la défection du *Figaro*, il en était réduit à publier des brochures. Il s'adressa à la France, le 6 janvier 1898 : « France, c'est toi qui en es là, à te faire une conviction des plus évidents mensonges. » C'était la faute à la presse. « Comment pourrais-tu vouloir la vérité et la justice ? » Et dans un passage prémonitoire, Zola dénonça le danger de réaction qui pointait : « Et sais-tu encore où tu vas, France ? Tu vas à l'Église, tu retournes au passé. » L'antisémitisme préparait un retour au christianisme intolérant du Moyen Âge... « On a l'audace de nier la réaction cléricale. Mais elle est partout. » Zola a été un des premiers, avec certains

révolutionnaires, à flairer dans l'antidreyfusisme un danger
de réaction politique ; il a été aussi un des premiers partisans
de Dreyfus à donner dans l'anticléricalisme. Mais Zola ne
put, pour l'instant, remonter la pente. Reinach, de son côté,
persuada Mathieu qu'il fallait au moins publier l'acte d'accusation de 1894, le rapport d'Ormescheville qui, on s'en souvient, ne parlait que d'une ressemblance d'écriture et de
quelques vagues « indiscrétions » de Dreyfus. Il parut dans
Le Siècle du 7 janvier 1898. « La stupeur et l'indignation,
d'une part, la colère, de l'autre, furent égales », selon Reinach. « L'absurdité, le néant de l'accusation opérèrent, en
quelques heures, plus de conversions que tous les discours ! » Le public apprit enfin que la seule charge contre
Dreyfus avait été le bordereau, contrairement à ce que Billot
avait affirmé au Parlement le 4 décembre.

L'instruction Ravary

Où en était le procès Esterhazy ? Le commandant Ravary,
officier à la retraite qui, selon Reinach, ne comprenait rien à
l'affaire Dreyfus, menait l'instruction depuis le 8 décembre.
C'était simplement une réédition de l'enquête de Pellieux,
avec les mêmes témoins. Mais il fallut cette fois faire expertiser enfin le bordereau. Les experts désignés étaient Couard,
paléographe et antisémite, puis Varinard et Belhomme, qui
essayèrent de se dérober et durent être persuadés par un
magistrat. Ils conclurent que le bordereau n'était pas
d'Esterhazy et qu'il présentait « toute l'apparence d'un
faux », avec « des parties de calques » ; leur argument étonnant était que puisque Esterhazy n'avait pas déguisé son écriture, le bordereau ne pouvait pas être de lui, car les espions
déguisaient toujours leur écriture ! Quant à la « lettre du
uhlan », elle était « l'œuvre d'un faussaire ».

Sur la base de ces expertises, Ravary conclut au non-lieu,
dans un rapport très admiratif pour Esterhazy, mais consti-
tuant en même temps un acte d'accusation contre Picquart.
Esterhazy demanda à nouveau à être traduit devant un
conseil de guerre. Pour calmer l'opinion publique, Saussier
signa, le 2 janvier 1898, l'ordre de mise en jugement.

Jusqu'à la dernière minute, les dreyfusards restaient opti-
mistes, malgré l'hostilité ambiante. Ils imaginaient

qu'Esterhazy avouerait ou prendrait la fuite. Et s'il était jugé ? « Pas un instant », dit Blum, « nous n'eûmes l'esprit seulement touché par l'idée que l'acquittement d'Esterhazy fût possible. »

Scheurer et Zola ne voulaient pas croire au contenu des rapports des trois experts. Reinach dut les détromper. Dès lors, ils ne doutaient plus de l'acquittement. Les officiers du conseil de guerre n'auraient pas eu besoin de l'ordre formel d'acquitter Esterhazy : le ministre de la Guerre avait affirmé solennellement au Parlement la culpabilité de Dreyfus. Cela leur suffirait.

Le procès Esterhazy

Le procès s'ouvrit le 10 janvier 1898, rue du Cherche-Midi, dans la même salle que le procès Dreyfus de 1894. Les témoins militaires s'écartèrent d'Esterhazy : il s'isolait près d'une fenêtre. Interrogé par le général de Luxer, président du conseil de guerre, il raconta « avec une parfaite désinvolture », pour la centième fois, son roman de la « dame voilée », mais il refusa d'identifier le document libérateur. Il se perdit dans son propre témoignage, à propos de prétendus cambriolages chez lui pour le compte de Mathieu Dreyfus, qui auraient eu lieu un an avant que ce dernier eût connu son nom ! Mais le président n'insista pas. Esterhazy parlait, « avec sa verve ordinaire, jouant très bien le rôle du reître calomnié » (Reinach). La salle lui était sympathique, alors que les témoignages de Mathieu et de Scheurer furent accueillis par des rires ironiques et des rumeurs. Lorsque des officiers ricanèrent, en entendant dire à Scheurer que Dreyfus était innocent, il rétorqua : « Ah ! Vous trouvez cela drôle ! » Jamais des officiers décorés ne lui avaient fait une impression si pénible.

Pour le témoignage de Picquart, ce fut le huis clos, et, du coup, le procès Esterhazy se transforma en procès Picquart. Mais Picquart n'accepta pas le rôle d'accusé : il développa son réquisitoire contre Esterhazy, à la surprise de la salle. « Tout le temps qu'il parla », dit Reinach, « Esterhazy, l'œil sombre et mauvais, agité de mouvements nombreux, semblait un serpent à qui l'on marche sur la queue, qui se retourne pour mordre et qui n'ose pas. »

Ensuite, Gonse, Henry et Lauth le chargèrent avec violence. Rappelé, il demanda à Henry : « A quelle époque m'avez-vous vu compulser le document libérateur avec Leblois ? » Henry donna une date à laquelle Picquart n'était pas à Paris. « Mais on a cru Henry et ses camarades de la Section de Statistique. Le menteur, c'était Picquart. »

Le défenseur d'Esterhazy, Tézenas, plaida cinq heures, affirmant l'existence de la dame voilée, et insistant sur les procédés suspects de Picquart. Avant la fin du procès, la salle apprit d'un des secrétaires de Tézenas que Picquart serait arrêté après l'audience. Les officiers se flattaient de décider en toute liberté : mais ils acquittèrent Esterhazy en trois minutes, après un procès de deux jours. Le jugement fut accueilli par un tonnerre d'applaudissements. Des cris éclatèrent : « Vive la France ! A bas le syndicat ! »

Le lendemain, Picquart fut conduit au Mont-Valérien. La campagne des dreyfusards semblait au point mort : Scheurer n'avait pu provoquer la révision ; Esterhazy triomphait. Son acquittement équivalait en réalité à une deuxième condamnation de Dreyfus, car les dreyfusards ne pourraient plus espérer faire la révision sur la base des preuves dont ils disposaient contre lui ; ils ne pourraient pas non plus compter sur le témoignage de Picquart.

La révision, dit Blum, « se heurterait désormais à un système de résistance clos, complet, parfait. Nous restions là, atterrés, désespérés, devant le débris de notre œuvre rompue entre nos mains. »

Mais c'est à ce moment précis, où tout semblait perdu, que l'intervention d'un seul homme transforma la situation.

Zola, dont les dernières brochures étaient restées sans effet, prit tout de suite l'affaire sur son dos, engageant à fond son immense réputation mondiale dans un défi à la justice, à l'État, et à la société française. Il avait prévu l'acquittement d'Esterhazy ; il avait dit à Leblois, à Reinach et à Clemenceau qu'il fallait amener l'affaire Dreyfus devant des juges civils, la produire au grand jour devant le public.

Pour cela, il comprit qu'il fallait rompre avec la légalité, à laquelle Mathieu restait attaché. Il fallait passer outre aussi aux scrupules de Scheurer qui semblait maintenant un homme désarmé, dépassé. Il n'y avait plus rien à attendre des méthodes douces. Il fallait donc d'abord qu'il s'attire des poursuites judiciaires pour faire éclater devant le tribunal toute la vérité. Et pour préparer le terrain, il fallait faire connaître la vérité, codifier toute la version dreyfusarde des événements et abandonner la technique du goutte-à-goutte. Il fallait enfin contester les innombrables mensonges des nationalistes et des antisémites, jamais démentis par un pouvoir qui continuait à proclamer officiellement la culpabilité de Dreyfus.

En deux jours et demi de fièvre, Zola rédigea son pamphlet sous la forme d'une lettre au Président de la République. Vers le soir du troisième jour, il la porta à *L'Aurore* : Clemenceau trouva le titre : *J'Accuse... !*

J'Accuse... !

Toute l'affaire Dreyfus y est, vue par un écrivain s'exprimant avec fougue et passion. C'est le romancier Zola qui se saisit du personnage de du Paty, « esprit fumeux », qui devient le premier responsable. Cet homme « néfaste » a « tout mené, tout fait ». Henry n'est même pas mentionné. Le tableau de Zola ne correspond pas tout à fait à la réalité, mais il est saisissant, dramatique.

Au procès de 1894, « des mesures de silence et de mystère ont caché », selon Zola, « le plus saugrenu des romans-feuilletons ».

Il dénonce le rapport d'Ormescheville : « Ah ! le néant de cet acte d'accusation ! Qu'un homme ait pu être condamné sur cet acte, c'est un prodige d'iniquité[...] Dreyfus sait plusieurs langues, crime ; on n'a trouvé chez lui aucun papier compromettant, crime ; il va parfois dans son pays d'origine, crime ; il est laborieux, il a le souci de tout savoir, crime ; il ne se trouble pas, crime ; il se trouble, crime... On nous avait parlé de quatorze chefs d'accusation : nous n'en trouvons qu'une seule en fin de compte, celle du bordereau ; et nous apprenons même que les experts n'étaient pas d'accord. »

Puis, il évoque le dossier secret, la « pièce secrète ». « Je la nie, cette pièce, je la nie de toute ma puissance ! Une pièce ridicule, oui, peut-être la pièce où il est question de petites femmes, et où il est parlé d'un certain D... qui devient trop exigeant... Mais une pièce intéressant la défense nationale, qu'on ne saurait produire sans que la guerre fût déclarée demain, non, non ! C'est un mensonge ! »

Il détaille les découvertes et la disgrâce de Picquart et enfin le procès Esterhazy : « Lorsque le ministre de la Guerre, le grand chef, a établi publiquement, aux acclamations de la représentation nationale, l'autorité de la chose jugée, vous voulez qu'un conseil de guerre lui donne un formel démenti ? Hiérarchiquement cela est impossible. Le général Billot a suggestionné les juges par sa déclaration et ils ont jugé comme ils doivent aller au feu, sans raisonner...

Le premier conseil de guerre a pu être inintelligent, le second est forcément criminel...

Telle est donc la simple vérité, Monsieur le Président, et elle est effroyable... C'est aujourd'hui seulement que l'affaire commence, puisque aujourd'hui seulement les positions sont nettes : d'une part, les coupables qui ne veulent pas que la lumière se fasse ; de l'autre, les justiciers qui donneront leur vie pour qu'elle soit faite. Je l'ai dit d'ailleurs, et je le répète ici : quand on enferme la vérité sous terre, elle s'y amasse, elle y prend une force telle d'explosion que, le jour où elle éclate, elle fait tout sauter avec elle. On verra bien si l'on ne vient pas de préparer, pour plus tard, le plus retentissant des désastres.

Mais cette lettre est longue, Monsieur le Président, et il est temps de conclure.

J'accuse le lieutenant colonel du Paty de Clam d'avoir été l'ouvrier diabolique de l'erreur judiciaire, en inconscient, je veux le croire, et d'avoir ensuite défendu son œuvre néfaste, depuis trois ans, par les machinations les plus saugrenues et les plus coupables.

J'accuse le général Mercier de s'être rendu complice, tout au moins par faiblesse d'esprit, d'une des plus grandes iniquités du siècle.

J'accuse le général Billot d'avoir eu entre les mains les preuves certaines de l'innocence de Dreyfus et de les avoir étouffées, de s'être rendu coupable de ce crime de lèse-humanité et de lèse-justice, dans un but politique et pour sauver l'État-Major compromis.

J'accuse le général de Boisdeffre et le général Gonse de s'être rendus complices du même crime, l'un sans doute par passion cléricale, l'autre peut-être par cet esprit de corps qui fait des bureaux de la guerre l'arche sainte, inattaquable.

J'accuse le général Pellieux et le commandant Ravary d'avoir fait une enquête scélérate, j'entends par là une enquête de la plus monstrueuse partialité, dont nous avons, dans le rapport du second, un impérissable monument de naïve audace.

J'accuse les trois experts en écriture, les sieurs Belhomme, Varinard et Couard, d'avoir fait des rapports mensongers et frauduleux, à moins qu'un examen médical ne les déclare atteints d'une maladie de la vue et du jugement.

J'accuse les bureaux de la guerre d'avoir mené dans la presse, particulièrement dans *L'Éclair* et dans *L'Écho de Paris,* une campagne abominable, pour égarer l'opinion et couvrir leur faute.

J'accuse enfin le premier conseil de guerre d'avoir violé le droit, en condamnant un accusé sur une pièce restée secrète, et j'accuse le second conseil de guerre d'avoir couvert cette illégalité, par ordre, en commettant à son tour le crime juridique d'acquitter sciemment un coupable.

En portant ces accusations, je n'ignore pas que je me mets sous le coup des articles 30 et 31 de la loi sur la presse du 29 juillet 1881, qui punit les délits de diffamation. Et c'est volontairement que je m'expose.

Quant aux gens que j'accuse, je ne les connais pas, je ne les ai jamais vus, je n'ai contre eux ni rancune ni haine. Ils ne sont pour moi que des entités, des esprits de malfaisance sociale. Et l'acte que j'accomplis ici n'est qu'un moyen révolutionnaire pour hâter l'explosion de la vérité et de la justice.

Je n'ai qu'une passion, celle de la lumière, au nom de l'humanité qui a tant souffert et qui a droit au bonheur. Ma protestation enflammée n'est que le cri de mon âme. Qu'on ose donc me traduire en cour d'assises et que l'enquête ait lieu au grand jour !

J'attends.

Veuillez agréer, Monsieur le Président, l'assurance de mon profond respect. »

CHAPITRE III

La crise,
de *J'Accuse... !* au discours de Cavaignac,
de janvier à juillet 1898

J'Accuse... ! fut mis en vente le 13 janvier, à huit heures du matin. « Toute la journée, dans Paris », rappelle Péguy, « les camelots à la voix éraillée crièrent *L'Aurore,* coururent avec *L'Aurore,* en gros paquets sous le bras, distribuèrent *L'Aurore* aux acheteurs empressés. » Plus de 200 000 exemplaires furent vendus. « Le choc donné fut si extraordinaire », ajoute-t-il, « que Paris faillit se retourner. »

Les dreyfusards, selon Blum « sentirent refluer, remonter en eux la confiance, tandis que les adversaires accusaient le coup par leur fureur. »

Certes, les dreyfusards du noyau initial, fidèles à leur prudence constante, montrèrent des réticences face à l'intervention de Zola. « Je ne l'espérais pas aussi énergique, aussi forte », dit Mathieu Dreyfus, quand même admiratif. Pour Clemenceau et Scheurer, il était hasardeux de se livrer au jury. Mais pour Reinach et Ranc les avantages du geste de Zola l'emportaient.

Au total, pour les premiers dreyfusards, Zola était « moins un héros qu'un allié inattendu et inestimable », dit Blum. Mais sa lettre les a décidés à nouveau à la lutte. La bataille pouvait recommencer. En l'espace d'une journée, par son acte révolutionnaire, Zola avait relancé de plus belle le mouvement dreyfusard, et il avait élargi singulièrement le champ de bataille.

Car il ne s'agissait plus seulement de l'affaire Dreyfus, d'un combat essentiellement judiciaire autour de l'innocence ou de la culpabilité d'un homme, mais de l'Affaire, d'une confrontation plus vaste entre ceux qui réclamaient la vérité, la justice et les droits de l'Homme, et les partisans de la chose jugée, de la raison d'État et de la France aux Français. Cette confrontation deviendrait, peu à peu, sociale et politique.

Car si Zola avait établi dans *J'Accuse... !* une séparation nette entre « les coupables qui ne veulent pas que la lumière se fasse » et « les justiciers qui donneront leur vie pour qu'elle soit faite », il avait également annoncé de nouveaux enjeux plus larges, en défendant le patriotisme et l'amour de l'armée des partisans de Dreyfus, en réclamant précisément la vérité et la justice, en dénonçant les mensonges, les secrets et les mystères, les dénis de justice, les méfaits des bureaux de la guerre justifiés par la raison d'État, le danger du règne du sabre et du coup d'État militaire, la perversion de l'opinion par la presse, les dangers enfin de l'antisémitisme renaissant et du cléricalisme.

Les partisans de Dreyfus vont, tout au long de l'Affaire, se battre autour de ces enjeux. Le noyau initial de dreyfusards se transformera en véritable parti, le parti de la révision.

Dès le lendemain de *J'Accuse... !*, ils vont commencer à se compter en signant une pétition qui porte : « Les soussignés, protestant contre la violation des formes juridiques du procès de 1894, contre les iniquités qui ont entouré l'affaire Esterhazy, persistent à demander la révision. »

Un des premiers à signer est Anatole France. Cette grande figure littéraire, s'il a réglé ses comptes avec le cléricalisme et le militarisme, reste toujours, jusqu'en 1898, un observateur très fin mais élégamment sceptique de la société française. Il n'en est qu'au début de la publication de son *Histoire contemporaine*, ce portrait si étonnamment ressemblant de la France d'avant et pendant l'Affaire.

Mais à Daniel et Elie Halévy, qui sollicitent sa signature, il dit : « Je suis révolté. J'étais l'homme du monde le moins fait pour être étonné d'une canaillerie des militaires, car j'avais mon opinion arrêtée sur leur compte. Pourtant je suis stupéfait... jamais on n'a vu tant de cynisme dans le crime [1]. »

Trente ou quarante autres écrivains signent, dont Maeterlinck, Rostand, Sardou et Mallarmé, suivis de la quasi-totalité de la jeune génération littéraire : Fernand Gregh, Gide, Apollinaire, les deux frères Halévy, et Proust — les trois derniers récoltant les signatures.

Puis ce sont les artistes : Monet, Pissarro, Signac parmi les impressionnistes, les nabis Bonnard et Vuillard, et les philosophes : Lévy-Brühl et Séailles. Les plus nombreux parmi les signataires sont surtout des universitaires, de la Sorbonne ou de l'École Normale : en histoire, Gabriel Monod, Aulard et Seignobos, avec Paul Meyer, directeur de l'École des Chartes ; en littérature, Lanson et Larroumet ; en sociologie, Durkheim et Bouglé ; en linguistique, Ferdinand Brunot. Le signataire scientifique le plus éminent est Émile Duclaux, directeur de l'Institut Pasteur, secondé par le chimiste Édouard Grimaux et par deux membres de l'Académie de Médecine, Paul Reclus et Henri Monod. En général, cependant, la médecine et le droit sont hostiles.

D'autres pétitions suivent. En quelques jours, des centaines d'adhésions arrivent ; le nombre total des signatures va atteindre 1 482 [2]. Mais ce n'est toujours qu'un début. Même chez les écrivains, les artistes et les savants, les défenseurs actifs de Dreyfus, moins de 2 000 en janvier 1898, restent ou resteront largement minoritaires. Et, comme un des plus distingués professeurs de l'enseignement secondaire le dirait à Clemenceau : « Vous n'aurez personne des lycées. Si je vous donnais mon nom, cet imbécile de Rambaud m'enverrait pourrir au fond de la Bretagne ! »

Les intellectuels

Ceux qui engagent leur nom et leur réputation littéraire, artistique ou scientifique dans le combat pour la justice et la

---

1. HALÉVY, D., *Regards sur l'Affaire Dreyfus* (De Fallois, 1994), pp. 58-59.

2. CHARLE, Ch., *Naissance des « intellectuels » 1880-1900* (Éditions de Minuit, 1990), p. 142.

vérité furent, à ce moment précis, baptisés intellectuels par Clemenceau. Le mot n'était pas neuf, l'engagement non plus : on se rappelle les campagnes de Voltaire ou de Victor Hugo. Mais, dès janvier 1898, Clemenceau assura une large diffusion au mot, dans un sens qui est devenu familier au xxe siècle. D'individuel, l'engagement est devenu collectif, justement par le biais de la pétition, qui deviendra un moyen d'action privilégié pour les intellectuels.

L'Affaire vit donc la naissance de la notion moderne d'intellectuel comme membre d'un groupe, composé d'écrivains, d'artistes ou d'hommes vivant professionnellement de l'intelligence, qui apportent collectivement à une cause publique la caution que leur confère leur œuvre de création ou leur activité professionnelle.

En règle générale, l'intellectuel engagé est placé — volontairement ou non — en dehors des structures de pouvoir de la société, et il se prononce au nom de grands principes éthiques ou intellectuels, sans tenir compte des vérités officielles, des contraintes et des compromissions inhérentes à l'action à l'intérieur des structures. Ainsi, pendant l'Affaire, les intellectuels insisteront sur l'idée que la recherche de la vérité doit être menée en toute indépendance, selon les principes rigoureux de la recherche scientifique. Edouard Grimaux commente ainsi les pièces officielles et les actes d'accusation contre Dreyfus : « Jamais homme qui a l'habitude de raisonner, jamais magistrat, jamais homme de sciences n'aurait voulu signer de telles pièces. On n'y trouve que des insinuations sans preuves, des racontars, des commérages, et enfin les rapports contradictoires des experts. Un examen rigoureux de ces pièces nous montre qu'elles n'ont aucune valeur ; soumises à une critique sévère, il n'en reste rien, rien, rien ! »

L'action juridique doit se conformer strictement aussi aux règles de la légalité. « Les garanties de justice ne peuvent être supprimées à l'égard d'un seul », déclare Clemenceau « sans que le corps social tout entier soit menacé dans son ensemble. »

Mais il faut le répéter, les hommes de lettres, les artistes et les savants restent majoritairement hostiles. Reinach les juge sévèrement : si certains partagent les basses passions,

« le plus commun défaut, c'est le défaut de jugement. L'absence d'esprit scientifique est fréquent chez les lettrés, même chez les savants. Sortez-les de leurs études coutumières, ils ne raisonnent pas mieux que la foule ignorante et grossière. Les uns ne se donnèrent pas la peine de juger par eux-mêmes, trouvant plus commode d'accepter les opinions toutes faites ; aux autres, l'intervention d'un profane, leur propre intervention dans une question de justice militaire, "parut aussi déplacée que le serait celle d'un colonel de gendarmerie" dans une question littéraire ou scientifique ».

C'était l'opinion du critique littéraire Brunetière, qui, dès le 15 janvier, ridiculisait « la prétention de hausser les écrivains, les savants, les professeurs, les philologues, au rang de surhommes. Les aptitudes intellectuelles, que certes je ne méprise pas, n'ont qu'une valeur relative. Pour moi, dans l'ordre social, j'estime beaucoup plus haut la trempe de la volonté, la force du caractère, la sûreté du jugement, l'expérience pratique. Aussi je n'hésite pas à placer tel agriculteur ou tel négociant, que je connais, fort au-dessus de tel érudit ou de tel biologiste ou de tel mathématicien qu'il ne me plaît pas de nommer... »

Il est vrai que ces prétentions des intellectuels pouvaient devenir quelquefois excessives. Reinach le disait : « les vrais savants étaient les plus modestes ».

Maurice Barrès qui, on l'a vu plus haut, avait maintenant choisi le camp antidreyfusard, se moquait aussi de ceux qui, moins connus que les vedettes de la littérature ou de l'université, devaient ajouter la qualité d'agrégé ou de licencié à leur signature sur la pétition : « Que de licenciés ! Ils marchent en rangs serrés avec leurs professeurs... Rien n'est pire que ces bandes de demi-intellectuels. Une demi-culture détruit l'instinct, sans lui substituer une conscience. Tous ces aristocrates de la pensée tiennent à affirmer qu'ils ne pensent pas comme la vile foule. On le voit trop bien. Ils ne se sentent plus spontanément d'accord avec leur groupe naturel et ils ne s'élèvent pas jusqu'à la clairvoyance qui leur restituerait l'accord réfléchi avec la masse. » Barrès s'orientait déjà vers la réhabilitation du sentiment populaire contre la raison des intellectuels.

Ainsi, tous les hommes de lettres ne se constituèrent pas

en intellectuels, loin de là. Les écrivains arrivés, les académiciens partagèrent pendant l'Affaire l'opinion commune : Jules Lemaitre, Paul Bourget, Alphonse Daudet, François Coppée, Heredia, Loti.

Mais, en réalité, ceux des adversaires de Dreyfus qui se mobilisèrent le plus après *J'Accuse... !* se situaient hors du champ intellectuel. C'étaient les antisémites et les réactionnaires. Drumont et ses amis y répliquèrent par une lettre ouverte à Félix Faure qui accusait... Joseph Reinach, et ils se plaçaient sous la bannière de la France aux Français. Les lettres de protestation et les meetings se multiplièrent. Le 16 janvier, dans *La Libre Parole*, Jules Guérin, l'agitateur antisémite, lança une protestation nationale contre le « syndicat » juif. Dès le lendemain, il réunit 4 000 personnes à Paris au Tivoli-Vaux-Hall pour protester contre les « insulteurs de l'armée ». Au milieu d'un tumulte indescriptible, les antisémites furent chassés de l'estrade par des anarchistes. Déjà, les bandes antisémites de Guérin s'affichaient dans les rues de Paris. Ils étaient composés, dit Reinach, de « portefaix et de bouchers, de rôdeurs et de malandrins de toute espèce ». On ne voyait Guérin « qu'entouré d'une douzaine de bouchers de la Villette, armés de gourdins, de barres de fer dans une gaine de bois, pesant au moins un kilo. Ils se seraient fait tuer pour lui... Sa popularité était faite de la peur qu'il inspirait. On le croyait capable de tout. Au sens très vif de l'action brutale et immédiate, il joignait de la finesse, et quand il le fallait, de la prudence. » Dès le début de 1897, il avait ressuscité la Ligue antisémitique de France de Drumont, et, suite à un effort de recrutement et d'organisation, la Ligue compterait en 1898 plus de 10 000 adhérents [1].

Manifestations antisémites

En province, des manifestations antisémites éclatèrent plus ou moins spontanément à partir de la même date. Elles touchèrent d'abord une trentaine de villes importantes. Les antisémites ne possédaient encore qu'un début d'organisation en province ; les manifestants furent le plus souvent encouragés ou lancés par des cercles catholiques ou royalis-

---

1. STERNHELL, Z., *La Droite révolutionnaire* (Seuil, 1978), p.221.

tes. A Nantes, le 17, dit Reinach, « trois mille individus, les jeunes des cercles catholiques, les bateliers du port, parcourent les rues, en poussant des cris de mort. Après un temps d'arrêt devant l'hôtel du corps d'armée et devant le cercle militaire où la foule acclame les officiers et les soldats, elle se rue contre les magasins des juifs, casse les devantures et les carreaux, cherche à forcer la porte de la synagogue ». Des scènes analogues se reproduisirent pendant toute la dernière quinzaine de janvier, notamment à Angers, à Marseille (4 000 personnes), à Rouen (2 000 personnes), à Saint-Dié, Bar-le-Duc et Saint-Malo (1 000 à 1 500 personnes) et ailleurs [1]. Partout, c'était aux cris de « Conspuez Zola ! », « Mort aux juifs ! » et « Vive l'armée ! » qu'on s'attaquait aux commerces juifs et aux synagogues, et qu'on acclamait les officiers de l'armée. Au bout d'une dizaine de jours, les troubles avaient atteint plus de cinquante villes, surtout dans des régions restées catholiques : la Lorraine et l'Est, et même la Bretagne, où les juifs étaient plutôt rares. A Marseille, des magasins juifs furent pillés ; à Alger, les troubles prirent les dimensions d'un pogrome : il y eut mort d'homme et tout le quartier juif fut mis à sac.

Les manifestants étaient des jeunes, surtout des étudiants ou même des lycéens. Ils venaient souvent des Facultés catholiques : à Lille, les élèves des établissements libres, dit Reinach, brûlèrent Zola en effigie. Aux étudiants s'aggloméraient de jeunes ouvriers, des artisans, des commis de magasin ou employés, et, quelquefois, des « curieux » adultes.

Les étudiants de Paris

A Paris, où était concentrée la majorité de la population juive en France, les juifs n'étaient pourtant pas la première cible : les manifestants s'en prirent surtout à Zola et à *L'Aurore*. A la sortie des cours, par exemple de la Faculté de droit où — on l'a vu — les professeurs étaient hostiles à Zola, des bandes de deux à quatre cents étudiants, même de cinq cents, sillonnaient le Quartier latin, sous les yeux très

---

1. Voir WILSON, S., *Ideology and Experience. Antisemitism in France at the Time of the Dreyfus Affair* (East Brunswick NJ/London/Toronto, Associated University Presses, 1982), p. 110 et ch. III.

tolérants des policiers : on entendait même des cris de « Vive la police ! » Dans *Le Temps* du 17, on pouvait lire : « Jamais, même dans la période du boulangisme aigu, même au lendemain de la mort de Nuger [lors des incidents de 1893 au Quartier], il n'y a eu autant d'agents sur le boulevard Saint-Michel. »

Les étudiants conspuaient Zola avec la connivence de la police. Des exemplaires de *L'Aurore* étaient brûlés sur le trottoir en feu de joie. On montait sur l'impériale des omnibus et des tramways descendant le boulevard Saint-Michel, toujours scandant les mêmes mots. Lorsqu'on réussissait à passer les ponts, c'était pour arriver devant les bureaux de *L'Aurore,* ou tenter d'aller jusqu'à la maison de Zola, rue de Bruxelles, d'ailleurs gardée, elle aussi, par les policiers.

A l'inverse de mai 1968, c'était donc en janvier 1898 des étudiants d'origine bourgeoise et de tendance conservatrice qui manifestaient dans le Quartier. Ils faisaient leurs études aux Facultés de droit, de médecine et de pharmacie, qui formaient les centres de l'antidreyfusisme universitaire. L'Association Générale des Étudiants protesta elle-même contre *J'Accuse... !* Les étudiants de Paris n'avaient besoin d'aucune incitation particulière des milieux réactionnaires. Chez eux, avec 500 membres, le Cercle Catholique du Luxembourg faisait presque figure d'organisation de masse.

Contre la majorité, les petits groupes favorables à Zola, composés essentiellement de jeunes révolutionnaires socialistes, essayèrent désespérément de ramer à contre-courant ; ils eurent de la peine à organiser une seule réunion [1]. C'est l'École Normale qui deviendra en 1898 le quartier général du dreyfusisme au Quartier Latin : Péguy fit déjà signer la pétition des intellectuels par la majorité de sa promotion-Lettres.

La jeunesse des Écoles, à Paris, s'était donc divisée dans les mêmes proportions que ses maîtres : c'est-à-dire que la majorité était hostile à Zola. En province, partout où il y

---

1. Voir CAHM, E., « Pour et contre Émile Zola : les étudiants de Paris en janvier 1898 », *Bulletin de la Société d'Études Jaurèsiennes*, n° 71 (octobre-décembre 1978), pp. 12-15.

avait des facultés catholiques, la scission fut « très nette », selon Reinach.

La lettre de Zola avait ainsi provoqué, en moins d'une semaine, les débuts du ralliement des intellectuels à la cause révisionniste, et une mobilisation antisémite à Paris, relayée par une explosion violente d'antisémitisme chez de jeunes excités, surtout en province. A la suite des manifestations antisémites de janvier 1898, la Ligue antisémitique essaya de mettre en place une organisation sérieuse sur le plan national : elle atteignit son apogée en 1898-1899.

Méline face à Zola

Comment le gouvernement de Méline réagit-il ? Le Premier ministre, comme tous les dirigeants politiques, avait pris bien soin de ne pas étudier le dossier Dreyfus. Il ignorait tout ce qui avait été entrepris par Mercier et l'État-Major pour faire condamner le capitaine en 1894, et pour couvrir ensuite le jugement du premier Conseil de guerre. Il fut donc très surpris, et indigné, le 13 janvier, par les accusations de Zola contre les chefs de l'armée.

Il croyait d'abord pouvoir lui refuser le procès retentissant que l'écrivain sollicitait. Mais, lors d'une discussion ministérielle, les ministres se rendirent compte qu'il serait impossible de l'éviter. Comment expliquer une telle reculade, alors que les nationalistes et les antisémites étaient déjà en ébullition ? D'ailleurs, les radicaux à la Chambre étaient également très échauffés : ils entrevoyaient là une occasion de renverser le gouvernement.

Dès le lendemain de la lettre de Zola, la droite catholique annonça une interpellation à la Chambre sur les mesures que le gouvernement allait prendre. A l'ouverture de la séance, il n'y avait qu'un seul ministre présent. De Mun, le porte-parole de la droite catholique, réclama la présence de Méline et de Billot : « L'armée ne peut pas attendre », s'écria-t-il.

Méline déclara que le gouvernement comprenait l'émotion et l'indignation de la Chambre face aux « abominables attaques » de Zola, et il annonça que le romancier serait poursuivi. Jaurès lui reprocha de n'intervenir que sur la sommation de la droite, et il ajouta : « Vous êtes en train de livrer la République aux généraux. »

L'ordre du jour de confiance fut voté.

L'annonce du procès de Zola donna cependant un nouvel élan aux révisionnistes. Des pétitions circulaient toujours ; les nationalistes protestaient et les étudiants manifestaient. Paris était entré en effervescence. La Ligue antisémitique annonça une manifestation place de la Concorde pour le 23 du mois. Elle fut interdite par le préfet, et 4 000 hommes furent envoyés occuper les abords de la place pour maintenir l'ordre. C'était dans ce climat passionné que fut lancée le 20 janvier l'assignation de Zola par Billot. Pour sauver ce qui pouvait être sauvé, il avait été décidé qu'on ne relèverait contre lui et le gérant de *L'Aurore*, Perrenx, que le passage de sa lettre où il avait accusé les juges d'Esterhazy de l'avoir acquitté par ordre. C'était indémontrable, et le débat au procès de Zola serait restreint ; ainsi, il ne serait pas possible de rouvrir l'affaire Dreyfus.

Mais Zola entendait aider la vérité à éclater en citant près de deux cents témoins : tous les chefs de l'État-Major et leurs collaborateurs, Demange, Leblois, Casimir-Périer et les ministres de 1894, Lucie Dreyfus, Scheurer, Ranc, Jaurès, des intellectuels, des savants et des diplomates étrangers.

Épouvanté, de Boisdeffre voulut ordonner à tous les officiers de ne pas comparaître ; mais il apprit que la loi ne leur imposait que le secret professionnel et qu'ils seraient obligés de témoigner. Billot se fit cependant excuser par le garde des Sceaux.

Tumulte au Parlement

Avant le procès, le 22 et le 24 janvier, il se produisit des scènes au Palais-Bourbon, « sans précédent dans nos annales parlementaires depuis la Convention », selon un correspondant politique. Méline redoutait toujours la menace d'une coalition de la droite et de la gauche pour le renverser. Le leader radical Cavaignac fit une demande de publication du rapport de Lebrun-Renault sur les prétendus aveux de Dreyfus le jour de sa dégradation.

Méline admit l'existence de ce rapport — qu'il n'avait jamais vu — et donc des aveux. Aux applaudissements de la Chambre, Cavaignac retira sa demande.

Méline se lança alors dans une diatribe extrêmement violente contre Zola qui avait été « fauchant tout sur son passage avec une superbe inconscience et sans se rendre compte du mal qu'il faisait à son pays [...] On n'a pas le droit de vouer au mépris les chefs de l'armée. C'est par de pareils moyens qu'on prépare de nouvelles éditions de *La Débâcle.* » Il promit que le gouvernement empêcherait le désordre dans la rue et il s'en prit aussi aux intellectuels : « Il ne faudrait pas que des professeurs et des fonctionnaires provoquassent le désordre et le rendissent nécessaire par leur conduite, en signant des pétitions. » Enfin, désignant l'extrême-gauche socialiste, il s'exclama : « Je dis, moi, vos articles de journaux à la main, que vous faites en ce moment l'appel le plus audacieux à la révolution dans la rue. »

Jaurès se déchaînait : « Ceux qui préparent les futures débâcles ce ne sont pas ceux qui signalent à temps les fautes, mais ceux qui les commettent : hier, les généraux de cour protégés par l'Empire ; aujourd'hui, les généraux des jésuitières protégés par la République. » Ce n'étaient pas les socialistes qui déchaînaient dans les meetings et dans les rues les haines de sectes et les passions religieuses. Il poursuivit : « Savez-vous ce dont nous souffrons ? Ce dont nous mourons tous ? Je le dis sous ma responsabilité personnelle, nous mourons tous, depuis que cette affaire est ouverte, des demi-mesures, des réticences, des équivoques, des mensonges, des lâchetés ! » Il ne parlait plus, il tonnait, dit Reinach. « Il y a d'abord », poursuivit-il, « mensonge et lâcheté dans les poursuites incomplètes dirigées contre Zola. Le huis clos, tout au moins, a besoin de ce correctif de la libre critique au-dehors. »

Un député de l'extrême-droite royaliste, le comte de Bernis, s'écria : « Vous êtes du syndicat.

— Monsieur de Bernis, vous êtes un misérable et un lâche ! » Vingt socialistes tombèrent sur Bernis, mais il s'échappa et frappa Jaurès d'un coup de poing. La séance fut levée. Une heure après, on échangeait encore des coups et des insultes dans les couloirs. Ce n'est que le 24 que Jaurès put s'exprimer sur le fond : il n'avait pas encore de certitude. « J'affirme sur l'honneur que si je l'avais je dirais tout haut ma pensée. »

A l'approche du procès de Zola, la violence continuait

à gronder partout à Paris. Guérin exerçait ses troupes dans les rues.

L'Europe, le monde, ne comprenaient plus rien à la France, la regardaient avec stupeur et détresse, comme Bjœrnson le dit dans une lettre à Zola. La certitude de l'innocence de Dreyfus, selon Reinach, était universelle, sans distinction de classe, ni de religion, hors chez les antisémites.

Le gouvernement allemand tint à dégager solennellement sa responsabilité avant le procès. Le ministre des Affaires étrangères, von Bülow, déclara, le 24 janvier, devant la commission du budget du Reichstag, « de la façon la plus formelle et la plus catégorique, qu'entre l'ex-capitaine Dreyfus, actuellement détenu à l'Île du Diable, et n'importe quels agents allemands, il n'a jamais existé de relations ni de liaisons de quelque nature qu'elles soient... L'affaire, dite affaire Dreyfus, a soulevé, certes, beaucoup de poussière, mais n'a jamais pu troubler les relations paisibles entre l'Allemagne et la France. »

Le procès Zola

Le 7 février, jour de l'ouverture du procès, la presse nationaliste annonça à nouveau une grande manifestation. La veille, sur les murs de Paris, une proclamation avait été affichée, signée par Drumont et les leaders de la Ligue antisémitique : elle menaçait les « agents de l'étranger » qui cherchaient à « troubler la paix publique. » « La population honnête et patriote de Paris ne supporterait pas de telles provocations. ELLE FERA ELLE-MÊME SA POLICE. La France ne subira jamais les pressions outrageantes des Juifs étrangers... VIVE LA FRANCE AUX FRANCAIS ! »

Mais si, ce matin-là, aux abords du Palais de Justice, les bandes antisémites de Guérin sont massées, la manifestation n'a pas lieu, et Zola, lorsqu'il arrive par la place Dauphine, est accueilli dans le calme. La foule, contenue dans le petit triangle de la place, est sévèrement encadrée par la police. Il pleut et le vent est glacial. Lorsque Zola monte au Palais de Justice par le perron, on n'entend que quelques huées d'une part et, de l'autre, quelques cris de « Vive Zola ! » et de « Vive le maître ! ».

Mais à l'intérieur, c'est une animation sans précédent. La

Salle des Pas Perdus et les galeries ont été envahies, plusieurs heures avant l'audience, dit *L'Illustration*, par une
« cohue singulièrement mêlée, où affairés, inquiets, impa-
tients, se pressent des fonctionnaires, des magistrats des
agents de la police et de la force publique, des témoins de
toute catégorie, l'effectif complet des représentants de la
presse française, une colonne serrée de correspondants étrangers, un bataillon de dessinateurs en tenue de campagne, sans
compter la compagnie hors rang des invités... ».

Seul Mathieu Dreyfus, s'est absenté : « Je craignais que
ma présence ne fût la cause de troubles. »

La salle de la cour d'assises est prise d'assaut et remplie
jusqu'à étouffement : les avocats stagiaires doivent s'asseoir
par terre. Au banc des accusés, on voit Zola, vêtu en bourgeois cossu, « rêveur, le menton appuyé sur sa canne », et
Perrenx, « l'air d'un ouvrier endimanché », puis, derrière
eux, leurs défenseurs : Mᵉ Labori, Mᵉ Albert Clemenceau, et
Georges Clemenceau, qui a également été admis à plaider.
Le jury est composé surtout de petits commerçants et
d'entrepreneurs.

A côté, dans les couloirs et dans la salle qui leur est affectée, les témoins, intellectuels ou officiers ; entre eux, rôde,
« comme un loup maigre », Esterhazy en civil. Les officiers
ont reçu l'ordre de ne pas lui serrer la main.

L'avocat général Van Cassel, homme « rechigné et bru-
tal », ouvrit le procès en dénonçant les visées de Zola : « On
veut ici, par un moyen révolutionnaire, et on l'avoue, provoquer un débat scandaleux. » Il demanda d'emblée que le
débat fût limité à l'insulte de Zola aux juges d'Esterhazy. Le
jeune avocat de Zola, Fernand Labori, répondit que les procès Dreyfus et Esterhazy étaient indissociables.

Labori avait déjà plaidé des causes retentissantes, dit Reinach. « Procédurier ingénieux, orateur inégal, mais sonore et
vigoureux, le geste large et théâtral, la parole vibrante. » Sa
qualité maîtresse était la fougue, qu'il cultivait comme système. La cour rejeta ses conclusions mais confirma que les
militaires devraient comparaître.

Labori appela d'abord Lucie Dreyfus. Elle était vêtue de
noir, très pâle, tremblante devant cet auditoire. Le Président
Delegorgue refusa de la laisser témoigner sur le procès de

1894 : « La question ne sera pas posée. » Pendant le procès, cette formule brutale tomba chaque fois qu'il était question de l'affaire Dreyfus. Lucie Dreyfus resta silencieuse.

Zola avait l'air « nerveux, maussade, penaud », selon Maurice Paléologue. Il se dressa pour demander la liberté qu'ont les assassins et les voleurs de se défendre. Delegorgue : « Vous connaissez l'article 52 de la loi de 1881 ? » Zola : « Je ne connais pas la loi et ne veux pas la connaître. » Ce fut le tumulte, et Zola dut corriger le tir.

Leblois raconta alors l'affaire des faux télégrammes envoyés à Picquart, et les aventures de du Paty et de la dame voilée qui avait documenté Esterhazy. Scheurer-Kestner voulut donner lecture des lettres de Gonse à Picquart — le Président refusa.

La sortie de la première audience ressemblait à une émeute ; on se bagarrait dans les couloirs du Palais. Zola fut hué et sifflé par une foule immense. Les mêmes scènes se renouvelèrent tous les soirs.

Le lendemain commença le défilé des témoins militaires. De Boisdeffre en tenue, « calme, sans raideur », se déroba, comme prévu, derrière le secret professionnel, face aux questions sur le « document libérateur » et la dame voilée. Pour lui, Picquart avait été « absorbé par une idée ». Il avait négligé son service et il n'avait pu trouver aucune pièce probante contre Esterhazy. De plus, il n'avait pas été envoyé en disgrâce, mais simplement en mission. La culpabilité du capitaine Dreyfus avait été de tout temps pour de Boisdeffre « absolument certaine ».

Gonse s'abrita également derrière le secret professionnel : ses lettres à Picquart concernaient seulement Esterhazy. Il ne voulait pas rouvrir le procès Dreyfus.

Esterhazy, toujours rempli d'amour-propre, menaça l'État-Major de « manger le morceau » si le lendemain les officiers ne lui serraient pas la main. De Boisdeffre l'ordonna, mais sitôt la cérémonie finie, les officiers s'écartèrent de lui.

Dès la troisième audience, des bribes de vérité commencèrent à apparaître, malgré les précautions du gouvernement. Labori chercha d'abord à faire admettre à Mercier l'utilisation du dossier secret en 1894. Mercier, selon Paléologue, était « hautain, flegmatique, sévère, précis, dédaigneusement retranché dans la conscience de son infaillibilité ». Il déclara d'abord que la pièce « canaille de D » lui était inconnue : malheureusement, Labori l'avait cité inexactement. Il nia ensuite avoir répété à qui que ce fût qu'une pièce secrète eût été communiquée. Et il refusa de répondre à la question directe de savoir si la pièce secrète avait été communiquée en effet. Il conclut : « Je n'ai pas à revenir sur le procès Dreyfus, mais si j'avais à y revenir, puisqu'on me demande ma parole de soldat, ce serait pour dire que Dreyfus était un traître qui a été justement et légalement condamné. »

Me Salles le suivit à la barre. Ce fut un moment de suspense, car on savait qu'il avait appris l'utilisation de la pièce secrète d'un des juges de 1894. Allait-il tout chambarder ? Ses lèvres étaient agitées d'un tremblement nerveux, et il était indécis. Delegorgue : « Avez-vous quelque chose à dire relativement à l'affaire Esterhazy ?

— Non. Sur l'affaire Esterhazy je n'ai rien à dire. »

Albert Clemenceau sauta sur l'occasion : « Nous prétendons que le témoin tient de la bouche d'un juge du Conseil de guerre qu'une pièce secrète a été communiquée... Que le témoin nous démente d'un mot, le Président n'aura pas le temps de l'arrêter. » Et alors que la salle semblait crier à ce vieillard : « Parlez donc ! », Delegorgue hurla : « Monsieur, vous n'avez pas la parole ! »

Pour Labori, Zola et les dreyfusards, le silence de Mercier, la fureur de Delegorgue à empêcher Me Salles de parler, prouvaient que Dreyfus avait été illégalement condamné.

Ce fut alors le tour de du Paty. Il avait l'air « prétentieux, le monocle à l'œil, la taille cambrée, le verbe cassant, le geste mécanique » (Paléologue). Il avait été dur pour un homme comme lui, orgueilleux entre tous et allié aux plus grandes familles, d'avoir été dénoncé par Zola comme un tortionnaire et un fou féroce. Il protesta, prétendant toujours jouir de l'estime de ses chefs, et avoir toujours agi en « galant homme ».

Henry chercha à paraître le moins longtemps possible. Ce colosse trapu était congestionné, et il avait les yeux rouges. Il apparut à la barre avec un certificat médical, l'air piteux. Il déclara que le dossier que Picquart avait volé dans son armoire n'était pas le dossier de l'affaire Dreyfus : celui-ci était sous scellés depuis 1895. On n'y comprit rien et Gonse demanda qu'il fût autorisé à se retirer.

Le général de Pellieux témoigna ensuite, « beau de hardiesse et de crânerie », selon Paléologue, « escrimeur superbe, n'ayant pas l'ombre d'un doute sur le crime de Dreyfus ». Les preuves de ce crime abondaient, selon lui. Après son enquête et celle de Ravary sur Esterhazy, qui avaient innocenté cet officier, il ne comprenait pas pourquoi on avait jugé Esterhazy.

Zola s'excita, s'écria qu'il y avait différentes façons de servir la France : « On peut la servir par l'épée et par la plume. M. le général de Pellieux a, sans doute, gagné de grandes victoires ! J'ai gagné les miennes. Par mes œuvres, la langue française a été portée dans le monde entier. J'ai mes victoires ! Je lègue à la postérité le nom du général de Pellieux et celui d'Émile Zola : elle choisira ! »

Enfin, Picquart fut introduit. Il était très attendu. Déjà c'était pour les dreyfusards un héros. Du côté de l'État-Major, on le haïssait comme quelqu'un qui avait trahi ses camarades. Il avait l'air jeune, « les yeux étroits, un regard lointain... le visage fermé, l'expression un peu lasse, une certaine dureté triste qui attirait les êtres sensibles, surtout quelque chose de très différent d'avec les militaires qui avaient comparu avec lui, un méditatif, un artiste », dit Reinach.

On l'écouta pendant une heure avec une attention soutenue : il raconta d'abord, avec un grand calme, sa découverte d'Esterhazy et ce qui avait suivi. Mais comme il avait gardé la religion de la discipline et du secret professionnel, il ne révéla pas ses déboires, son entretien avec Gonse, où ce dernier lui avait dit de se désintéresser de Dreyfus. Il ne se plaignit de personne.

Cette modération lui nuisit beaucoup. Tout le monde comprit qu'il était resté en-deçà de la vérité. Les avocats en robe lui firent une ovation ; les militaires étaient furieux. Les officiers de la Section de Statistique s'acharnèrent alors contre lui : Gribelin jura qu'il l'avait vu avec Leblois, attablés devant le dossier secret.

Confronté avec Henry, il le confondit à propos de la date où il aurait montré la pièce « canaille de D » à Leblois. Il démontra que, depuis la porte de son bureau, Henry n'aurait pas pu l'identifier. Henry : « Moi, je la reconnaîtrais à dix pas. » Picquart lui donna le démenti le plus formel. Alors, brusquement, Henry explosa. Il maintint tout ce qu'il avait dit, et il ajouta : « Le colonel Picquart en a menti ! »

Picquart, « d'une pâleur de cire », n'en pouvait plus, et il révéla enfin aux jurés son affreuse situation : « Vous avez vu ici des hommes comme le colonel Henry, comme le commandant Lauth, et comme l'archiviste Gribelin porter contre moi des accusations odieuses... Eh bien ! Messieurs les jurés, savez-vous pourquoi tout cela se fait ? Vous le comprendrez quand vous saurez que les artisans de l'affaire précédente, qui se lie intimement à l'affaire Esterhazy... ont reçu du regretté colonel Sandherr... le soin de défendre, contre toutes les attaques, cette affaire qui était l'honneur du bureau. »

Henry et Gonse furent décontenancés. Rappelé à la barre, Henry inventa une nouvelle histoire : il expliqua que la pièce « canaille de D » n'avait eu rien à faire avec le procès Dreyfus, et que le dossier secret était un autre dossier qui n'avait jamais quitté son armoire. Picquart n'y comprit toujours rien, mais Henry avait réussi à brouiller les cartes.

Le témoin suivant, Demange, répéta alors trois ou quatre fois qu'il y avait eu violation de la loi, et Albert Clemenceau, rééditant sa précédente manœuvre, lui demanda si sa certitude que le jugement de 1894 n'avait pas été légalement rendu n'était pas basée sur le fait qu'un juge du conseil de guerre l'avait affirmé à Mᵉ Salles, qui le lui avait répété. Demange : « Oui, parbleu ! » Du coup, la nouvelle histoire d'Henry sur le dossier secret qui n'avait jamais quitté son armoire s'écroula, et l'idée d'une violation de la loi apparut de plus en plus clairement.

Après les témoins militaires vinrent les « témoins de bonne foi », Duclaux, Ranc et Anatole France, qui rendirent hommage à Zola.

Puis ce fut Jaurès qui s'engagea encore un peu plus qu'au Parlement, en demandant, à propos du procès Esterhazy, pourquoi on avait prononcé le huis clos sur les expertises d'écriture et sur le témoignage de Picquart, et pourquoi on n'avait pas fait d'enquête sur la dame voilée. Enfin, il enfonça le clou à propos du procès d'Esterhazy et de l'illégalité de 1894 : « Il apparaît partout que le procès a été conduit non en vue de la vérité et de la justice, mais pour la justification des grands chefs militaires... Il n'est pas de paroles plus belles, plus grandes, plus sacrées que celles de patrie, de défense nationale, d'honneur national. » Mais on n'avait pas le droit de les violer.

Et pourquoi le gouvernement n'avait-il pas fait d'enquête sur la pièce secrète ? « On se réfugie toujours dans l'équivoque de la *vérité légale* !... mais cela ne dit pas si la communication, inconnue à l'heure où le pourvoi en révision a été formé, si la communication d'une pièce secrète, en dehors de toutes les garanties légales, a été faite ou non. » A la Chambre, il n'y avait pas quatre députés qui doutaient de la violation, mais, disaient-ils, « quel dommage que cette affaire ait éclaté quelques mois avant les élections ! »

Mercier, selon Jaurès, n'avait même pas pris la précaution de consulter le reste du gouvernement : « un homme, un seul, sans consulter officieusement ses amis, a pris sur lui de jeter dans la balance du procès une pièce dont seul il avait osé mesurer la valeur. Je dis que cet homme, malgré l'éclat des services et des galons, malgré la superbe du pouvoir, cet homme est un homme, c'est-à-dire un être misérable et fragile, fait de ténèbres et d'orgueil, de faiblesses et d'erreur, et je ne comprends pas que dans ce pays républicain, un homme, un seul, ose assumer sur sa seule conscience, sur sa seule raison, sur sa seule tête, de décider de la vie, de la liberté, de l'honneur d'un autre homme ; et je dis que si de pareilles mœurs, de pareilles habitudes étaient tolérées dans notre pays, c'en serait fait de toute liberté et de toute justice ! »

Cette journée avait été mauvaise pour l'État-Major. Celle des savants fut désastreuse. Comme un seul homme, les archivistes paléographes affirmèrent que l'écriture et le style du bordereau étaient identiques à ceux d'Esterhazy ; Mme de Boulancy reconnut l'authenticité des lettres qu'Esterhazy lui avait adressées.

De Pellieux, qui avait depuis quelques jours pris le commandement des témoins militaires et qui parlait déjà en chef, tenta de prendre la situation en main. Déposant, il balaya la question de l'écriture d'Esterhazy, qui était

« secondaire », car un officier de troupe ne pouvait connaître les sujets mentionnés dans le bordereau. Dreyfus avait tous les moyens de les connaître. Il brandit déjà la menace devant les jurés : « Que voulez-vous que devienne cette armée au jour du danger, plus proche peut-être que vous ne le croyez ? Que voulez-vous que fassent ces malheureux soldats qui seront conduits au feu par des chefs qu'on a cherché à déconsidérer auprès d'eux ? C'est à la boucherie qu'on conduirait vos fils, messieurs les jurés ! Mais M. Zola aurait gagné une nouvelle bataille, il écrirait une nouvelle *Débâcle*, il porterait la langue française dans tout l'univers, dans une Europe, dont la France aurait été rayée ce jour-là ! » A lui comme à ses camarades, la révision importait peu ; ce que le conseil de guerre de 1898 n'avait pas voulu, c'était mettre un innocent à la place de Dreyfus.

Malgré cette belle rhétorique, les jurés, raconte Paléologue, excédés par ces interminables discussions, où ils sentaient d'ailleurs que la vérité leur échappait, inclinaient, selon des rapports de police parvenus au ministère de la Guerre, à l'acquittement.

Alors de Pellieux, toujours impétueux et de plus en plus conscient de sa force, décida, de son propre chef, de frapper un coup décisif. Il avait été convaincu, on l'a vu, par le faux Henry. Il fallait donc faire appel une bonne fois à ce document clef. Prétextant qu'il désirait compléter sa précédente déposition, il se fit rappeler : « Je demande alors à parler... non pas du procès Dreyfus, je n'en parlerai pas. Mais je répéterai le mot si typique du colonel Henry, on veut la lumière : "Allons-y !" Au moment de l'interpellation Castelin, il s'est produit un fait que je tiens à signaler. On a eu, au ministère de la Guerre — et remarquez que je ne parle pas de l'affaire Dreyfus — la preuve absolue de la culpabilité de Dreyfus, absolue ! Et cette preuve, je l'ai vue ! Au moment de cette interpellation, il est arrivé au ministère de la Guerre un papier dont l'origine ne peut être contestée, et qui dit — je vous dirai ce qu'il y a là-dedans : "Il va se produire une interpellation sur l'affaire Dreyfus. Ne dites jamais les relations que nous avons eues avec ce juif." Et, Messieurs, la note est signée !... On a cherché la révision par une voie détournée ; je vous donne ce fait : je l'affirme sur mon honneur et j'en appelle à M. le général de Boisdeffre. »

Gonse glissa à l'oreille d'Henry : « Hein ? vous l'entendez... Quel imbécile ! » Henry en fut suffoqué, et pour cause. Le lendemain, il dira à Paléologue : « C'est idiot ce qu'il a fait là, Pellieux ! On ne jette pas des pièces aussi secrètes dans un débat public. » Tous les autres officiers exultaient. Des applaudissements fusèrent dans la salle.

Mais Labori sentit que l'intervention de Pellieux pouvait mettre l'État-Major dans l'embarras ; il demanda tout de suite que la pièce secrète soit produite : « Quelque respect que j'aie pour la parole de soldat de M. le général de Pellieux, je ne puis accorder la moindre importance à cette pièce. Tant que nous ne la connaîtrons pas, tant que nous ne l'aurons pas discutée, tant qu'elle n'aura pas été publiquement connue, elle ne comptera pas. » La révision s'imposait maintenant pour lui : « Si Dreyfus est coupable, si la parole de ces généraux est fondée, ils en feront la preuve dans un débat loyal, régulier, contradictoire. »

Gonse, « timoré, faible, indécis », selon Paléologue, plaida, comme toujours, pour la prudence : on ne pouvait pas apporter publiquement ces preuves. De Pellieux perdit toute mesure après une telle leçon. Il appela d'une voix retentissante l'un de ses officiers d'ordonnance : « Commandant Delcassé, allez chercher le général de Boisdeffre, en voiture, tout de suite. »

« Il n'y avait plus que lui... C'était vraiment une force », dit Reinach. « Il avait la passion et la volonté, l'ascendant qui entraîne les foules. »

Dans la salle des assises, puis dans les couloirs du Palais, ce fut un tumulte sans nom.

Mais de Boisdeffre ne reparut à la barre que le lendemain : « Je serai bref », dit-il. « Je confirme de tous points la déposition de M. le général de Pellieux, comme exactitude et comme authenticité. Je n'ai pas un mot de plus à dire ; je n'en ai pas le droit, je le répète, Messieurs les jurés, je n'en ai pas le droit. Et maintenant, Messieurs, permettez-moi, en terminant, de vous dire une chose : vous êtes le jury, vous êtes la nation ; si la nation n'a pas confiance dans les chefs de son armée, dans ceux qui ont la responsabilité de la défense nationale, ils sont prêts à laisser à d'autres cette lourde tâche, vous n'avez qu'à parler. »

Au Palais de Justice, à la fin du procès, on ne doutait plus de la condamnation de Zola. Le réquisitoire de Van Cassel fut terne. Selon lui, Zola n'avait pas apporté la preuve de l'ordre donné aux juges d'acquitter Esterhazy. Zola répondit, sous les huées de la salle. Il expliqua aux jurés que sa condamnation ne calmerait pas le pays : « Ne comprenez-vous pas, maintenant, que ce dont la nation meurt, c'est de l'obscurité où l'on s'entête à la laisser, c'est de l'équivoque où elle agonise ? » Puis, élevant le ton, dans un ultime effort, il se lança dans une envolée poétique. Mais il parlait en intellectuel, réduit à donner de sa personne, ayant dû laisser les arguments juridiques à Labori : « Dreyfus est innocent, je le jure. J'y engage ma vie, j'y engage mon honneur. A cette heure solennelle, devant ce tribunal qui représente la justice humaine, devant vous, Messieurs les jurés, qui êtes l'émanation même de la nation, devant toute la France, devant le monde entier, je jure que Dreyfus est innocent ! Et, par mes quarante années de travail, par l'autorité que ce labeur a pu me donner, je jure que Dreyfus est innocent ! Et, par tout ce que j'ai conquis, par le nom que je me suis fait, par mes œuvres qui ont aidé à l'expansion des lettres françaises, je jure que Dreyfus est innocent ! que tout cela croule, que mes œuvres périssent, si Dreyfus n'est pas innocent ! Il est innocent ! »

Mais, contre les menaces des généraux, et contre celles de la presse antisémite, qui a publié jour après jour les noms et les adresses des jurés pour les intimider, ces paroles d'intellectuel ne firent pas le poids.

Zola fut condamné à un an de prison et 3 000 francs d'amende. Le 26 janvier, Picquart fut mis en réforme.

Les généraux semblaient avoir gagné la partie. L'armée s'était substituée à la justice. L'État-Major avait jeté son épée dans la balance et son infaillibilité deviendrait un dogme chez les antidreyfusards.

Mais en réalité c'était un tournant de l'Affaire, car la révision n'était plus qu'une question de temps. En février 1898, le faux Henry n'avait pas été produit. Cinq mois plus tard,

Cavaignac allait le sortir au Parlement, rendant la révision inévitable.

La Ligue des Droits de l'Homme

En attendant, une conséquence immédiate des menaces des généraux et de celles des antisémites dans la rue, comme des révélations sur l'illégalité de 1894, fut la création, vers la fin du procès, à l'initiative du sénateur Trarieux, de la Ligue des Droits de l'Homme.

Scheurer-Kestner était hors de combat, Zola allait être condamné, il fallait se grouper, se doter de la force d'une association, non seulement pour défendre Dreyfus, mais aussi tous ceux dont les droits seraient violés. La référence fondamentale était la Déclaration des Droits de l'Homme de 1789 : Trarieux, ancien ministre de la Justice, politiquement modéré, n'entendait pas aller au-delà. Le 20 février, il réunit chez lui des amis, des intellectuels, dont Edouard Grimaux, Émile Duclaux, Paul Meyer et Paul Viollet — ces deux derniers étaient catholiques. La fondation de la Ligue fut décidée. Elle allait devenir le grand centre actif du mouvement dreyfusard sur le plan national, grâce à ses sections établies dans tout le pays. Elle organiserait des meetings, éditerait des brochures. Son organisation nationale permettrait de recruter, au-delà du noyau initial, des intellectuels et des hommes politiques, des professeurs, mais aussi des syndicalistes et des socialistes non guesdistes. Mais, avec moins de 10 000 membres en 1899, elle ne deviendrait pas un mouvement de masse. Au temps de l'Affaire, le comité central resterait dominé par les grands intellectuels ; ni Jaurès, ni Clemenceau n'y siégeraient. Paul Viollet, on le verra, allait quitter la Ligue lorsqu'elle ferait preuve d'un esprit anticlérical.

Au Quartier latin, les quartiers généraux du dreyfusisme allaient être l'École Normale et la librairie de Péguy, rue Cujas, à l'angle de la rue Victor-Cousin. Lucien Herr était le chef des troupes dreyfusardes les jours où il n'y avait pas de bagarre, alors que Péguy les commandait dans la rue : « Les bagarres étaient fréquentes dans les couloirs de la Sorbonne, ouverte à cent pas. Péguy se tenait constamment prêt à intervenir, à jeter ses amis dans les combats. Une voix criait : "Durkheim est attaqué, Seignobos est envahi !" "Rassemble-

ment !" répondait Péguy. S'il se trouvait à l'École au
moment de l'appel, aussitôt il parcourait les couloirs, de
turne en turne, ouvrant les portes : "Rassemblement !" criait-
il au seuil de chacune. Tous sautaient sur leurs cannes et
filaient vers la Sorbonne. »

L'antidreyfusisme modéré

Au lendemain du procès Zola, le 24 février, Méline réaf-
firma au Parlement la ligne gouvernementale restée
constante depuis 1894. La question Dreyfus n'avait jamais
été qu'une question purement judiciaire : Dreyfus avait été
régulièrement jugé : il n'y avait donc jamais eu d'*affaire*
Dreyfus : le Premier ministre l'avait affirmé le 4 décembre
1897. Pour lui, en février 1898, « il n'y a plus ni procès
Zola, ni procès Esterhazy, ni procès Dreyfus : il n'y a plus
de procès du tout ». Toujours, l'affaire Dreyfus était niée
ou minimisée.

Le gouvernement restait ainsi sur le terrain de la légalité
la plus stricte : il n'y avait jamais eu d'affaire Dreyfus, et il
n'y aurait pas de question judiciaire tant qu'un fait nouveau
n'aurait pas surgi. Puis, selon cette ligne gouvernementale,
relayée par la presse républicaine, à l'autorité de la chose
jugée devait s'ajouter une confiance absolue dans le Conseil
de guerre de 1894, et plus généralement dans toutes les institutions de la République, considérées comme l'incarnation
de la vérité et de la justice.

Car le vieil argument selon lequel « sept officiers ne sauraient se tromper, surtout s'ils sont unanimes », avait beaucoup grossi, dit Reinach. Les sept officiers étaient devenus
quatorze, avec ceux qui avaient acquitté Esterhazy, et à eux
s'étaient ajoutés le ministre de la Guerre, l'État-Major, le
gouvernement et les deux Chambres. Tous ces hommes,
militaires ou civils, étaient-ils des scélérats ou des imbéci-
les ? Toute la France officielle était-elle pourrie ou abrutie ?
La majorité des bourgeois, presque la moitié de la presse,
préféraient faire confiance aux porte-parole autorisés de la
République, au début de 1898 [1].

---

1. Voir PONTY, J., « La presse quotidienne et l'Affaire Dreyfus en 1898-
1899 : essai de typologie », *Revue d'Histoire moderne et contemporaine*,
t. XXI (avril-juin 1974), pp. 194 à 199.

Et ils ne pouvaient qu'approuver lorsque le gouvernement, par la voix de Méline, condamna l'agitation en déclarant : « Il faut que tout cela cesse, dans l'intérêt de l'armée, qui a besoin de reprendre, dans le silence et dans le recueillement, son œuvre interrompue ; il le faut dans l'intérêt de la paix publique, de la reprise du travail de la nation. » Car ils partageaient avec le pouvoir son désir de paix publique. Si les républicains au pouvoir refusaient l'affaire Dreyfus parce qu'elle troublait leur tranquille exercice du pouvoir, la bourgeoisie la refusait parce qu'elle faisait du tort à son activité commerciale ou industrielle. Il fallait en effet que tout cela cesse.

Notons encore que Méline condamna l'agitation dans les deux camps, celle des intellectuels comme celle des nationalistes et des antisémites, et il promit à nouveau une répression sévère. L'antidreyfusisme modéré du pouvoir était hostile à toute agitation, à tout extrémisme, à toute haine politique ou religieuse, à toute violence d'où quelle vienne : le gouvernement, toujours suivi par la presse républicaine, refusait ainsi de faire l'amalgame entre le traître Dreyfus et les juifs en général ; tous deux refusaient de faire porter la responsabilité du crime à toute une race.

Cet antidreyfusisme modéré prônait enfin le calme et la réserve ; il restait au niveau de l'argument rationnel, même si pour lui la raison procédait de l'autorité, et non pas de l'esprit critique de l'individu, comme le prétendaient les intellectuels.

L'antidreyfusisme extrémiste

Par contre, l'antidreyfusisme de Drumont et de Rochefort ne minimisait pas l'affaire Dreyfus : il avait au contraire beaucoup fait en 1894 pour la créer par ses révélations ; et depuis, il faisait tout pour la monter en flèche, afin justement de l'utiliser comme arme *contre* le pouvoir et *contre* les juifs. Il se moquait totalement de la légalité, se montrant prêt à pousser Mercier à l'illégalité en 1894 et, par la suite, à couvrir cette illégalité par tous les moyens. Il était prêt à l'utilisation du faux, et il se montrerait même, dès l'automne de 1898, prêt à faire l'éloge du faux, et à le justifier par la raison d'État (voir plus bas, p. 156) Il respectait enfin si peu les institutions de la République qu'il était prêt à vilipender un vice-président du Sénat, en attendant de calomnier les magistrats de la Cour de cassation, de les faire dessaisir du dossier Dreyfus (voir pp. 157-158) et enfin d'essayer de renverser le régime par la force.

Loin de tout souci de calme et de réserve, il était haineux et passionné : il poussait à l'agitation et à la violence dans la rue et, au lieu de la courtoisie et de l'argument rationnel, maniait allègrement l'insulte et le préjugé racial, Dreyfus étant condamné du seul fait de sa race. Quant au souci de vérité, il était remplacé par la répétition de racontars en tous genres sur Dreyfus, et la diffusion des légendes et des mensonges les plus grossiers.

On comprend dès lors que tout séparait, idéologiquement et politiquement, l'antidreyfusisme modéré du pouvoir républicain et de la bourgeoisie, de l'antidreyfusisme des nationalistes et des antisémites, qui était au contraire un antidreyfusisme extrémiste et violent.

A la lumière de cette distinction, capitale, entre les deux antidreyfusismes, il devient possible maintenant de mieux situer les officiers de l'armée, les catholiques, les protestants et les juifs dans les batailles de l'Affaire.

Les officiers

S'il y avait d'évidentes complicités entre des officiers d'État-Major, notamment Henry et ses camarades de la Section de Statistique, et les antidreyfusards extrémistes, on ne peut pas dire que tout le corps des officiers était extrémiste jusqu'en 1898. Seuls 1 700 sur 25 000 officiers de l'active participeront à la souscription en faveur de la veuve d'Henry (voir plus bas, pp. 167-168). Le corps des officiers, en dehors des éléments aristocratiques opposés à la République et aux Juifs, était essentiellement antidreyfusard par respect pour la discipline et pour les affirmations de ses supérieurs, qui deviendraient des dogmes qui ne se discutaient pas. « On parlait beaucoup de l'Affaire aux tables d'officiers », dit un capitaine anonyme. Mais si « elle n'a donné lieu à aucun incident, c'est que tout le monde était d'accord... oui, dans les corps d'officiers, c'est-à-dire dans des milieux que l'on pouvait croire appartenant à juste titre à l'élite intellectuelle

de la nation, on en est arrivé à ne plus pouvoir supporter la
contradiction, à ne plus vouloir entendre d'opinion que celle
consacrée par l'autorité ». « Les rares dreyfusards, s'il y en
avait », note le capitaine anonyme, « se taisaient, ne voulant
pas se compromettre ou même risquer de se faire mettre en
quarantaine. Nous en connaissions cependant, qui ne se sont
pas tus, et qui se sont attiré bien des animosités [1]. »

Les catholiques

De même, chez les catholiques, les deux antidreyfusismes
sont représentés, et même le dreyfusisme. L'attitude de la
hiérarchie de l'Église, et de la plupart des prêtres, tenus par
le devoir de réserve qui s'appliquait à tous les fonctionnaires
français, était parallèle à celle des gouvernants, et relevait
ainsi de l'antidreyfusisme modéré. A des universitaires dreyfusards qui avaient sollicité son appui en décembre 1897,
Mgr Richard, archevêque de Paris, répondit : « Il n'appartient pas à l'Église de s'immiscer dans le débat : c'est aux
tribunaux français d'examiner et de trancher la question,
nous nous inclinerons devant leur sentence. » L'Église et les
prêtres en tant que tels n'avaient pas le droit d'intervenir,
même si un prêtre avait le droit d'être dreyfusard à titre personnel. Les évêques et le clergé, dans leur très grande majorité, ont respecté cette consigne de neutralité et de non-
intervention. Tout au plus ont-ils lancé quelques appels à la
paix et à la réconciliation. Il est vrai que Mgr Mathieu
déclara : « Pendant qu'on insultait nos généraux nous pen-
sions à la frontière près de laquelle nous sommes nés, et
nous sympathisions de tout notre cœur avec ceux qui criaient
"Vive la France ! Vive l'armée". » Mais de tels cas étaient
rares. L'attitude du prêtre moyen se rapprochait de celle du
catholique moyen ou du bourgeois moyen. Après tout, dans
un pays comme la France, où tout le monde, ou presque,
était nominalement catholique, le catholique moyen et le
bourgeois moyen, c'était presque la même chose.

Les contemporains, et les historiens, ont pourtant eu tendance à identifier tous les catholiques avec l'antidreyfusisme

---

1. *** Capitaine de l'armée active, *L'Officier et la crise française*
(Stock, 1900), pp. 87-88, et Helie, J., art. cit., pp. 239-240.

extrémiste et antisémite. Il y a des raisons à cela. Le catholicisme français, à la fin du XIXe siècle, était toujours marqué par l'antijudaïsme théologique traditionnel de l'Église, basé sur la double idée du peuple déicide, et des juifs comme l'incarnation du Mal. Dans la liturgie, notamment le Vendredi saint, il était toujours question de l'aveuglement des juifs, et d'une prière pour les « juifs perfides ».

Les évêques français ne sortirent pas non plus de leur silence pour condamner l'antisémitisme : le seul acte épiscopal de ce type était le geste de l'archevêque de Lyon en 1896, qui bouda le congrès chrétien-démocrate de cette année qui affichait son antisémitisme.

Puis, il y avait des organisations catholiques, l'Union Nationale de l'abbé Garnier, et surtout la congrégation des Assomptionnistes, qui avait des convergences de vue avec les nationalistes et les antisémites : pour eux, la défense des intérêts catholiques passait par la revendication des places que la République, en prenant le pouvoir, avait ravies aux catholiques ; elle passait même par une politique antirépublicaine et antisémite. Ces éléments les plus politisés dans le catholicisme étaient résolus à saborder la politique pontificale de réconciliation avec la République, et ils étaient déjà actifs en 1897-1898 dans la préparation des élections législatives, où ils appuyèrent des candidats royalistes et affichèrent des positions nationalistes et antisémites. A la pointe de ce combat électoral étaient les Assomptionnistes qui avaient leur arme électorale dans les comités Justice-Égalité. Leur journal, *La Croix,* menait une campagne antisémite systématique depuis 1890. *La Croix* touchait 20 000 prêtres, plus du tiers du clergé paroissial et des centaines de milliers de laïcs.

Dans le silence des évêques, l'agressivité de *La Croix* — qui n'était pourtant pas un organe officiel de l'Église — donnait à penser que l'Église et les catholiques en général étaient tous des antidreyfusards à la manière de Drumont. Mais il faut noter que les prêtres abonnés à *La Libre Parole* de Drumont n'étaient que quelque 300 sur les 50 000 dans le pays. On peut penser, avec René Rémond, que les catholiques proches du nationalisme et de l'antisémitisme étaient minoritaires parmi leurs coreligionnaires ; la majorité devait, ici

comme ailleurs, partager l'opinion commune par conformisme social.

Les dreyfusards catholiques, de leur côté, étaient ultra-
minoritaires, et même invisibles à l'époque. Ils étaient moins
de 200 à adhérer au Comité Catholique pour la Défense du
Droit, fondé par Paul Viollet. La plupart d'entre eux, comme
ce dernier, se rattachaient à la tradition du catholicisme libé-
ral, et demandaient, au nom des droits de l'Homme, les
mêmes droits pour tous, y compris pour les catholiques. On
l'a vu, Paul Viollet avait été l'un des fondateurs de la Ligue
des Droits de l'Homme. Mais il dut la quitter lorsqu'elle
refusa de reconnaître aux congréganistes le droit d'enseigner.
L'anticléricalisme, qui allait si fortement marquer le dreyfusisme par la suite, était déjà à l'œuvre chez les dreyfusards
au début de 1898. Il faut noter encore que les dreyfusards
catholiques, avec l'abbé Brugerette, à Lyon, et l'abbé Fré-
mont, dénoncèrent l'antisémitisme comme contraire à
l'Évangile [1].

Les protestants

A la différence des catholiques, les protestants étaient plutôt identifiés dans l'esprit du public avec le dreyfusisme,
sans doute parce que plusieurs des premiers dreyfusards,
comme Scheurer-Kestner ou Gabriel Monod, étaient des protestants, ou d'origine protestante : c'était le cas de Louis
Leblois ou de Francis de Pressensé, qui deviendrait Président
de la Ligue des Droits de l'Homme. Et il est vrai aussi que
beaucoup d'intellectuels, la grande majorité des pasteurs et
une partie importante du peuple protestant du Midi étaient
des dreyfusards actifs.

Les protestants étaient restés, tout au long du XIXᵉ siècle,
d'un républicanisme fidèle ; ils étaient attachés, comme les
juifs, à la Révolution française qui les avait émancipés. Ils
partageaient avec les juifs, à la fin du siècle, les réactions
d'un groupe minoritaire qu'on cherchait à exclure, et qui
voulait affirmer fortement par son patriotisme son apparte-

---

1. Voir CAPERAN, L., *L'anticléricalisme et l'Affaire Dreyfus* (Toulouse,
Imprimerie Régionale, 1948), ch. VII et RÉMOND, R., « Les catholiques choi-
sissent leur camp », *L'Histoire*, n° 173 (janvier 1994), pp. 70-73.

nance à la communauté nationale. Car, au temps de l'Affaire, ils étaient, comme les juifs, en butte aux attaques des catholiques et des nationalistes. Ceux-ci dénonçaient l'« invasion protestante » comme « l'invasion juive ».

Le souvenir des persécutions passées pouvait aussi amener les protestants à sympathiser avec Dreyfus ; l'appel à la conscience individuelle qui caractérisait le protestantisme pouvait enfin les armer contre l'acceptation des vérités officielles.

Cela dit, la presse officieuse des institutions ecclésiastiques partageait l'antidreyfusisme modéré, basé sur le respect pour l'autorité de la chose jugée. Seule la presse indépendante, ou représentante de petites Églises, était dreyfusarde.

Et puis, certains protestants réagirent non en fonction de leurs traditions religieuses, mais simplement en tant que membres de la société qui les entourait, en tenant compte de leurs options politiques ou de leurs intérêts de classe. Il y avait des antidreyfusards dans la bourgeoisie protestante du Nord, parmi les banquiers et les hommes d'affaires [1]. On avait déjà vu, chez des protestants bourgeois parisiens, des réactions de classe, hostiles à la révolution, en février 1848.

Les juifs

Les juifs, de leur côté, étaient, tout comme les protestants, des républicains attachés à la République qui les avait émancipés et qui les accueillait dans ses structures. Eux aussi, c'étaient d'ardents patriotes qui voulaient s'identifier à la République et à la France, pour parer aux attaques de ceux qui cherchaient à les exclure.

Mais ils étaient évidemment largement identifiés, aux yeux du public, avec la campagne dreyfusarde. Pour les antisémites, ils formaient le « syndicat ». Et il était vrai que la famille Dreyfus et Bernard Lazare avaient été à l'origine même de la campagne dreyfusarde, et que, parmi les dreyfusards, et à la Ligue des Droits de l'Homme, les juifs étaient encore plus nombreux que les protestants : Bernard Lazare,

---

1. Voir COLLECTIF, *Histoire des protestants en France* (Toulouse, Privat, 1977), pp. 223-225 et ENCREVÉ, A., « La petite musique huguenote », in BIRNBAUM, *La France de l'affaire Dreyfus* cit., pp. 451-504.

Reinach, Lévy-Brühl, Michel Bréal, Émile Durkheim, Victor Basch, sans compter les jeunes, les frères Halévy, Proust, Léon Blum. De nombreux individus, et même des groupes, participaient à la campagne, notamment en Alsace-Lorraine. Mais le dreyfusisme était plus marqué chez les juifs modestes, selon Péguy.

Comme ailleurs, les organismes officiels, les consistoires, la presse juive, et même l'Alliance Israélite Universelle, créée pourtant pour défendre les intérêts des juifs, ne jouèrent pratiquement aucun rôle dans la campagne. On retrouvait chez eux, et chez la plupart des hauts et des moyens bourgeois, le même silence, presque le même antidreyfusisme de conformisme social qui caractérisait les autres milieux officiels et les bourgeois non-juifs. Par exemple, Arthur Meyer, directeur du *Gaulois*, voulait surtout l'apaisement, tout comme les gouvernants.

Les juifs en général avaient accepté, dit Blum, la condamnation de Dreyfus en 1894 comme définitive et comme juste. Il écrit : « La masse juive accueillit même avec beaucoup de circonspection et de méfiance les débuts de la campagne de révision. Le sentiment dominant se traduisait par une formule comme celle-ci : *"C'est quelque chose dont les juifs ne doivent pas se mêler."* Dans ce sentiment complexe, tous les éléments n'étaient pas de même qualité. Il y avait, certes, du patriotisme, et même un patriotisme ombrageux, le respect de l'armée, la confiance dans ses chefs et, une répugnance à les considérer comme partiaux ou comme faillibles. Mais il y avait aussi une sorte de prudence égoïste et timorée qu'on pourrait qualifier de mots plus sévères. Les juifs ne voulaient pas qu'on pût croire qu'ils défendaient Dreyfus parce que Dreyfus était juif. Ils ne voulaient pas qu'on pût imputer leur attitude à une distinction ou à une solidarité de race. Ils ne voulaient pas surtout, en se portant à la défense d'un autre juif, fournir un aliment à la passion antisémite qui sévissait alors avec une grande intensité... Les juifs de l'âge de Dreyfus, ceux qui appartenaient à la même couche sociale, qui, comme lui, avaient réussi des concours difficiles, avaient accédé au cadre des officiers d'État-Major, ou aux corps de l'État les plus prestigieux s'exaspéraient à l'idée qu'un préjugé hostile vînt borner leurs carrières irréprochables... Les

juifs riches, les juifs de moyenne bourgeoisie, les juifs fonctionnaires avaient peur de la lutte engagée pour Dreyfus. »

Les juifs s'identifiaient à ce point à la République que
même Reinach et les dreyfusards juifs ne voulaient voir dans
la défense de Dreyfus qu'un combat républicain et non un
combat juif. Pour eux aussi, leur dreyfusisme était l'expression même de leur patriotisme et de leur attachement à la
République. Et, on l'a vu, lorsque Bernard Lazare voulut
faire du dreyfusisme un combat juif, en 1897 (voir supra,
p. 69), ils le lâchèrent. Ceux qui appelèrent à la défense
juive, les premiers sionistes, ne furent pas entendus.

Il y avait même quelques juifs pour qui le patriotisme
comptait tellement qu'ils tombèrent dans l'antidreyfusisme
extrémiste, condamnant leurs coreligionnaires comme ennemis de la France. Ce fut le cas de Gaston Pollonnais. Lui et
Meyer s'étant désolidarisés des autres juifs, il ne leur restait
qu'à en tirer les conséquences : ils se convertirent au catholicisme. Chez les juifs comme partout, le monde officiel gar-
dait le silence, et des considérations politiques ou de classe
pouvaient mener ainsi au reniement partiel ou même complet
des traditions religieuses [1].

Si les communautés religieuses n'étaient pas unanimes,
dans le monde politique aussi la ligne de partage entre dreyfusards et antidreyfusards passait, aux premiers temps de la
politisation, début 1898, plutôt à l'intérieur des partis.

Les progressistes

Les républicains gouvernementaux, ou progressistes,
n'étaient pas les moins divisés. Car si le Premier ministre,
Méline, restait, comme on l'a vu, le grand porte-parole de
l'antidreyfusisme modéré de tous les milieux officiels en
France, s'il se cramponnait à la vérité légale dans un souci
de paix publique, s'il était suivi par la plupart des notables
et des parlementaires du parti, il n'en reste pas moins que ce
même parti progressiste était celui où le plus de sympathies
dreyfusardes s'étaient déclarées dès la première heure : chez

---

1. Outre BLUM, voir BLUMENKRANZ, B. (sous la direction de), *Histoire des juifs en France* (Toulouse, Privat, 1972) et MARRUS, M., *Les juifs de France à l'époque de l'Affaire Dreyfus* (Calmann-Lévy, 1972).

Reinach, chez Aynard, puis chez Trarieux et Scheurer-Kestner. Waldeck-Rousseau était favorable à la révision ; les dreyfusards savaient aussi que les jeunes chefs — Poincaré, Barthou, Jonnart et Georges Leygues — n'attendaient que le moment de « libérer leur conscience ». Et si le président Félix Faure marchait à fond contre la révision, l'ancien président Casimir-Périer était dreyfusard, dit Blum. *Le Siècle* enfin était devenu un organe dreyfusard.

Les radicaux

Chez les radicaux, Clemenceau était parmi les anciens chefs éliminés à la suite du scandale du Panama. Il était, avec Ranc, le seul radical de marque du côté dreyfusard. Les nouveaux leaders étaient tous antidreyfusards : Léon Bourgeois, Brisson, Pelletan, et surtout Cavaignac, la figure dominante du parti au début de 1898. Cavaignac était le fils du général qui avait écrasé dans le sang le soulèvement ouvrier de juin 1848. S'étant illustré par sa sévérité dans les débats sur Panama, il se drapait dans sa vertu républicaine. C'était aussi un grand patriote. Convaincu par le faux Henry et par la légende des aveux de Dreyfus, il croyait qu'il était indispensable que les preuves de la trahison de Dreyfus fussent produites devant le pays. Déjà en janvier, il avait pressé Méline de confirmer que Dreyfus avait avoué.

Toute la masse du parti était antidreyfusarde, presque sans exception. Le seul député radical à se déclarer favorable à la révision, le malheureux Hubbard, fut désavoué par Cavaignac et Bourgeois. Le grand journal radical, *La Dépêche de Toulouse,* allait rester hostile à la révision jusqu'au procès de Rennes. *L'Éclair,* le journal radical le plus populaire, s'était mis au service de l'État-Major.

La grande préoccupation des radicaux restait, début 1898, le danger clérical ; ils ne faisaient pas encore le lien entre dreyfusisme et anticléricalisme.

Ouvriers et socialistes

La situation, du côté des ouvriers et des socialistes, était beaucoup plus complexe : ils étaient divisés, et ils restèrent longtemps sur la réserve. D'abord, la majorité de la clientèle socialiste dans la classe ouvrière refusait encore, au prin-

Le capitaine Dreyfus.
Photo Roger-Viollet

Scheurer-Kestner.
Photo Harlingue-Viollet

Bernard Lazare.
Photo Roger-Viollet

Me Labori.
Photo Harlingue-Viollet

Waldeck-Rousseau.
Photo Harlingue-Viollet

Le colonel Picquart.

Le capitaine Dreyfus et son avocat Me Demange
durant sa plaidoirie.

De gauche à droite : le colonel Picquart, le colonel Henry
et le colonel du Paty de Clam.

Aveux du colonel Henry à Cavaignac.

Esterhazy.
Photo Roger-Viollet

Le général
de Galliffet.
Photo Harlingue-Viollet

Le général Mercier.
Photo Harlingue-Viollet

Édouard Drumont
et son journal.
Photo Roger-Viollet

Le général de Boisdeffre.
Photo Roger-Viollet

LA LIBRE PAROLE
Directeur : EDOUARD DRUMONT
Le Traître condamn
Dix ans de Détention et la Dégradatic
A BAS LES JUIFS!

Mᵉ Demange et Mᵉ Labori sortant de la prison militaire
après une visite au capitaine Dreyfus.

Photo Roger-Viollet

L'Île du Diable.

Photo Jean-Loup Charmet

Couverture du « Musée des Horreurs ».
B.N.

Le semeur de faux, caricature du général Mercier.
Photo Roger-Viollet

Dégradation de Dreyfus. Document de *L'Illustration*.
Photo Jean-Loup Charmet

UN DÎNER EN FAMILLE

— Surtout ne parlons pas de l'affaire Dreyfus !

Ils en ont parlé...
Caricature de Caran d'Ache. Coll. J.-L. Charmet

temps de 1898, de prendre parti. En 1894, elle avait partagé la haine populaire qui vouait Dreyfus à la mort. Quatre ans plus tard, elle devait se sentir plus perplexe que jamais devant les chinoiseries juridiques du cas Dreyfus. C'était pour eux un rébus, dira Jules Guesde.

Les ouvriers avaient d'ailleurs beaucoup souffert. Que leur importaient les souffrances d'un individu, qui appartenait en plus à la classe ennemie ? Ils disaient : « Laissons les bourgeois s'occuper des bourgeois. » Jaurès entendit un ouvrier prononcer cette phrase, qui le peina : « S'il s'agissait d'un ouvrier, il y a longtemps qu'on ne s'en occuperait plus. » D'autre part, Dreyfus était un juif, et de nombreux ouvriers étaient restés sensibles aux arguments antisémites de Rochefort, qui avait gardé une certaine clientèle chez eux. Enfin, les promoteurs du dreyfusisme, sénateurs et députés, étaient les mêmes qui avaient voté les lois répressives contre les anarchistes.

Une brochure, diffusée par la CGT au printemps de 1898, déclarait : « Nous, Travailleurs, les éternels exploités, nous n'avons pas à prendre parti dans ce conflit entre Juifs et Chrétiens ! Les uns et les autres se valent, puisqu'ils nous dominent et nous exploitent [1]. »

Mais la CGT elle-même était divisée, et quelques ouvriers devaient penser différemment, à en juger par le dialogue entre Fléchier, le vieux communard, et le menuisier Roupart dans *M. Bergeret à Paris* d'Anatole France. « Il me semble », dit Roupart, « que combattre une injustice, c'est travailler pour nous, les prolétaires, sur qui pèsent toutes les injustices. A mon idée, tout ce qui est équitable est un commencement de socialisme. »

Dans le mouvement socialiste, les allemanistes des antiparlementaires étaient les premiers à s'engager. Chez les leaders parlementaires, l'évolution était lente. Jaurès, convaincu de l'innocence de Dreyfus par Lucien Herr, hésitait encore à le proclamer, comme on l'a vu dans ses interventions à la Chambre en janvier ou au procès Zola : il ne dépassait pas encore la condamnation de l'illégalité de 1894. Il n'était sou-

1. Confédération Générale du Travail, *Congrès national corporatif, 10.1898. Rennes-Compte rendu des travaux* (Rennes, 1898), pp. 63-64.

tenu initialement que par Guesde, Vaillant, Sembat et Chauvin. Mais il voulait entraîner l'ensemble du groupe parlementaire dans l'action dreyfusiste. A Péguy, qui lui dit : « Marchons seul, on n'a plus besoin d'être plusieurs », il répondit, à propos du groupe parlementaire : « Ils me mangent, ils me dévorent, ils ont tous peur de n'être pas réélus. Ils m'arrachent les pans de mon habit pour m'empêcher de monter à la tribune. »

A la réunion du groupe parlementaire, après la publication de *J'Accuse... !* Millerand, Viviani, Jourde et Lavy se déclarèrent hostiles à une intervention. Mais Guesde et Vaillant dirent : « C'est une bataille qu'il faut livrer. » « Ah ! » dira Jaurès en 1900, « je me rappelle les accents admirables de Guesde... Nos camarades modérés du groupe disaient : Zola est après tout un bourgeois. Va-t-on mettre le parti socialiste à la remorque d'un bourgeois ? Et Guesde, se levant comme s'il suffoquait d'entendre ce langage, alla ouvrir la fenêtre de la salle où le groupe délibérait en disant : "La lettre de Zola, c'est le plus grand acte révolutionnaire du siècle." »

Mais c'est à ce moment le point de vue des modérés qui l'emporta, car le manifeste du groupe parlementaire du 18 janvier 1898, signé par tous les députés, Jaurès compris, présentait l'Affaire comme une compétition entre cléricaux et capitalistes bourgeois, deux oppresseurs de la classe ouvrière se disputant les dépouilles de la République. « Prolétaires », disait ce manifeste, « ne vous enrôlez dans aucun des clans de cette guerre civile bourgeoise ! »

Comme dans les autres milieux, les premiers dreyfusards viendront des jeunes, de tous ceux qui se tiennent, comme les allemanistes, éloignés des tentatives électorales et des allées du pouvoir. Les allemanistes envoyèrent une lettre de félicitations à Zola.

Péguy et ses amis socialistes de l'École Normale, critiquant le groupe parlementaire, utilisèrent les mêmes arguments que le menuisier Roupart et déclarèrent : « Puisque plusieurs parlementaires, soi-disant socialistes, se refusent à marcher droit, nous voulons, nous les jeunes socialistes, sauver d'eux l'idéal socialiste. Les socialistes, sous peine de déchéance, doivent marcher pour toutes les justices qui sont à réaliser. »

Enfin, les anarchistes autour de Sébastien Faure se mobilisèrent également très tôt, étant parmi les premiers à flairer dans l'ex-boulangisme et le cléricalisme un danger de réaction. Ils décidèrent dès janvier 1898 de tout faire, et de descendre dans la rue, pour barrer la route à cette nouvelle menace qui pointait à l'horizon. C'était pourquoi ils s'étaient attaqués physiquement à la réunion antisémite du 17 janvier, pour chasser les orateurs de l'estrade. Sans prendre parti, pour Dreyfus, ils voulaient « se mêler au mouvement pour y favoriser et déterminer des courants libertaires ». Il faut noter cependant que d'autres anarchistes, Jean Grave et Émile Pouget, firent leurs les arguments abstentionnistes des ouvriers.

Au total, les motivations des socialistes et des anarchistes étaient essentiellement politiques. S'il fallait s'abstenir, c'était par prudence électorale ; s'il fallait intervenir, c'était pour hâter la révolution, et pour barrer la route à la réaction, au militarisme et au cléricalisme. C'est ce dernier argument qui, à l'automne, déterminerait enfin l'adhésion unanime des socialistes à la défense républicaine.

La droite

Comment réagissait la droite, face à l'Affaire ? Dès le début de 1898, elle se fit menaçante, d'abord au Parlement où, par la voix d'Albert de Mun, elle attaqua le gouvernement qui ne défendait pas assez fermement, à ses yeux, l'honneur de l'armée. La droite parlementaire semblait prête, on l'a vu, à se joindre aux radicaux pour renverser le gouvernement de Méline. « La droite », dit Léon Blum, « comprenait d'abord tous les membres des anciens partis, royalistes et bonapartistes, que le temps passé, la politique de Léon XIII, l'échec de Boulanger, n'avaient pas encore ralliés à la République. La situation des royalistes et des bonapartistes était curieuse en ce sens qu'ils étaient en masse et violemment antidreyfusards, alors que leurs chefs naturels, les Princes, les prétendants, les membres des familles royales et impériales ne doutaient pas de l'innocence de Dreyfus. » Comme le pape, ceux-ci avaient appris la vérité de Berlin et de Rome par les canaux diplomatiques.

Derrière cette vieille droite, il y avait des membres des

anciennes classes dirigeantes, nobles et catholiques intransigeants, exclus du pouvoir après 1881 par les républicains triomphants. Mais des anciens boulangistes, comme le dit Blum, les avaient rejoints dans l'opposition, une opposition où allaient s'associer ainsi la droite et l'extrême-gauche. Après l'échec de Boulanger en 1889, « ils ne respiraient que vengeance et revanche », ajouta Blum. L'Affaire allait leur donner un nouvel espoir.

Déroulède

Parmi les anciens boulangistes de droite, Paul Déroulède, quittant une retraite de cinq ans, à la demande de ses partisans, avait repris la lutte au moment du procès Zola. Né en 1846, Déroulède avait connu un immense succès populaire après la défaite de 1871 comme le poète qui sonnait le clairon de la revanche. Il était devenu le chantre d'un nationalisme romantique et déclamatoire. Par la Ligue des Patriotes, qu'il avait fondée en 1882, il voulait conduire les masses vers une nouvelle société basée sur les vertus militaires. Revenu parmi les antidreyfusards, il deviendrait un de leurs grands chefs, résolu à sceller une alliance entre le peuple et l'armée. Les anciens boulangistes, dit Blum, « se feraient les champions les plus ardents de l'armée pour faire de l'armée leur instrument ». L'armée était « le moyen nécessaire des coups de force victorieux ».

Mais il faut noter également chez les anciens boulangistes des hommes d'extrême-gauche, des socialistes révolutionnaires, blanquistes ou prétendus blanquistes, comme Rochefort. Ces anciens du boulangisme étaient également des antisémites. Ils voisinaient avec les antisémites que Guérin cherchait à organiser dans la Ligue antisémitique.

Vers le nationalisme

A la suite des troubles de janvier 1898, un des anciens leaders du boulangisme, Georges Thiébaud, selon un rapport de police, essaya de rallier autour du nom de Rochefort « tous les révolutionnaires qui passèrent jadis au boulangisme[1] ». A la faveur de l'Affaire, il cherchait donc à rééditer le boulangisme.

Il chercha même à les allier aux anciens boulangistes de droite, en créant, en vue des élections législatives, un comité républicain nationaliste où figuraient justement des ex-boulangistes de droite et d'extrême-gauche et des antisémites : Millevoye, Guérin, Barrès, Vallié, Bailby et Déroulède. « Dans la pensée de son fondateur », selon la police, « le comité républicain nationaliste devait exécuter une marche parallèle avec la Ligue antisémitique en ne se confondant pas avec elle[2]. » Mais les deux courants, l'ex-boulangiste et l'antisémite, n'allaient pas tarder à se fondre en un, pour former le parti nationaliste.

C'est Thiébaud, en ce printemps de 1898, qui « inventa » le mot nationaliste pour qualifier le nouveau courant. Dans une réunion à Caen, il proposa la formation d'un parti républicain nationaliste[3]. On allait donc vers la formation d'une nouvelle extrême-droite nationaliste et antisémite qui bientôt n'aurait plus rien de gauche. Avec ce qui restait de l'ancienne droite, elle s'attaquerait de plus en plus violemment, à la faveur de l'Affaire, à la République elle-même ; et elle réunirait ainsi contre elle l'ensemble de la gauche.

Les législatives de 1898

Dans presque tous les milieux politiques, la grande affaire en février 1898, c'étaient les élections législatives, qui allaient avoir lieu le 8 et le 22 mai. Comme le notait Scheurer-Kestner, les républicains évitaient, plus que jamais, de parler de l'Affaire : « De part et d'autre on avait "peur" de soulever la question Dreyfus. Les uns tremblaient à l'idée de se voir obligés de se prononcer dans un collège électoral où la politique nationaliste avait fait des ravages ; d'autres craignaient de s'afficher comme adversaires de la révision du procès Dreyfus dans un collège électoral où les esprits étaient hésitants. Il semblait qu'on s'était donné le mot pour laisser l'Affaire de côté. » Comme le dit Reinach, « républi-

---

1. AN F[7] 12462 (29 janvier 1898).
2. AN F[7] 12719 (1er mars 1898).
3. AN F[7] 12462, *loc. cit.*

cains et réactionnaires étant tous d'accord contre Dreyfus, l'équilibre est rétabli ; sur ce niveau partout abaissé, la lutte va s'engager entre les partis comme si Dreyfus n'existait pas. Il n'y aura de conflit qu'entre les vieux programmes d'idées ou d'intérêts. »

En fait, l'enjeu politique principal, c'était la tentative par Méline d'attirer vers la République assez de voix de droite pour consolider sa majorité, sans en même temps perdre du terrain sur sa gauche, où les progrès de l'extrémisme catholique ne pouvaient qu'irriter les radicaux. Les portes de la République, disait-il à la droite, étaient grandes ouvertes à tous ceux qui l'acceptaient sincèrement ; en même temps, Barthou cherchait à rassurer les radicaux que Méline n'avait pas trahis par ses concessions aux catholiques. Mais les récriminations mutuelles entre Méline et les radicaux sur la question cléricale élargirent la brèche entre eux pendant la campagne.

Puis, déclamant contre le mot nationaliste, dit Reinach, les républicains le firent leurs. Méline lui-même utilisait un langage assez nationaliste pour séduire la droite et les radicaux. « L'armée nationale », disait-il à Remiremont, « est devenue aujourd'hui l'incarnation la plus haute de la patrie devant l'étranger, et personne n'a le droit de l'affaiblir ou de la diminuer. »

Les radicaux étaient, selon Reinach, aussi nationalistes que les nationalistes ; enfin, certains des socialistes blanquistes étaient également entraînés par le courant nationaliste, comme au temps du boulangisme.

Silence donc sur l'Affaire chez la plupart des républicains et contagion du nationalisme. Mais comme toujours, c'était chez les antidreyfusards extrémistes issus du boulangisme et qui étaient sur le point de se fondre dans le parti nationaliste, que l'Affaire était exploitée ouvertement, dans la quinzaine de départements où les nouveaux nationalistes se sentaient assez forts. Déroulède lança un appel à tous les maires de France pour qu'ils exigent de chaque candidat l'engagement de « s'opposer à toute révision du procès Dreyfus, directe ou indirecte ». Il fallait, selon lui, exclure ceux qui refusaient un tel engagement du « service de la République ». Il y eut enfin des candidatures antisémites, notamment celle de Drumont, « parachuté » à Alger.

Au fond, l'Affaire ne cessait pas d'occuper bien des esprits au moment de la campagne électorale. Le silence était voulu : c'était le signe, non de l'indifférence, mais d'un calcul électoraliste ou de la peur. Qu'on égratignât la surface, et c'était, juste en dessous, la passion réprimée et à peine contenue. Les réunions électorales restaient calmes tant que l'Affaire n'était pas évoquée, mais dès qu'il en était question, c'était la tempête, exactement comme dans la célèbre caricature du dîner en ville, publiée dans *Le Figaro* du 14 février.

Les candidats des partis parlementaires qui parlaient ouvertement de l'Affaire étaient des marginaux, très minoritaires sur ce point dans leur formation, comme Jaurès et Guesde et quelques rares socialistes, notamment des allemanistes, puis Reinach et le pauvre radical Hubbard.

Jaurès évoqua l'Affaire de façon prudente, Guesde se limita à dénoncer l'antisémitisme. Le résultat était prévisible : Reinach, Jaurès et Guesde, comme Hubbard, révisionnistes avérés, ou soupçonnés de l'être, furent battus, alors que Déroulède et Cassagnac, candidats ouvertement antidreyfusards, furent élus. Drumont, également triomphalement élu à Alger, était parmi les quatre nouveaux députés antisémites. Pour le reste, les nationalistes élus étaient une quinzaine. C'était, pour le reste, une remarquable stabilité électorale.

Mobilisation ou abstention

Mais avant d'examiner les suites des élections de 1898, il faut serrer de plus près la confrontation sociale et déjà politique qui a été provoquée par la lettre de Zola. Car cette confrontation, et le déroulement des élections législatives, permettent de mieux comprendre ce qu'on peut appeler la sociologie de l'intervention et de l'abstention dans l'Affaire, le sens de la mobilisation des uns et de l'indifférence et de la non-mobilisation des autres.

Il faut noter d'abord que les paysans et le gros des ouvriers demeuraient indifférents parce que les enjeux de l'Affaire leur semblaient foncièrement étrangers. Ils n'établissaient pas de lien entre l'Affaire et leurs préoccupations essentielles : la culture de la terre et les affaires locales d'une part, la lutte contre l'insécurité et contre le capitalisme de l'autre. L'Affaire concernait les gens des villes et la bourgeoisie.

Ce n'est que dans la mesure où elle pourrait se greffer sur leurs propres préoccupations que paysans et ouvriers y prêteraient attention.

Ainsi, ici ou là, à la campagne, Zola était brûlé en effigie, l'Affaire étant ainsi intégrée à des rituels venus du fond des âges. Ailleurs, elle pouvait envenimer des querelles rurales existantes [1].

Les ouvriers ne pourraient faire cause commune avec Dreyfus que dans la mesure où ils sentiraient la République en danger et prendraient conscience que l'injustice qui le touchait était inséparable de celle dont ils étaient les victimes.

Quant à l'abstention de la majorité des bourgeois, des progressistes au pouvoir, et plus généralement de toute la France officielle, elle traduisait leur volonté de continuer à jouir, dans la paix et la tranquillité, de leurs avantages économiques, sociaux, politiques et culturels. Ils avaient le sentiment d'être menacés par l'agitation de l'Affaire.

C'étaient en somme les éléments satisfaits dans la France de la fin du XIXe siècle, les nantis, ceux qui occupaient toutes les avenues du pouvoir : gouvernement, Parlement, administration, presse républicaine du Centre, patronat, finance, hiérarchie de l'Église catholique, organes officiels du protestantisme et du judaïsme, corps des officiers, Académie française... Ils formaient une majorité délibérément silencieuse. Leur abstentionnisme, leur silence, leur persistance à répéter qu'il n'y avait pas d'affaire Dreyfus, étaient l'expression de l'antidreyfusisme modéré qu'on a analysé plus haut.

Au contraire, ceux qui se mobilisaient, à la fois les antidreyfusards extrémistes et les dreyfusards, étaient essentiellement des insatisfaits. C'étaient d'abord, chez les antidreyfusards extrémistes, les royalistes et les bonapartistes de la vieille droite, représentant, on l'a vu, des membres des

1. BURNS, M., *Rural society and French Politics. Boulangism and the Dreyfus Affair 1886-1900* (Princeton University Press, 1984), ch. VI.

anciennes classes dirigeantes, et une minorité de catholiques ; ces deux groupes, ayant été évincés du pouvoir politique par les républicains, rêvaient de leur revanche. Quelques nobles, il est vrai, réagissaient en tournant le dos à la société française qui les avait exclus, et en adoptant une culture cosmopolite. Il y avait même des cas célèbres de nobles dreyfusards, mais c'étaient des cas isolés [1].

Les antidreyfusards extrémistes, c'étaient encore les anciens boulangistes et leurs troupes petites bourgeoises et populaires. Les petits bourgeois et bien des ouvriers, également exclus de la fête parce que victimes du fonctionnement du système commercial ou industriel, étaient prêts à rendre les Juifs responsables de tous leurs maux.

Quant aux intellectuels, et à ceux qui se mobilisaient comme révisionnistes, c'étaient également des insatisfaits. Les intellectuels, ainsi que l'a montré Christophe Charle, étaient victimes, à la fin du XIXe siècle, d'une concurrence professionnelle croissante : dans ce monde littéraire, il devenait de plus en plus difficile de percer. Ces intellectuels réclamaient donc leur place au soleil [2].

L'ampleur de la mobilisation sociale et bientôt politique dans la France de 1898-1899 s'explique ainsi non seulement par l'importance des enjeux éthiques de l'Affaire — qu'il ne s'agit pas de sous-estimer — mais aussi par l'importance des divers groupes sociaux et politiques qui pouvaient profiter de l'Affaire pour mettre en avant leurs revendications face aux progressistes et aux bourgeois au pouvoir. Tous contestaient le pouvoir des bourgeois et des gens en place.

De part et d'autre, toutes ces couches insatisfaites mobilisées par l'Affaire étaient par définition des exclus du système politique, économique, social ou culturel. Du côté dreyfusard ou révisionniste, même ceux qui se trouvaient initialement à l'intérieur des structures, ceux de l'État, des partis politiques, de la magistrature, de l'armée ou de l'enseignement, se trouvaient vite exclus et rejetés vers

1. BRELOT, C.-I., « Entre nationalisme et cosmopolitisme : les engagements multiples de la noblesse », BIRNBAUM, *La France de l'affaire Dreyfus, cit.*, pp. 339-361.

2. CHARLE, Ch., *op. cit.*, pp. 38-64, et ch. V.

l'extérieur. Ils subissaient une pression intense leur imposant l'opinion commune. L'homme politique, le magistrat, l'officier de l'armée ou l'enseignant dreyfusard avait le choix entre le silence ou la mise en quarantaine. La liste des sanctions officielles prises contre des dreyfusards réels ou supposés est longue : Scheurer-Kestner non réélu vice-président du Sénat ; Reinach, Jaurès, Guesde et Hubbard sanctionnés par leur parti et par les électeurs ; Leblois suspendu pour six mois par l'ordre des avocats et Demange menacé de la même sanction ; Forzinetti, directeur de la prison du Cherche-Midi révoqué (sans parler des déboires de Picquart) ; Stapfer, doyen de la Faculté des Lettres de Bordeaux, suspendu de ses fonctions pour six mois, et Grimaux mis à la retraite de sa chaire de Polytechnique — sans oublier les menaces pesant sur les professeurs de lycée.

Ainsi se dessine la structure de la mobilisation sociale et politique dans la France de l'Affaire. Alors qu'une majorité antidreyfusarde centrale et modérée, occupant le pouvoir ou suivant les consignes du pouvoir ou du groupe, s'abstient, ne veut pas de l'Affaire, fait tout pour imposer le silence autour d'elle par la pression du groupe ou les sanctions officielles, deux pôles radicalement opposés de la France s'affrontent dans un combat entre dreyfusisme et antidreyfusisme, où l'on veut intervenir au maximum, non seulement à cause des multiples enjeux de l'Affaire, mais pour s'affirmer socialement ou politiquement contre tous les gens en place. C'est ce qui explique l'ampleur de la mobilisation sociale de 1898-1899 qui finira par se transformer, on le verra, en mobilisation politique.

Les processus de politisation de l'Affaire se développèrent plus rapidement à la suite des élections législatives. Car si, apparemment, rien ou presque n'était changé au Parlement, dans la mesure où la majorité gouvernementale était sauvée, en réalité tout allait changer, car Méline n'avait pas su suffisamment renforcer sa majorité, et son gouvernement allait être renversé.

La chute de Méline

La chute de Méline ne semblait pas directement liée à l'Affaire, mais déjà, on le verra, le spectre de l'Affaire était entré au Parlement. La nouvelle Chambre se réunit le 1er juin sur une scène hautement symbolique : Déroulède, Drumont et les nouveaux députés nationalistes et antisémites s'installèrent ostensiblement à l'extrême-droite de la Chambre aux cris de « A bas les Juifs ! » La fusion des ex-boulangistes et des antisémites était désormais chose faite, et le nouveau parti nationaliste se situait, par sa propre décision, à l'extrême-droite.

La séparation de la gauche d'avec le nationalisme s'amorçait au même moment. Les socialistes, attaqués par Rochefort depuis le mois de février, rompirent avec lui, et les dernières traces d'antisémitisme disparurent de leur langage.

De juin 1898 à février 1899, il se fit ainsi, par étapes, une clarification de la scène politique : la gauche, qui avait rompu avec le nationalisme et l'antisémitisme, allait s'identifier peu à peu avec le dreyfusisme. Elle s'opposerait de plus en plus nettement à une droite entièrement antidreyfusarde et nationaliste, à laquelle seraient passés les anciens boulangistes et les antisémites.

Mais ce ne serait pas pour demain. La chute de Méline ne se ferait pas ostensiblement sur l'Affaire, mais sur les griefs éternels des radicaux et sur ses compromissions avec la droite catholique. Le 13 juin, Bourgeois, au nom des radicaux, l'apostropha et dénonça « l'intrusion de la direction pontificale dans le domaine temporel, politique et électoral de la France. »

La fragilité de la majorité de Méline apparut, à la suite de ce débat, dans le vote, à seulement trois voix de majorité, de la partie de l'ordre du jour du 14 approuvant les déclarations du gouvernement. Méline n'eut toujours que dix voix de majorité pour l'ensemble du texte, qui comportait en outre ces mots, menaçants pour lui : « appuyée sur une majorité exclusivement républicaine », des mots votés, eux, à une forte majorité.

Méline se trouvait dans l'impasse : il ne pouvait rompre avec la droite pour se renforcer à gauche car il y avait une irrémédiable hostilité entre lui et les socialistes, et ses querelles avec les radicaux s'étaient même envenimées pendant la campagne électorale. Ainsi, il ne pouvait plus rien attendre de la gauche qui l'accusait, non sans raison, d'être devenu

L'affaire Dreyfus

le prisonnier de la droite. La victoire qu'il avait remportée lui semblait indécise, sa majorité lui échappait. La situation étant devenue intenable, il démissionna le 15 juin.

Et malgré les apparences, le résultat du vote parlementaire qui l'avait perdu avait été en réalité influencé par l'Affaire, car Drumont et ses amis, en contradiction avec leur geste du 1er juin, avaient voté avec la gauche contre lui, contribuant ainsi à la destruction de sa majorité.

Les forces réunies contre lui représentaient toujours la conjonction de la droite et de la gauche contre le centre, dans la mesure où les nationalistes ne s'étaient pas encore classés irrémédiablement à droite. Mais déjà se profilait à l'horizon une autre majorité, une majorité de gauche. Les jeunes chefs du progressisme, ceux justement que Blum et ses amis savaient dreyfusards ne voulant pas encore se déclarer, étaient inquiets des manifestations du cléricalisme à droite et du nouveau nationalisme, et commençaient à songer à une telle majorité : le classement définitif des nationalistes avec la droite allait les pousser bientôt à contribuer à la former.

Millerand, de son côté, au nom des socialistes qui étaient en train de rompre avec Rochefort, avait exprimé, dès le 12 juin, la réprobation socialiste à l'égard des nationalistes et des antisémites. Il expliquait très justement aux parlementaires ce qu'on vient de noter : que le nationalisme, qui n'avait été jusque-là le monopole d'aucun parti, était en train de constituer un parti en soi. La chute de Méline marquait ainsi l'approche de la fin de la tentative des progressistes de gouverner la France au centre.

Selon Reinach, l'Affaire pesa encore sur la crise ministérielle qui dura douze jours. « Aucun des parlementaires à qui le président Félix Faure offrait le pouvoir ne se dissimulait que la politique restait empoisonnée, que la vie ne serait pas vivable tant que ce cauchemar [l'Affaire] opprimerait les consciences et déchaînerait les passions. »

Il ajoute que dans une situation encore confuse, seuls les nationalistes savaient ce qu'ils voulaient : ils exigeaient le portefeuille de la guerre pour Cavaignac.

Le ministère Brisson : Cavaignac à la Guerre

Brisson, 62 ans, le type même du radical anticlérical doctrinaire, antidreyfusard quoique inquiet lui aussi de la menace réactionnaire, finit par accepter de former le nouveau gouvernement, avec Cavaignac à la Guerre ; les autres ministères allaient aussi à des radicaux. C'était donc la constitution d'un gouvernement radical homogène qui donnerait plus de garanties à gauche.

Dans sa déclaration ministérielle du 30 juin, Brisson insista naturellement sur la question du cléricalisme : « Nous sommes résolus à défendre énergiquement contre toute tentative d'empiètement l'indépendance de la société laïque et la suprématie du pouvoir civil. » Mais Déroulède, au nom des nationalistes, annonça, au grand scandale des parlementaires qu'il appuierait le nouveau cabinet « parce que Cavaignac était ministre de la Guerre, et que c'était une garantie que l'honneur de l'armée, l'honneur du pays seraient sauvegardés ». Le prix que Brisson avait payé fut ainsi étalé en public. Il obtint quand même la confiance par 314 voix contre 251. La nouvelle majorité était désormais nominalement de gauche, mais elle avait besoin de l'appui des nationalistes.

Cavaignac était maintenant en mesure de mettre à exécution son projet de produire le dossier Dreyfus devant le pays. Quelle manière d'homme était ce radical nationaliste, cet homme probe qui avait été imposé par les nationalistes et qui allait, pendant deux mois, se charger de l'Affaire ? C'était, selon Reinach, « le portrait de son père (voir p. 128), mais une mauvaise copie, sèche et brouillée, le corps étriqué, le visage de même, qui n'eut jamais de jeunesse, glabre, avec des œillères au physique comme au moral, le regard dur, sans flamme, et qui le traduisait tout entier, un dégénéré très instruit qui se comptait tout seul pour lui et vivait concentré sur lui-même jusqu'à l'hallucination. Son état d'esprit depuis quelques années était presque pathologique. Il avait été envahi peu à peu par l'idée fixe que des puissances occultes avaient entrepris de déshonorer la République à prix d'argent et que quiconque le gênait était un vendu. » Il avait, ajoute Reinach, « une confiance illimitée en soi ». Il se croyait donc de taille à liquider tout seul l'Affaire. Il l'annonça autour de lui en entrant au ministère de la Guerre. Il se débarrasserait d'Esterhazy et il étalerait devant le pays les preuves de la trahison de Dreyfus. Déjà, il était devenu populaire ; il allait maintenant triompher. La présidence de la République était à portée de main. Pour son malheur, sa volonté de se faire une conviction personnelle en examinant le dossier Dreyfus ne lui suffisait pas. Car il se montrait crédule, ou de parti pris, ou les deux. Il continuait à croire aux assurances de l'État-Major sur le faux Henry ; il continuait à croire aux aveux de Dreyfus. Il passa huit jours à étudier le dossier Dreyfus, dès son arrivée rue Saint-Dominique. Il n'avait que l'embarras du choix : son prédécesseur Billot avait organisé un classement complet, sous la direction de Gonse, et avec l'assistance d'Henry ; le dossier ne comptait désormais pas moins de 365 pièces ! Il se convainquit de ses propres yeux que l'écriture du bordereau ressemblait plus à celle d'Esterhazy qu'à celle de Dreyfus, mais il en déduisit seulement que les deux étaient complices.

Brisson lui conseilla la prudence, mais il l'invita au ministère avec le garde des Sceaux, et il lui montra une soixantaine de pièces, y compris le faux Henry. Brisson demandait encore s'il ne vaudrait pas mieux imiter Méline. Mais Cavaignac, assuré dans sa conscience et fort maintenant de son enquête personnelle, s'obstinait. Il allait enfin crever l'abcès.

Son discours du 7 juillet au Parlement représenta un nouveau tournant de l'Affaire, et un changement complet de la ligne gouvernementale. Il annonça une nouvelle politique qu'il jugeait acceptable à la nouvelle majorité. Répondant à l'interpellation de Castelin, qui insista pour que le gouvernement mît un terme à la campagne dreyfusarde, il abandonna le seul recours à l'autorité de la chose jugée : « Messieurs, nous devons tout faire pour éclairer les hommes de bonne foi ; nous devons leur apporter tout ce que nous pouvons leur apporter de vérité... Je crois qu'à l'heure actuelle le sentiment national a été tellement provoqué qu'il accepterait qu'on assurât le respect de l'armée par des mesures répressives. Mais ce n'est pas là le genre de respect que nous réclamons pour l'armée. » L'armée n'avait pas besoin de s'abriter derrière des raisons de salut public.

Sans nommer Esterhazy, il déclara : « On a tenté de substituer à Dreyfus un officier qui sera frappé demain des peines disciplinaires qu'il a méritées. » Ainsi le mauvais soldat Esterhazy était « exécuté ». Mais dans son esprit, on l'a vu, lui et Dreyfus étaient des complices. Et, après avoir ainsi affirmé qu'il avait la certitude absolue de la culpabilité de Dreyfus, il lut à la tribune trois pièces : l'une incluait les mots, « D. m'a porté beaucoup de choses intéressantes » ; les deux autres, c'étaient la pièce « canaille de D » et le faux Henry.

A propos de ce dernier, il déclara : « J'ai pesé l'authenticité matérielle et l'authenticité morale de ce document.

Son authenticité matérielle résulte pour moi, non seulement de tout l'ensemble de circonstances dont je parlais il y a un instant, mais il résulte, entre autres, d'un fait que je veux indiquer : il résulte de la similitude frappante avec un document sans importance écrit par la même personne, et écrit comme celui-là au crayon bleu sur le même papier assez particulier qui servait à la correspondance habituelle de cette même personne, et qui, daté de 1894, n'est pas sorti depuis cette date des archives du ministère de la Guerre.

Son authenticité morale résulte d'une façon indiscutable de ce qu'il fait partie d'un échange de correspondances qui eut lieu en 1896. La première lettre est celle que je viens de lire. Une réponse contient deux mots qui tendent évidemment à rassurer l'auteur de la première lettre. Une troisième lettre enfin, qui dissipe bien des obscurités, indique avec une précision absolue, avec une précision telle que je ne puis en lire un seul mot, la raison même pour laquelle ces correspondants s'inquiétaient.

Ainsi la culpabilité de Dreyfus n'est pas établie seulement par le jugement qui l'a condamné : elle est encore établie par une pièce postérieure de deux années, s'encadrant naturellement à sa place dans une longue correspondance dont l'authenticité n'est pas discutable ; elle est établie par cette pièce d'une façon irréfutable. »

Cavaignac affirma également que l'aveu de Dreyfus était attesté par Lebrun-Renault. Il fut acclamé, l'affichage du discours dans toutes les communes de France fut voté, y compris par les socialistes. Tout en prétendant se fonder avant tout sur le jugement de 1894, Cavaignac avait abandonné implicitement le bordereau et s'était fondé essentiellement sur des pièces postérieures.

Sa nouvelle politique constituait une tentative audacieuse

de formuler un antidreyfusisme *de gauche*. En effet, son insistance sur la publicité pour les preuves, son refus de la raison d'État et des mesures répressives, lui avaient assuré le soutien enthousiaste de la gauche. L'affirmation de sa certitude de la culpabilité de Dreyfus lui avait assuré celui des nationalistes. Il devint un héros momentané ; la plupart des journaux partageaient l'enthousiasme des parlementaires pour l'homme qui avait enterré cette affaire irritante. Millerand écrit dans *La Lanterne* que Cavaignac avait « soulagé la conscience publique ».

Seuls les révisionnistes n'étaient pas convaincus : mais ils n'étaient encore dans le pays qu'une personne sur cent. C'était pour eux, comme après l'acquittement d'Esterhazy, un moment d'abattement, un moment atroce, dit Blum : « La cause gagnée sembla soudain reperdue. »

A côté de la preuve directe, que pouvaient peser les témoignages, les présomptions et les inductions ? D'ailleurs, Cavaignac jouissait encore d'une réputation de probité irréprochable, son républicanisme était sans reproche, et il ne pouvait être soupçonné de connivence avec la droite. « La campagne des antisémites et des boulangistes », ajoute Blum, « recevait du coup une homologation officielle. Drumont respirait : les preuves de Cavaignac étaient décisives. Rochefort l'acclamait comme un nouveau Boulanger. »

Des faux

Cependant, Jaurès s'aperçut tout de suite — comme Picquart — que les documents de Cavaignac étaient des faux. Trouvant Blum, Lucien Herr et Mathieu Dreyfus dans un état de deuil, il s'exclama : « Mais ne comprenez-vous pas que maintenant, et maintenant pour la première fois, nous tenons la certitude de la victoire. Méline était invulnérable parce qu'il se taisait. Cavaignac parle, donc il est vaincu. » Les pièces de Cavaignac « sentent le faux, elles puent le faux. J'en ai eu la certitude rien qu'à l'entendre et j'en ferai la preuve. Les faussaires sont sortis de leur trou ; nous les tenons maintenant à la gorge. » Jaurès avait raison. L'Affaire n'était pas réglée.

Et les dreyfusards se ressaisirent. Ils produisirent de nouveaux arguments : Cavaignac avait après tout admis qu'il fallait procéder par voie de justice et non par raison d'État, que la France devait se décider en connaissance de cause. Pour Clemenceau, il avait ainsi rendu la révision inévitable, car les pièces lues par lui n'avaient jamais été soumises à la défense. Jaurès allait plus loin. Dans une lettre ouverte à Cavaignac dans *La Petite République,* il déclara, reprenant ce qu'il avait dit à Blum, Herr et Mathieu Dreyfus : « Vous avez fait hier à la Chambre, une œuvre utile, et une œuvre criminelle... vous n'avez pas dit, vous n'avez pas osé dire que des pièces secrètes n'avaient pas été communiquées aux juges sans l'être à l'accusé. Bien mieux, en citant vous-même les pièces qui, selon vous, doivent former votre conviction et qui ne figurent pas à l'acte d'accusation, vous avouez, vous proclamez la monstrueuse iniquité de la procédure militaire. » Il détruisit l'histoire des prétendus aveux ; il dénonça le faux Henry comme « le faux le plus grossier, le plus criant, venu à point pour sauver Esterhazy ». Il affirma que ce dernier seul était le traître, et il offrait aux groupes socialistes de leur en apporter la preuve.

Jaurès comptait enfin entraîner les socialistes et la classe ouvrière dans l'action dreyfusarde. Mais Guesde, Vaillant et les modérés refusèrent de le suivre. Le Conseil National du Parti Ouvrier Français de Guesde publia, le 24 juillet, une déclaration catégorique conseillant l'abstention aux ouvriers : « Libre à la bourgeoisie politicienne et littéraire de se diviser sur la culpabilité ou l'innocence d'un capitaine d'État-Major ou d'un commandant d'artillerie, et de s'entre-déchirer au nom de la patrie, du droit, de la justice, et autres mots vides de sens tant que durera la société capitaliste.

Les prolétaires, eux, n'ont rien à faire dans cette bataille qui n'est pas la leur. » Guesde ne voulait pas dépasser la lutte contre « le militarisme débordé, » dira-t-il plus tard ; sans doute lui et Vaillant redoutaient-ils de voir Jaurès se mettre à la tête du mouvement socialiste en insistant sur un thème qui leur semblait une déviation par rapport à la lutte de classe. Mais ce dernier était bien décidé maintenant à produire ses preuves contre Cavaignac, et il se mit au travail.

Les révisionnistes pensaient aussi qu'il fallait agir, car si la révision leur semblait inévitable, encore faudrait-il la provoquer.

Picquart, de son côté, dénonça les faux étalés par Cavaignac, dans une lettre ouverte au président du Conseil publiée dans _Le Siècle_ du 9 juillet. Et Demange adressa au garde des Sceaux une demande d'annulation de l'arrêt de 1894. Cavaignac riposta par l'arrestation de Picquart et de Leblois, accusés d'avoir communiqué des dossiers intéressant la Défense nationale. Et il lui fallait toujours se débarrasser d'Esterhazy. Mais il fut pris de vitesse par le juge Bertulus qui instruisait une plainte en faux de Picquart concernant les télégrammes « Blanche » et « Speranza ». Bertulus apprit du cousin d'Esterhazy qu'un de ces télégrammes provenait de Mlle Pays, sa maîtresse, et qu'il y avait eu de nombreuses communications entre Esterhazy, le général de Pellieux et l'État-Major. Il fit alors arrêter Esterhazy et sa maîtresse sous l'inculpation de faux et d'usage de faux. Le beau projet de Cavaignac se fissurait déjà.

Le 18 juillet, Zola était assigné devant la cour d'assises de Versailles pour un deuxième procès. Maître Mornard, avocat à la Cour de cassation, avait réussi, le 2 avril, à faire casser l'arrêt de février contre lui. Les juges de 1894 ayant porté plainte, le gouvernement avait décidé que le second procès Zola aurait lieu à Versailles, afin de limiter les risques pour l'ordre public. Labori avait objecté l'incompétence, puisque Zola habitait Paris. Mais Versailles avait été quand même maintenu comme lieu du procès. Le procès avait simplement été reporté.

A l'audience, lorsqu'il devint clair que Zola ne pouvait pas développer tous les arguments de _J'Accuse... !_, il quitta la salle sous les huées de la foule. Persuadé par ses amis, contre son propre gré, il prit le chemin de l'Angleterre. Il était sans doute superflu, de toute manière, d'essayer de recommencer le procès de février. La révision avançait par d'autres voies.

CHAPITRE IV

La mort d'Henry, la révision,
le procès de Rennes, et la grâce

Les Preuves

Le 10 août, Jaurès put commencer la publication de ses *Preuves* dans *La Petite République.* Maintenant, enfin, il abandonnait ses hésitations et proclamait l'innocence de Dreyfus.

Avec *Les Preuves, La Petite République* devint totalement dreyfusiste. Son tirage allait atteindre 100 000. Selon Blum, *Les Preuves* allaient jouer « le même rôle vis-à-vis du discours de Cavaignac que le *J'Accuse... !* et le procès de Zola vis-à-vis de l'acquittement d'Esterhazy. La commotion produite sur l'opinion par le *J'Accuse... !* ajoute-t-il, « se renouvela en se débitant, en s'étalant sur des semaines entières. »

Jaurès expliqua d'abord que Cavaignac avait admis, en citant l'article de *L'Éclair,* que la pièce « canaille de D » n'avait pas été soumise aux juges en 1894. C'était déjà admettre l'illégalité de 1894. Quant aux deux autres pièces, si elles n'avaient pas été soumises aux juges, pourquoi avaient-elles maintenant une valeur qu'elles n'avaient pas en 1894 ? Et si elles avaient été soumises aux juges, alors que l'acte d'accusation ne mentionnait que le bordereau, ce ne pouvait qu'être illégalement. « L'illégalité est donc prouvée », conclut Jaurès. Et, contre les leaders socialistes qui l'avaient lâché, il déclara qu'il y avait, à côté des lois capitalistes que les socialistes combattaient, « d'autres qui résument les pauvres progrès de l'humanité, les modestes garanties qu'elle a peu à peu conquises par le long effort des siècles et la longue suite des révolutions.

Or, parmi ces lois, celle qui ne permet pas de condamner un homme, quel qu'il soit, sans discuter avec lui, est la plus essentielle peut-être. » Dreyfus condamné n'était plus ni un officier ni un bourgeois, et ainsi les socialistes pouvaient, sans contredire leurs principes, et sans manquer à la lutte des classes, écouter le cri de leur pitié. Qui donc était le plus menacé « par l'arbitraire des généraux, par la violence toujours glorifiée des répressions militaires », sinon le prolétariat ? « Ce n'est donc pas servir seulement l'humanité, c'est servir directement la classe ouvrière, que de protester, comme nous le faisons, contre l'illégalité, maintenant démontrée, du procès Dreyfus [1]. »

Et, pendant que Jaurès accumulait les preuves de l'innocence de Dreyfus, un coup de théâtre se préparait. Le 13 août, le capitaine Cuignet, chargé par Cavaignac d'examiner toutes les pièces du dossier secret, découvrit, à la lueur de sa lampe, en examinant la lettre de Panizzardi à Schwartzkoppen qui avait constitué le document massue de Cavaignac, que les quadrillés de l'en-tête et de la signature, et ceux du corps de la lettre étaient de deux couleurs différentes. C'était la preuve que la pièce avait été fabriquée par Henry, en utilisant des morceaux de deux lettres différentes. Il tenait ainsi la preuve que la lettre fournie par Henry, qui avait été affichée sur les murs de toutes les communes de France, était un faux.

Cuignet révéla sa découverte au général Roget, puis à Cavaignac. Ce dernier comprit que toute sa démonstration du 7 juillet reposait sur un faux. Mais il ne ferait pas comme Gonse. Les Français connaîtraient toute la vérité. Il restait plus persuadé que jamais de la culpabilité de Dreyfus.

Il continua d'agir tout seul. Déjà le 11 août, il avait exposé aux membres du gouvernement au cours d'un dîner un projet extravagant : traîner tous les dreyfusards devant le Sénat constitué en Haute Cour, les accuser d'atteinte à la sûreté de

---

1. Voir JAURÈS, J., *Les Preuves. Affaire Dreyfus* (Le Signe, 1981).

l'État. Brisson, ahuri, avait refusé un tel procédé. De toute façon, le Sénat était maintenant favorable à la révision, comme le remarque Reinach.

Cavaignac et Henry

Cavaignac se prépara maintenant à confronter Henry. Mais l'officier était en permission ; il ne fallait pas l'alerter par une convocation soudaine.

En attendant, il continua de s'occuper d'Esterhazy. Celui-ci avait été libéré par la Chambre des mises en accusation dans l'affaire des faux télégrammes. Cette instance avait décidé que l'expertise du télégramme « Speranza » ne constituait pas une charge suffisante. Cavaignac pouvait alors le traduire devant un conseil d'enquête. Esterhazy se fit menaçant, selon sa coutume, mais Cavaignac l'« exécuta » enfin, en le mettant en réforme.

Et, le 30 août, il put enfin interroger Henry. Deux jours auparavant, Jaurès, dans ses *Preuves,* et Trarieux, dans une lettre ouverte, avaient encore une fois dénoncé le faux Henry ; Jaurès avait même annoncé qu'il nommerait le faussaire le 1er septembre ! « Jamais », dit Reinach, « il n'avait serré la vérité de si près. » Jaurès allait même prétendre plus tard que c'était lui qui avait provoqué la confession d'Henry. Cavaignac voulut toujours tout prendre sur lui-même. Il mena l'interrogatoire d'Henry en personne, en la présence de de Boisdeffre, de Gonse et de Roget. Il somma d'abord l'officier de dire ce qu'il savait des deux pièces qui composaient la lettre de Panizzardi à Schwartzkoppen : « Il y a des morceaux de l'une des pièces qui sont dans l'autre. »

Le colosse paysan, ne sachant rien de la preuve de son crime que tenait Cavaignac, commença, avec son audace habituelle, par le mensonge. « Je n'ai pas fabriqué les papiers. » Pressé par Cavaignac, il finit par admettre qu'il avait « pris quelques découpures de la première pièce, pour les mettre dans la seconde ».

CAVAIGNAC : « Vous avez fabriqué la pièce entière.

HENRY : Je vous jure que non...

CAVAIGNAC : Qu'est-ce qui vous a donné l'idée de ce que vous avez fait ?

HENRY : Je croyais que mes chefs étaient très inquiets, je

voulais les calmer. Je voulais faire renaître la tranquillité dans les esprits. Tout souffrait. Je me suis dit : "Ajoutons une phrase qui tranquillisera tout le monde. Si nous avions une guerre dans la situation où nous sommes ! Tandis qu'en faisant cela, le calme va renaître."

CAVAIGNAC : Vous avez été seul à faire cela ?

HENRY : Oui. »

L'interrogatoire paraissait terminé et Henry pouvait se retirer. Mais Cavaignac révéla sa preuve : « Voyons ! L'une des pièces est quadrillée en violet pâle, l'autre en gris bleuté, ce qui permet de voir déjà qu'il y a eu des morceaux intercalés ; mais votre explication n'est pas possible, parce que le commencement se suffit à lui-même ; ensuite les intercalations ne correspondent pas à ce que vous dites. »

Cavaignac le pressa encore : « Vous ne voulez pas dire la vérité ? »

Henry perdit pied, balbutia de nouvelles explications qui ne collaient pas avec les faits. Il protesta : « J'ai agi pour le bien du pays. »

CAVAIGNAC : « Mais ce n'est pas ce que je vous demande. Ce que vous avez fait est écrit sur les documents eux-mêmes. »

Puis c'est le coup de grâce : « Voici ce qui est arrivé : vous avez reçu en 1896 une enveloppe avec une lettre dedans, une lettre insignifiante ; vous avez supprimé la lettre réelle et vous avez fabriqué l'autre ? »

HENRY : Oui. »

C'était l'aveu décisif.

Pendant tout l'interrogatoire, qui avait duré une heure, de Boisdeffre, Gonse et Roget n'avaient pas dit un mot. De Boisdeffre rédigea sa démission sur-le-champ : sa confiance dans le colonel Henry avait été trompée. Il le dit à Cavaignac : tout le monde pouvait être induit en erreur, mais tout le monde n'avait pas eu comme lui le malheur d'affirmer devant un jury qu'il était prêt à se retirer si on ne croyait pas sa parole : « Quand on s'est trouvé dans ce cas, il n'y a plus qu'à s'en aller. »

Cavaignac ne procéda pas immédiatement à l'arrestation d'Henry. Il le mit aux arrêts de forteresse au Mont-Valérien. Henry se sentit alors abandonné. Au cours du trajet, il monologua devant le colonel Féry qui l'accompagna. « C'est

inconcevable. Que veut-on ? C'est à devenir fou. Ce que j'ai
fait, je suis prêt à le faire encore ; c'était pour le bien du
pays et de l'armée. Je n'ai jamais fait de mal à personne ;
j'ai toujours fait mon devoir. Quel malheur d'avoir rencontré
sur mon chemin de pareils misérables, ils sont cause de mon
malheur. Ma pauvre femme, mon pauvre petit garçon ! Tout
s'écroule en une seconde. Je ne ferai pas l'ouverture de la
chasse. Tout le monde nous attend là-bas. Que va-t-on penser ? »

Au même moment, Cavaignac racontait la confession
d'Henry à Brisson. Celui-ci fut atterré. Le soir, les ministres
dînaient chez Delcassé. Lorsqu'ils apprirent la nouvelle, une
exclamation retentit : « Allons ! » dit Vallé, « c'est la révision. » « Moins que jamais, Monsieur », riposta Cavaignac.

La nouvelle fut télégraphiée dans le monde entier. Ce fut
le frisson. Bientôt ce serait le drame.

Le suicide d'Henry

Le lendemain matin, 31 août, Henry demanda du papier à
écrire. Il envoya un ultime appel à Gonse : « J'ai l'honneur
de vous prier de vouloir bien venir me voir ici. J'ai absolument besoin de vous parler. »

Puis, il écrivit à sa femme : « Ma Berthe adorée, je vois
que sauf toi tout le monde va m'abandonner, et cependant *tu
sais dans l'intérêt de qui j'ai agi*. Ma lettre est une copie et
n'a rien, absolument rien de faux. Elle ne fait que confirmer
les renseignements verbaux qui m'avaient été donnés, quelques jours auparavant. Je suis absolument innocent, on le
sait et tout le monde le saura plus tard, *mais, en ce moment,
je ne puis parler* ».

Cette lettre, avec sa mystérieuse allusion à la personne
dans l'intérêt de qui Henry prétendait avoir agi, n'a jamais
été élucidée par les historiens. Sans doute avait-il pensé agir
dans l'intérêt de ses supérieurs à l'État-Major.

Bientôt, il fut gagné par le désespoir. La chaleur était
intense. Il vida une demi-bouteille de rhum, et commença de
divaguer. Il griffonna une autre lettre à sa femme : « Ma Berthe bien-aimée, je suis comme fou, une douleur épouvantable
m'étreint le cerveau, je vais me baigner dans la Seine... »

La lettre resta inachevée. Vers trois heures de l'après-midi,

Henry s'étendit sur son lit et se trancha la gorge avec un rasoir qu'on avait laissé dans sa chambre. A sept heures, on découvrit son cadavre froid, et la chambre inondée de sang.

Le lendemain 1er septembre, à la nouvelle de son aveu et de son suicide, l'opinion se retourna en quelques heures. La presse révisionniste passa de 2 à 40 %. Les journaux républicains qui ne s'étaient pas prononcés se déclarèrent pour la révision, et même les principales feuilles catholiques et nationalistes l'acceptèrent. Pour Cassagnac, « la révision est l'unique, l'inéluctable solution. Sans la révision, l'Affaire est sans issue ». L'Écho de Paris écrivit : « Tout est changé. La révision s'impose. Elle est désirée par un grand nombre d'officiers — nous le savons — et non des moindres. »

En effet, de Pellieux, qui avait évoqué le faux Henry au procès Zola, souhaitait maintenant la révision, et le dit à la presse. Dès qu'il apprit la confession d'Henry, il adressa à Cavaignac une lettre furieuse commençant par ces mots : « Dupe de gens sans honneur... » Il les répéta à un journaliste monarchiste. Il offrit de démissionner. Et, dit Reinach, « si un officier devenu aussi populaire que lui mit un tel empressement à faire savoir qu'il souhaite la justice, toute l'armée l'acceptera ». Un des juges de 1894, Gallet, dit tout haut que la révision s'imposait.

Nombre de députés, dont les socialistes Viviani et Millerand et le radical Pelletan, changèrent de camp. Plusieurs conseils généraux étaient encore réunis, aucun vœu contre la campagne révisionniste ne fut prononcé. « On peut juger par là du revirement qui s'est produit en province comme à Paris », remarqua Le Courrier du Soir.

Drumont et Rochefort furent pris au dépourvu : La Libre Parole balbutia : « Qu'ils révisent ou ne révisent pas, la chose, au point où nous en sommes, n'est pas pour nous émouvoir. » Rochefort alla jusqu'à dire que le crime d'Henry était « odieux et stupide ».

Esterhazy prit la fuite. Il quitta Paris en piéton, sans bagages, sauta dans le premier train à Saint-Denis, arriva à Maubeuge où il se coupa les moustaches pour n'être pas reconnu et, par Bruxelles, gagna Londres.

Pour les dreyfusards, dit Blum, « l'Affaire était terminée [...] L'enchantement avait cessé, parce que la vérité était éta-

blie. On pouvait se battre encore contre Dreyfus et les dreyfusards. On ne pouvait rien contre le fait à la fois logique et
historique que l'innocence de Dreyfus était démontrée. »

Pendant deux jours encore, Brisson, resta dans l'inertie.
Cavaignac s'obstina, fit publier partout que ni les aveux ni
le suicide d'Henry n'avaient en rien modifié son opinion
sur Dreyfus.

« La masse des officiers », dit Reinach, « un instant
déconcertés, interloqués », reprirent de l'assurance. De Pellieux repoussa la révision qu'il avait demandée le premier
du mois, retira sa démission.

Enfin, le troisième jour, Brisson se décida. Il fit envoyer
une dépêche à Mathieu Dreyfus pour s'étonner de n'avoir
encore rien reçu de Lucie. Demange déposa la demande de
révision le soir même.

Le même jour, Bourgeois, de retour de Suisse, essaya de
raisonner Cavaignac. Mais ce dernier refusa de bouger :
« Moi seul, j'étais capable de prouver que la pièce était
fausse. » Il revint à son projet de traîner tous les dreyfusards
devant la Haute Cour. Bourgeois le regarda avec stupeur,
comme un aliéné.

Cavaignac lui dit à la fin qu'il ne resterait pas un jour de
plus et qu'il allait porter sa démission à Brisson.

Aveugle jusqu'au bout, Cavaignac, au lieu de liquider tout
seul l'Affaire, avait réalisé, en deux mois, exactement le
contraire : l'auteur de son document massue dévoilé comme
un faussaire et mort suicidé, Esterhazy en fuite, lui-même
démissionnaire, la nécessité de la révision largement admise
par les Français.

Mais au moment même de la démission de Cavaignac, les
antidreyfusards étaient déjà en train de se ressaisir. Dès le
3 septembre, Judet dans *Le Petit Journal* trouva l'idée que,
pour éviter la guerre, Henry avait mis en circulation « des
sortes de billets de banque dont la valeur reposait à ses yeux
sur l'existence de pièces authentiques ». Quelles étaient ces
pièces authentiques ? Des lettres de l'Empereur allemand, le
bordereau soi-disant annoté par lui, que les antidreyfusards
extrémistes sortaient, on l'a vu, à tous les moments critiques.

De nouveau, dit Reinach, le temps était à la peur : « La
révision, c'est la guerre », et la guerre avec une armée désor-

ganisée, c'est la débâcle. « C'était », ajoute-t-il, « le bruit qui se répandait chez tous les pauvres gens, étouffant le cri des consciences, surtout parmi les femmes des faubourgs et de la campagne, où, trois ans après, aux élections de 1902, il effrayait encore... Si Henry avait fabriqué un document apocryphe, c'était, de son propre aveu, afin d'éviter d'en fournir d'autres dont la divulgation eût pu compromettre la sûreté de l'État. »

L'apologie du faux patriotique

L'idée du faux Henry comme faux patriotique, comme « simple reproduction publique, comme l'édition populaire d'une vérité absolue », fut reprise, les 6 et 7 septembre, par Charles Maurras, dans deux articles sensationnels, parus dans *La Gazette de France,* journal royaliste.

Le jeune Maurras, à 30 ans, commençait à jouir d'une certaine réputation comme critique littéraire et essayiste. Il avait commencé sa carrière en dénonçant dans le romantisme une barbarie imposée à la France par l'étranger. Pendant les années 1890, il avait mené une campagne en faveur du retour au classicisme. Envoyé à Athènes en 1896 comme correspondant pour couvrir les jeux Olympiques, il découvrit la mauvaise posture internationale de la France, et il commença à penser que le redressement du pays ne pourrait se faire que par un retour à la monarchie. Il se déclara royaliste en 1897.

Maintenant, dans ses articles sur Henry, il allait jeter les bases de sa théorie nationaliste.

Il fit d'abord l'éloge d'Henry : « Force, décision, finesse, rien ne vous a manqué sauf un peu de bonheur sur votre dernier jour. » Le faussaire était transformé en héros audacieux, caractérisé par son mot célèbre : « Allons-y. » « Votre "faux" malheureux sera compté entre vos meilleurs faits de guerre, tout ce qu'il eut de déplorable, son insuccès, ayant été payé et surpayé de votre sang. » De ce premier sang versé dans l'affaire Dreyfus, « il n'est pas une seule goutte qui ne fume encore, partout où palpite le cœur de la nation. Ce sang fume et criera jusqu'à ce que l'effusion en soit expiée. »

Puis, selon Maurras, Henry avait pris au sérieux l'idée nationale, il avait été motivé par la raison d'État, par des « lois particulières, lois inécrites », une sphère de moralité

« tout à la fois plus haute, plus rigoureuse et plus étendue, pour les consciences humaines, qui sont chargées de certaines obligations très générales ». Ainsi était justifié le faux patriotique, l'entreprise d'un soldat paré de toutes les qualités qui avait adhéré à l'idée nationale, une idée qui était en train de ressusciter. Par son éloge de la raison d'État, Maurras annonça en effet le nouveau nationalisme d'extrême-droite qui allait se constituer ; pour ce nationalisme, la pierre de touche allait être l'intérêt national. Maurras fit ici les premiers pas sur le chemin qui mènera à la création de l'Action Française : ses deux articles seront considérés plus tard par ses partisans comme ayant été à l'origine du mouvement.

Pour les antidreyfusards, à partir de septembre 1898, la culpabilité de Dreyfus, si elle ne pouvait être justifiée par les faits, pouvait l'être par la raison d'État et par l'intérêt national. Du coup, l'antidreyfusisme était rejeté, sans équivoque, vers la droite. C'est ce qui explique, d'ailleurs, le passage à droite de Cavaignac. Son antidreyfusisme de gauche ayant échoué, il ne lui restait qu'à rejoindre les nationalistes. N'ayant jamais compris que les faits étaient contre lui, il ne pourrait plus que rallier le camp dont le slogan se résumerait à ceci : contre la preuve.

Sur le plan politique, la droite antidreyfusarde allait être représentée désormais par plusieurs courants : les royalistes et les bonapartistes, auxquels s'ajoutaient maintenant les nouveaux nationalistes issus du boulangisme et les antisémites.

Complots

Déjà, ils commençaient à comploter en salon contre le régime. Mais ils resteraient divisés sur le régime qui remplacerait la République.

Le prétendant royaliste, c'était le duc d'Orléans. Il était déjà intervenu dans l'affaire Dreyfus par un manifeste contre les ennemis de l'armée, le jour de la parution des lettres d'Esterhazy à Mme de Boulancy. Ensuite, il s'était joint au mouvement militariste et antisémite. « L'antisémitisme surtout le séduisit », dit Reinach. « Il y vit la force populaire qui, domestiquée par lui, le porterait au trône. Les jeunes gentilshommes, qui n'étaient pas tous de vieille noblesse ou de noblesse authentique, et quelques bourgeois qui formaient son bureau politique et son conseil privé, le confirmèrent dans son opinion. »

L'antisémite Guérin, avec les 10 000 hommes de la Ligue antisémitique, se mit à sa solde. Le duc lui promit en échange 15 à 25 000 francs par mois, qui seraient versés en secret. Guérin « ne se tenait pas de joie à passer du service de Drumont à celui de la maison de France ».

Déroulède, se prenant pour un prétendant au pouvoir plébiscitaire, se disait au contraire républicain. Il ne voulait pas arracher « leur proie » — la France — aux parlementaires pour en faire « l'héritage des princes ». Déroulède se proposait ouvertement d'établir « la République du peuple » par un coup de force militaire. Fin septembre 1898, il reconstitua la Ligue des Patriotes, et il commença à Paris une série de réunions où il vitupérait contre les dreyfusards. Si Dreyfus revenait en France, disait-il, il serait lynché.

Mais il n'y avait aucune disposition réelle au coup de force chez les chefs militaires. « Les généraux discouraient seulement », dit Reinach, « ils reçurent des émissaires, les écoutèrent avec complaisance, assurèrent que leur épée frémissait et ne demandait qu'à sortir du fourreau, « mais l'y laissèrent ». Quant aux officiers inférieurs, ils « rachetaient par une attitude provocatrice leur défaillance passagère, au moment des aveux d'Henry. Mais ici encore leur colère, leur mépris de la République, s'en allèrent en bavardages ». Ces comploteurs amateurs, affaiblis par leurs divisions — royalistes contre plébiscitaires — ne trouveraient pas pendant les mois à venir un général pour renverser la République.

L'anticléricalisme de gauche

A gauche, on continuait à jeter les bases de la coalition défensive, anticléricale et antinationaliste, qui constituerait bientôt le camp dreyfusard, sous sa forme enfin politisée.

Au cours de l'été, un incident avait alimenté la polémique anticléricale chez les dreyfusards. Le 18 juillet, le père Didon, dominicain, avait fait l'éloge de la force à une distribution de prix de collège en présence du généralissime des forces françaises, le général Jamont : « La force est bonne en soi », avait-il dit. « Lorsque la persuasion a été impuissante, il faut brandir le glaive, terroriser, sévir, frapper. Il faut imposer la justice. » Clemenceau et Jaurès avaient crié déjà au coup d'État, et Pelletan avait dénoncé « la sainte alliance du sabre et du goupillon ». Les deux paragraphes du père Didon, dit Capéran, entrèrent dans l'arsenal de l'anticléricalisme, comme une confirmation de l'alliance entre le cléricalisme et l'armée.

Après le discours du père Didon, l'atmosphère anticléricale devint si intense que les radicaux s'inquiétèrent de l'absence de mesures sérieuses contre le militarisme et le péril clérical ; les francs-maçons, à leur convent de septembre, dénoncèrent la conjuration formée entre les cléricaux et les césariens dans leur haine commune de la révolution de 1789, de la démocratie et de la République.

Pendant tout l'hiver, le thème anticlérical allait progresser à gauche ; son grand artisan sera Ranc. En novembre, Yves Guyot lancera l'idée que l'Affaire avait été l'œuvre des Jésuites. L'anticléricalisme et l'antinationalisme deviendraient le ciment de la nouvelle majorité de gauche dreyfusarde qui était en train de se former.

Après les socialistes, le groupe radical-socialiste à la Chambre exclut le 21 décembre les députés « qui sous prétexte de nationalisme ou d'antisémitisme poursuivent une politique contraire aux principes républicains ».

Les socialistes eux-mêmes se préparaient à suivre Jaurès et à rejoindre la nouvelle coalition dreyfusarde. Les guesdistes, s'ils ne voulaient toujours pas prendre position sur la personne de Dreyfus, dénoncèrent, eux aussi, à leur congrès de Montluçon, du 17 au 20 septembre, le nationalisme et l'antisémitisme.

Zurlinden et Chanoine

Pendant ce temps, le nouveau ministre de la Guerre, Zurlinden, qui avait remplacé Cavaignac, étudiait le dossier Dreyfus : il avait posé comme condition de son acceptation du ministère de pouvoir se faire sa propre conviction en la matière. En réalité, il fut vite convaincu par Roget et Cavaignac que Picquart était coupable de faux : il aurait « gratté » le petit bleu et il y aurait substitué le nom d'Esterhazy à celui de Dreyfus. Persuadé par les hommes de l'État-Major que Dreyfus était coupable, Zurlinden se prononça contre la révision au Conseil des ministres du 12 septembre, qui resta pourtant indécis. Mais le 17, le Conseil décida, à une grosse majorité, contre son avis, de transmettre la requête de Lucie Dreyfus à la Commission consultative de révision. Zurlinden donna sa démission. Il fut immédiatement remplacé par le général Chanoine à qui Brisson expliqua qu'il ne pourrait pas s'opposer à la révision devenue maintenant un fait accompli. Chanoine cependant fit tout pour l'entraver. Sous le nez de Brisson, il livra Picquart à la justice militaire. Brisson, décidé à faire la révision, avait bon espoir que Picquart, le principal témoin en faveur de Dreyfus, serait mis en liberté par le tribunal correctionnel devant lequel il devait paraître le 21 septembre. Mais Zurlinden, nommé gouverneur militaire de Paris après sa démission, lança des poursuites militaires contre lui. Chanoine, à l'insu de Brisson, signa le mandat d'informer, et dès que Picquart fut libéré par le tribunal correctionnel, il fut mis aux mains de la justice militaire et inculpé de faux. Il fut écroué au Cherche-Midi.

Ainsi, par l'action de Chanoine, Picquart ne pourrait plus témoigner en faveur de Dreyfus. Brisson ne réagit pas.

Sur ces entrefaites, la commission de révision se réunit. Après trois jours de délibérations, elle se divisa, trois voix pour la révision, trois contre. Dans l'absence de majorité, c'était l'avis négatif qui fut retenu.

Au Conseil des ministres, Sarrien, le ministre de la Justice, se basant sur cet avis, s'opposa à la révision ; mais Brisson déclara que l'avis de la commission n'était que consultatif. Et, le 26 septembre, le Conseil des ministres, par six voix contre quatre, vota enfin la saisie par la Cour de cassation de la demande de révision.

C'était une première victoire pour les révisionnistes.

L'enquête de la Cour de cassation

Immédiatement, la Chambre criminelle de la Cour de cassation commença son enquête. Pour la première fois, le dossier Dreyfus venait devant un tribunal civil.

Les révisionnistes espéraient maintenant que la justice suivrait son cours. Le camp de la révision représentait, dit Reinach, « une imposante minorité, avec presque tous les socialistes, très ardents, la clientèle radicale accoutumée à suivre Brisson et Bourgeois, le Convent et le monde maçonniques, l'élite des républicains libéraux, un appoint d'anciens royalistes et de catholiques éveillés à la vérité et qui auraient eu honte de se rendormir ».

Le procureur général Manau ayant demandé la communication du dossier secret, Chanoine refusa. Encore une fois, Brisson laissa faire. La presse antirévisionniste lança une campagne de menaces contre les juges, « vendus à l'Allemagne ».

Rochefort alla jusqu'à écrire « qu'un tortionnaire couperait les paupières des membres de la Cour de cassation, qu'on ferait manger le globe de l'œil par des araignées de l'espèce la plus venimeuse et qu'on entraînerait les hideux aveugles à un pilori où on leur accrocherait sur la poitrine cet écriteau : "Voilà comment la France punit les traîtres qui essaient de la vendre à l'ennemi." »

Fachoda et la grève des terrassiers. Rumeurs de coup de force

Puis le climat s'alourdit à Paris à cause de deux problèmes sans lien direct avec l'Affaire : la crise de Fachoda et la grève des terrassiers. Hanotaux et Delcassé avaient eu l'idée de couper à l'Angleterre la route du Caire au Cap. Le capitaine Marchand, ayant traversé l'Afrique, avait planté le drapeau français à Fachoda sur le Nil le 10 juillet. La France rencontra alors une intransigeance anglaise complète : il était exclu que l'Angleterre fasse la moindre concession, le Nil étant une zone d'influence anglaise intangible. La phase aiguë de la crise allait s'étendre du 17 septembre au 12 octobre. En Angleterre, à Portsmouth et ailleurs, les préparatifs d'une guerre navale étaient tels que la France, qui n'avait pas les moyens de faire face à la flotte anglaise, dut reculer.

C'était l'humiliation. Du coup, la colère des nationalistes se retourna contre l'Angleterre. Les antidreyfusards et les nationalistes redécouvrirent dans la perfide Albion l'ennemi héréditaire, et proposèrent un rapprochement avec l'Allemagne ! Même la presse républicaine modérée allait commencer à favoriser une telle évolution. Les dreyfusards, les radicaux comme Clemenceau, et les socialistes, favorisèrent au contraire l'alliance anglaise. Ainsi les antidreyfusards allaient se tourner vers l'Allemagne, les dreyfusards resteraient fidèles à l'Angleterre. Mais l'Entente cordiale entre la France et l'Angleterre ne serait conclue que six ans plus tard.

L'autre problème, chez les terrassiers, éclata le 13 septembre. Plusieurs centaines d'entre eux, occupés aux travaux de l'Exposition Universelle de 1900, se mirent en grève pour 10 centimes de plus par heure. Les mouvements sociaux reprirent et atteignirent les chemins de fer.

Alors Brisson fit occuper militairement les gares et fit encercler la capitale de 60 000 troupes. Cela laissa accréditer l'idée qu'un coup de force militaire était imminent. Millerand et Clemenceau allèrent le voir pour demander si les troupes n'évoluaient pas sous le commandement d'un général de coup d'État. Il affirma avoir la situation parfaitement en main.

Pendant huit jours cependant la presse ne parlait que d'un coup de force militaire. Vaughan, le directeur de *L'Aurore,* fut informé par un employé du télégraphe d'une dépêche adressée à Zurlinden : « C'est toujours convenu pour samedi. » Le 14 octobre, les journaux annoncèrent aux conspirateurs par une « note identique » que le gouvernement était prévenu. Comme on vient de le voir, aucun général ne voulut bouger : Ranc, Jaurès, Millerand et Mathieu Dreyfus restaient sceptiques. Et il n'y eut donc pas de coup de force.

Mais les menaces supposées contre la République hâtèrent le processus du ralliement de la gauche à la défense républicaine. Dès le 15 octobre, les délégués des diverses organisations socialistes se réunirent salle Vantier. Ils déclarèrent que « dans les circonstances troublées que traverse la République, toutes les forces socialistes et révolutionnaires sont unies, décidées et prêtes à faire face à toutes les éventualités ».

Tous les socialistes étaient, pour le moment, réconciliés. Ils constituèrent un comité permanent de vigilance : le comité décida de tenir tous les soirs des meetings. Mais, ne voulant pas trop faire figure d'agitateurs, ils décidèrent de ne pas répondre à la force par la force au moment de la grande manifestation annoncée par Déroulède pour le 25 octobre, date de la rentrée des Chambres. Ils décidèrent néanmoins de convoquer le peuple place de la Concorde si les nationalistes y paraissaient. Parallèlement, les révolutionnaires lancèrent un manifeste où apparaissait clairement, encore une fois, leur détermination de stopper la réaction dans la rue : « Un coup de force se prépare », dit ce manifeste. « Peu nombreux mais hardis et prêts à tout, ils ont fondu toutes les parties de réaction en un seul : cléricaux, royalistes, césariens, antisémites, *nationalistes*.

HOMMES LIBRES

Si vous laissez passer, si vous laissez faire, demain le parti nationaliste étranglera la Liberté... Que toutes les rivalités de groupes et de partis disparaissent... Combinons nos forces pour l'action. L'heure décisive a sonné. Soyons prêts. Sachons disputer aux bandes réactionnaires et liberticides la rue glorieuse, la rue des revendications, la rue des barricades et des révolutions. »

En l'occurrence, au moment de la rentrée parlementaire, les hommes de Déroulède ne bougèrent pas, les socialistes et les libertaires non plus. Lorsque les parlementaires arrivèrent, ils trouvèrent la place de la Concorde entourée de barrages et le jardin des Tuileries occupé par des régiments de cavalerie. Les bandes de Guérin se bornaient à molester quelques juifs.

Les parlementaires furent rassurés, mais la journée au Palais-Bourbon allait être agitée et le gouvernement Brisson allait succomber, victime de ses propres contradictions. Dix-huit interpellations avaient été déposées. Les radicaux, malgré leurs réserves sur la révision, restaient prêts à soutenir un cabinet radical, mais Barthou proposa aux républicains du centre, à leur réunion de groupe, de voter contre le ministère, auquel il ne faisait plus confiance : car, ayant soutenu Cavaignac avec l'appui des nationalistes, le cabinet avait fait une volte-face et il favorisait maintenant la révision, demandant le soutien de la Chambre *contre* les nationalistes.

Brisson, pour sa défense, ne put revendiquer que l'honneur d'avoir « enlevé l'affaire à la politique » mais, on l'a vu, il avait en réalité, après avoir décidé la révision, laissé faire les adversaires de la révision, Chanoine et Zurlinden.

Déroulède se leva et l'attaqua brutalement : sa politique

était « faite d'usurpations, de coups de force et d'arbitraire...
L'heure est venue de nous prononcer avec courage, de débarrasser le pays de l'oppression la plus extraordinaire, dus-
sions-nous — c'est par là que je termine — quel que soit
notre grand respect pour l'armée, éclabousser par nos votes
le général Chanoine. »

C'était une invitation à renverser le gouvernement : Chanoine se leva tout de suite, si pressé de se désolidariser de
ses collègues gouvernementaux que, contrairement à tous les
usages, il annonça sa démission à la tribune. Il avait, dit-il,
la même opinion sur l'Affaire que ses prédécesseurs. Ce fut,
à droite, un tonnerre d'applaudissements. Mais Chanoine
dut s'enfuir.

Au même moment, au-dehors, Guérin continua de s'agiter,
mais le coup de force ne vint toujours pas. Lui et ses
500 manifestants furent arrêtés.

Brisson, digne, demanda à la Chambre de le soutenir dans
sa volonté de faire prévaloir la suprématie du pouvoir civil.
Pendant une suspension de séance, les groupes républicains
rédigèrent une motion en ce sens, demandant un ajournement
de deux jours. Si la motion avait été mise aux voix sans
débat, elle aurait été votée. Mais un débat confus s'ouvrit,
Brisson cessa de se défendre, et son gouvernement fut renversé, par 286 voix contre 254. La Chambre fut ajournée
jusqu'au 4 novembre.

La révision

Quatre jours plus tard, le 29 octobre, en pleine crise ministérielle, la Chambre criminelle de la Cour de cassation prononça la demande de révision du procès Dreyfus recevable,
par 10 voix contre 4, et elle déclara qu'elle procéderait à une
enquête supplémentaire. Elle refusa pourtant de suspendre la
sentence de Dreyfus.

Les révisionnistes crièrent victoire, mais déjà une autre
entrave à la justice se profilait à l'horizon. Lorsque le nouveau Premier ministre, Dupuy, apparut le 4 novembre devant
la Chambre, une motion fut déposée proposant de dessaisir
la Chambre criminelle de la Cour de cassation au profit des
trois Chambres réunies. Dupuy déclara que la justice serait

respectée. Pour l'instant elle put poursuivre son chemin, mollement appuyée par le nouveau gouvernement.

La Chambre criminelle entendit les témoignages des 5 ministres de la Guerre : Mercier, Billot, Cavaignac, Zurlinden et Chanoine. Mercier fut le seul à se défendre. Une nouvelle preuve contre Esterhazy surgit, une lettre de lui, écrite, selon les experts, sur le même papier que le bordereau.

Poursuites contre Picquart

Cependant l'enquête militaire contre Picquart, accusé d'avoir forgé le petit bleu, avançait. Les officiers de l'État-Major témoignèrent contre lui devant Tavernier, l'officier instructeur qui détourna le sens des expertises d'écriture, selon lesquelles le nom d'Esterhazy avait été gratté et réécrit et ce nom n'était pas de l'écriture de Picquart : « Il nous reste difficile d'admettre que l'inculpé soit resté étranger à sa fabrication. » Picquart avait été gardé au secret et toute communication avec son défenseur Labori avait été interdite, selon la loi militaire.

Mais l'opinion était alertée. Une majorité se dégagea au Parlement en faveur d'une loi rendant applicable aux tribunaux militaires la loi sur l'instruction judiciaire, et qui entraînerait la levée du secret. L'État-Major riposta immédiatement en ordonnant à Tavernier de clore son instruction, rendant ainsi inutiles les entretiens entre Labori et Picquart.

Le conseil de guerre devait avoir lieu le 12 décembre. Les amis de Picquart adoptèrent alors la thèse selon laquelle, étant redevenu civil, il n'était plus passible de la justice militaire : ils mobilisèrent l'opinion publique. « Il se produisit », dit Reinach « pendant quelques jours, une immense poussée de l'opinion contre la porte du Cherche-Midi. » Les listes de protestation reparurent dans les journaux ; les adhésions arrivaient maintenant par milliers — « les plus lents à s'émouvoir, les plus circonspects, qui avaient hésité alors à se compromettre, mais qui tenaient maintenant à pâtir pour la justice, les uns obscurs, les autres illustres, des indifférents et même des adversaires de la veille, s'inscrivirent à côté des combattants du premier jour. Ce fut le second dénombrement de l'armée de la justice... Chaque soir, des réunions publiques. On s'y entassait à étouffer, dans une atmosphère de feu, pour applaudir à la déclaration, sonore ou violente, de ce qu'on avait dans le cœur, ouvriers et bourgeois, des femmes du peuple, habituées à cette sorte de spectacle, et des femmes du monde, qui trouvaient un ragoût à ces nouveautés. » Les intellectuels, ajoute Reinach, étaient les grands favoris, et « la lutte s'élargissait beaucoup, contre toute tyrannie militaire, contre toute l'iniquité sociale ».

L'agitation contre le procès de Picquart gagna le Parlement. La gauche, par la voix de Millerand, soutint que les poursuites militaires contre Picquart constitueraient un excès de pouvoir.

C'était le moment où Poincaré se décida enfin à intervenir au Parlement : « Le silence de quelques-uns d'entre nous serait, à l'heure actuelle, une véritable lâcheté. » On assistait à une tentative suprême, disait-il, pour empêcher la révélation totale des abus de certains bureaux du ministère de la Guerre. Les poursuites contre Picquart avaient l'air, disait-il, de représailles et de persécutions.

Sur le procès de 1894, il déclara que ses anciens collègues n'avaient jamais entendu parler « d'aucune autre charge précise contre le capitaine Dreyfus que le bordereau », qu'ils n'avaient jamais eu connaissance d'aucun dossier diplomatique ou secret, qu'ils n'avaient jamais rien su « des aveux faits par le condamné à Lebrun-Renault. » « Je sais bien », conclut-il, « qu'en rompant aujourd'hui ce silence qui me pesait, je m'expose à des attaques, à des injures, à des calomnies. Je ne m'en soucie pas. Je suis heureux d'avoir saisi à cette tribune l'occasion, trop longtemps attendue, de libérer ma conscience. »

Les deux tiers de la Chambre applaudirent. C'était une grande bouffée de vérité. Une semaine encore s'écoula avant que le problème juridique à propos de Picquart ne fût résolu. Mais, étant donné que Leblois et Picquart étaient toujours inculpés devant un tribunal civil à propos de la communication du dossier secret, il y avait le risque de jugements contradictoires par le tribunal civil et le Conseil de guerre qui devait juger Picquart. Ce dernier demanda que toutes les accusations contre lui fussent transférées à un tribunal civil. Le 8 décembre, la Chambre criminelle ordonna implicitement un sursis en enjoignant aux deux juridictions de transmettre leurs dossiers, car le Conseil de guerre devait s'ouvrir le 12. Pour le moment, Picquart était sauvé ; c'était une nouvelle victoire des révisionnistes.

La souscription Henry

Alors que le mouvement révisionniste se développait, les antidreyfusards se comptaient et s'organisaient. Joseph Reinach ayant, dans une série d'articles du *Siècle*, accusé Henry d'avoir été le complice d'Esterhazy, *La Libre Parole* ouvrit le 14 décembre 1898 une souscription pour permettre à la veuve d'Henry de subvenir aux frais d'un procès contre Reinach. Sur le balcon de *La Libre Parole*, Drumont plaça une banderole, avec les mots : « Pour la veuve et l'orphelin du colonel Henry, contre le Juif Reinach. »

Le succès de la souscription fut fulgurant : en moins d'un mois, 131 000 francs et 14 000 signatures. Les souscripteurs appartenaient aux catégories sociales les plus mobilisées dans le camp antidreyfusard (v. supra, p. 137) : les nobles (7,83 % pour 0,14 % de la population française) ; le clergé catholique (3,1 % pour 0,2 %) ; les étudiants et les lycéens (8,6 % pour 0,6 %) ; les militaires (28,6 % pour 3,0 %) ; les professions libérales (8,25 % pour 2,6 %) ; et les ouvriers et les artisans (39,25 % pour 20,2 %). Seuls les petits commerçants, qui formaient les troupes d'un Déroulède, étaient sous-représentés (2,1 % pour 3,0 %), avec les professions rurales et les cols blancs. L'antisémitisme de la souscription Henry était un antisémitisme des villes, grandes et moyennes, et notamment de l'Est de la France, où il y avait une tradition d'antisémitisme populaire. Sans doute les petits commerçants ne voulaient-ils pas trop se mettre leurs clients à dos.

Et il faut noter, encore une fois, que les prêtres signataires étaient très minoritaires parmi les membres du clergé. Les officiers signataires (1700) l'étaient aussi parmi les quelque 25 000 officiers français de l'active à la fin du XIXe siècle [1]. Et même les signatures nobles ne représentaient qu'une maison sur cinq de l'Armorial de France [2]. L'antidreyfusisme

1. WILSON, S., *op. cit.*, p. 135 et ch. V.
2. BRELOT, C.-I., *art. cit.*, p. 342.

extrémiste représentait donc une protestation des classes insatisfaites de la société française, mais seulement de l'aile marchante de celles-ci ; chez les nobles il y avait ceux qui regardaient vers d'autres horizons ; chez les prêtres et les officiers le poids de l'antidreyfusisme modéré de conformisme social devait être considérable.

Les signatures du « monument Henry » s'accompagnaient de commentaires, et ceux-ci reflétaient tous les thèmes de l'antidreyfusisme extrémiste, en premier lieu naturellement l'antisémitisme, un antisémitisme passionné et haineux qui rendait le juif responsable de tous les maux, collectifs ou individuels : « Dieu veuille que notre malheureuse Patrie s'arrache bientôt à l'étreinte juive et franc-maçonne » ; ou bien : « Un petit commerçant ruiné par les juifs ». Le juif n'étant pas un vrai Français, il était à exclure, ou même à exterminer. On trouvait aussi l'amour de la France, de son armée et de son Église, et la haine des protestants, des francs-maçons, des dreyfusards et des intellectuels. L'extrême violence du ton, les appels à la haine et à l'assassinat (929 contre Reinach...) témoignaient de la violence de l'antidreyfusisme extrémiste. « Beaucoup de républicains, même des révisionnistes de la première heure, furent stupéfaits, n'en crurent pas leurs yeux », dit Reinach, « à voir se succéder les dix-huit *listes rouges*. » Mais, dit-il, « nul avertissement ne fut plus salutaire... on savait maintenant où était l'ennemi ».

La Ligue de la Patrie Française

L'effort d'organisation chez les antidreyfusards se portait d'abord sur le monde intellectuel et universitaire, avec le lancement, le 31 décembre, de la Ligue de la Patrie Française par trois jeunes universitaires : Louis Dausset, Gabriel Syveton et Henry Vaugeois. Ces jeunes voulaient faire la démonstration que tous les intellectuels n'étaient pas du côté de Dreyfus.

Forts du succès de leurs premières initiatives, ils s'adressèrent, avec l'encouragement de Charles Maurras, à trois grandes figures littéraires : François Coppée, Jules Lemaitre et Maurice Barrès, qui s'activaient au mois de décembre pour rassembler les signatures. Le premier manifeste, reproduit par la presse antidreyfusarde, portait la signature de 22 Académiciens, celles de membres de l'Institut et de l'Université comme Émile Faguet, et celles d'écrivains et d'artistes : outre Maurras et Barrès, Léon Daudet, la romancière antisémite Gyp, Frédéric Mistral, Jules Verne, Degas, Renoir et les caricaturistes Caran d'Ache et Forain.

Le texte, délibérément vague, laissa entendre un instant qu'il s'agissait d'une œuvre de réconciliation. L'Affaire n'était pas mentionnée, car la Ligue serait placée « en-dehors et au-dessus » d'elle. Voici le texte :

« Les soussignés,

Émus de voir se prolonger et s'aggraver la plus funeste des agitations ;

Persuadés qu'elle ne saurait durer davantage sans compromettre mortellement les intérêts vitaux de la Patrie Française, et notamment ceux dont le glorieux dépôt est aux mains de l'armée nationale ;

Persuadés aussi qu'en le disant ils expriment l'opinion de la France ;

Ont résolu :

De travailler, dans les limites de leur devoir professionnel, à maintenir, en les conciliant avec le progrès des idées et des mœurs, les traditions de la Patrie Française ;

De s'unir et de se grouper, en dehors de tout esprit de secte, pour agir utilement dans ce sens par la parole, par les écrits et par l'exemple ;

Et de fortifier l'esprit de solidarité qui doit relier entre elles, à travers les temps, toutes les générations d'un grand peuple. »

« Beaucoup furent trompés, » dit Reinach. Hervé de Kérohant, rédacteur en chef du *Soleil*, qui avait signé l'appel en faveur de Picquart, envoya sa signature : elle fut sèchement refusée, le comité d'initiative n'acceptant aucune des signatures qui avaient appuyé les manifestations en faveur de Dreyfus et de Picquart. Daniel Halévy signa pourtant.

Mais les gens avertis comprirent rapidement, à en juger par les noms des principaux promoteurs, que la Ligue était une structure antidreyfusarde. L'adhésion de Cavaignac, le 5 janvier, aurait dû les éclairer définitivement.

Il faut remarquer aussi la présence, parmi les initiateurs

de la Ligue, d'Henry Vaugeois, qui avait, avec Maurice Pujo, lancé sans succès pour les élections législatives de mai un comité d'Action Française « pour soutenir dans la lutte électorale les partisans d'une République réellement française ». Le mot même d'Action Française avait été utilisé par Pujo dans un article de *L'Éclair* le 19 décembre, article qui invitait les intellectuels à aider à refaire une France républicaine plus organisée à l'intérieur, plus puissante à l'étranger. Barrès, de son côté, allait déclarer qu'il n'appartiendrait à la Ligue que dans la mesure où elle se pénétrerait de la doctrine nationaliste. Il y avait donc des antidreyfusards extrémistes dans la maison.

Dès le début, le message de la Ligue témoignerait de la contradiction entre deux objectifs difficiles à réconcilier. Il s'agissait d'une part de réconcilier les Français de tous les partis, et de mettre fin à l'agitation. C'était là une œuvre de conciliation et d'apaisement national, exactement dans l'esprit de ce que nous avons appelé l'antidreyfusisme modéré. Et les signataires du premier manifeste étaient tout à fait caractéristiques des éléments intellectuels de cette France officielle qui avait, depuis les débuts de l'Affaire, adopté un point de vue somme toute majoritaire.

Mais on ne pouvait pas en même temps, sans redevenir partisan, enrôler ces intellectuels de l'establishment dans le camp antidreyfusard militant. La réaction de ces antidreyfusards modérés avait longtemps été de dire que Dreyfus avait été condamné légalement et qu'il n'y avait pas d'affaire Dreyfus. Dès lors que la révision était en marche, leur seule position légaliste viable aurait été de s'incliner devant les nouvelles décisions de la justice ; l'apaisement viendrait par la suite. C'est ainsi que *Le Temps*, organe officieux de l'establishment, écrit : « Il est aujourd'hui absolument nécessaire de s'expliquer nettement, après le faux Henry, sur la question de la justice et de la vérité... l'on ne pourra faire abstraction des Affaires Dreyfus et Picquart que lorsqu'elles auront été liquidées en pleine lumière et conformément à la loi. Alors, mais alors seulement, il y aura lieu de faire appel à tous les bons citoyens pour amener l'apaisement de nos querelles et l'union de tous les Français dans le double culte de la justice et du drapeau de la patrie. »

La Ligue ne l'entendait pas ainsi. Ses promoteurs anti-dreyfusards avaient même acquis la conviction qu'ils pour-raient obtenir une décision hostile à la révision en forçant le gouvernement à dessaisir la Chambre criminelle de la Cour de cassation au bénéfice des trois Chambres réunies, idée qui avait déjà surgi au Parlement le 4 novembre. L'extraordinaire président de la Chambre civile, Quesnay de Beaurepaire se mit en relations avec certains d'entre eux, et il commença, afin de déconsidérer ses collègues de la Chambre criminelle, à les calomnier et à inventer des crimes qu'il leur attribuait. Il se démit bruyamment de ses fonctions le 8 janvier.

Dans l'esprit des promoteurs de la Ligue, celle-ci devait donc appuyer la campagne en faveur du dessaisissement. Mais il y avait plus : les Vaugeois, les Maurras et les Barrès étaient des hommes de l'antidreyfusisme extrémiste qui bientôt s'achemineraient, dans le cas des premiers, vers la création de l'Action Française, et, pour Barrès, vers le déve-loppement de la doctrine nationaliste de la Terre et des Morts. Il était fatal que deux groupes d'hommes aux valeurs plutôt divergentes ne voisinent pas longtemps au sein de la Ligue.

Les incohérences idéologiques apparurent dès la première assemblée générale du 19 janvier, au cours de laquelle Lemaître prononça un grand discours devant 1 200 person-nes. Il s'expliqua d'abord sur l'exclusion des dreyfusards de la Ligue : « nous avons la prétention... d'aimer autant qu'eux la vérité et la justice, d'être aussi attachés qu'eux aux droits de l'homme et du citoyen... Nous pensons comme eux, et aussi sincèrement qu'eux, qu'il ne faut pas, même dans un grand intérêt public, laisser au bagne un innocent. »

Cette question *de fait* avait été, dit-il, légalement tranchée par le tribunal compétent, et il condamna les révisionnistes qui opposaient leur appréciation personnelle aux décisions des instances compétentes. C'était là le discours ordinaire de l'antidreyfusisme modéré, mais ce discours était maintenant dépassé du fait de l'engagement de la procédure de révision. Et comme le remarque Reinach, Lemaître finit quand même par abattre ses cartes : les nouveaux ligueurs allaient accepter l'arrêt de la Cour de cassation, « à la condition formelle que le jugement soit remis aux Chambres civiles ou à toutes les

Chambres réunies ». C'était une nouvelle conception de la légalité.

Lemaitre affirma d'autre part que les israélites étaient des citoyens français : « Comment, de quel front, proscririons-nous 70 000 de nos concitoyens à cause de leur sang ? » Alors que ce 3 janvier déjà, Brunetière avait déclaré : « les antisémites et les partisans de M. Déroulède seront reçus parmi nous. » La Ligue restait donc partisane, antidreyfusards et tiraillée entre antidreyfusards modérés et antidreyfusarde extrémistes.

Malgré l'équivoque idéologique, ou peut-être à cause d'elle, elle connut une croissance très rapide : 2 000 adhésions par jour arrivaient à partir du 5 janvier ; au bout de quelques mois, elle groupa presque 40 000 membres, beaucoup plus que la Ligue des Droits de l'Homme. Les membres appartenaient pour la plupart aux professions libérales, ou bien étaient fonctionnaires ou étudiants. Les trois catégories représentaient 70 % des membres.

La Ligue, d'après les travaux de Jean-Pierre Rioux, prenait appui sur ce que nous avons appelé les classes satisfaites, les gens en place, ou qui se préparaient à le devenir : avocats et médecins, étudiants en droit et en médecine, journalistes, enseignants ; puis, parmi les nobles, académiciens, ambassadeurs, généraux, amiraux, propriétaires fonciers. Dans la haute bourgeoisie c'étaient de « grands industriels, agents de change, gros négociants, grands noms des professions libérales, des parlementaires de la droite et du centre, hauts fonctionnaires de la Cour de cassation, du Conseil d'État ou des Finances, officiers supérieurs, grands patrons de l'Université ». Mais une bonne part des troupes « vient de l'étage immédiatement inférieur, de cette bonne bourgeoisie indépendante, industrieuse, salariée ou rentière, qui participe aux valeurs sociales et idéologiques dominantes par ses revenus, son statut, son mode de vie et son savoir. Les "classes moyennes" avaient beaucoup moins de poids [1]. » La Ligue était somme toute parfaitement représentative de l'antidreyfusisme modéré des classes satisfaites.

---

1. Rioux, J.-P., *Nationalisme et conservatisme. La Ligue de la Patrie Française* (Beauchesne, 1977), pp. 22-30.

La Ligue déploya à court terme une très grande activité, mais bientôt elle s'étiola, et elle disparut en 1905. Par-delà les circonstances spéciales de l'Affaire, quel rôle pouvait jouer après tout une organisation de masse groupant surtout des éléments adhérant aux valeurs qui étaient celles qu'incarnait l'ensemble de la France officielle ? C'étaient les valeurs de l'ordre établi. L'intellectuel ne fleurit en réalité qu'en dehors des structures constituées : c'est que le soutien de ce que Gramsci appellera plus tard l'intellectuel organique, simple porte-parole des valeurs dominantes, ne pourra pas apporter beaucoup à l'ordre établi qui a tous les moyens de s'imposer sans lui.

Cela dit, l'intellectuel n'est pas nécessairement un homme de gauche. Il peut être un homme de droite, *à condition* de se situer hors des structures établies. Et en effet ceux qui allaient se séparer de la Ligue, Maurras et Barrès en tête, ne tardèrent pas à se distancier de la République parlementaire en place, au nom de l'autorité et de la tradition. La Ligue échoua donc à terme pour s'être trop identifiée aux valeurs établies : les nouveaux contestaires de droite la quittèrent.

Vaugeois et ses partisans ne tardèrent pas à conclure que la Ligue était trop timide, qu'elle manquait de direction et qu'elle ne pourrait pas servir réellement d'instrument de salut national. Dès janvier, Vaugeois rencontra Maurras : tous deux commencèrent à envisager les moyens d'une action indépendante ; ils échouèrent dans leur tentative de lancer un journal du soir à un sou mais finirent par mettre en place une organisation indépendante.

La Terre et les Morts

Barrès, de son côté, accepta de faire la troisième conférence de la Ligue le 10 mars. C'était enfin l'occasion pour lui de proposer à la Ligue la doctrine nationaliste qu'il était en train d'élaborer.

Comment définissait-il cette doctrine ? « Un nationaliste », disait-il, « c'est un Français qui a pris conscience de sa formation. Nationalisme est acceptation d'un déterminisme. »

Contre la raison des intellectuels, Barrès préconisa, dans sa conférence, un retour au sentiment. Au plus profond de lui-même, disait-il, il y avait un point névralgique : « Si l'on y touche, c'est un ébranlement que je ne pouvais soupçonner, c'est une rumeur de tout mon être. Ce ne sont point les sensations d'un individu éphémère qu'on irrite, mais à mon grand effroi l'on fait surgir ma race. *Ainsi la meilleure dialectique* et les plus complètes démonstrations ne sauraient pas me fixer. » Ces moments d'émotivité l'amenaient à atteindre aux réservoirs de son être qu'étaient ses ancêtres : « Tant que je demeurerai, ni mes ascendants ni mes bienfaiteurs ne seront tombés en poussière. » Il était dans la dépendance complète de ces ancêtres : « Il n'y a même pas de liberté de penser. Je ne puis vivre que selon mes morts. Eux et ma terre me commandent une certaine activité. »

La doctrine traditionaliste de la Terre et des Morts était née.

Quant à l'affaire Dreyfus, elle n'était, pour Barrès qu'une « orgie de métaphysiciens. Ils jugent tout par l'abstrait. Nous jugerons chaque chose par rapport à la France. » C'était l'intérêt national qui deviendrait la valeur fondamentale du nationalisme.

Malheureusement pour lui, le Préfet de police interdit la salle, la majorité du Comité de la Ligue refusa de le suivre et le força à renoncer à sa conférence : son texte dut être édité, envoyé à tous les parlementaires et aux officiers d'État-Major, et largement diffusé à l'est de la France. La Ligue ne l'accepta pas comme doctrine officielle. Jean-Pierre Rioux dit que Barrès était désormais en porte à faux. Il allait devoir développer sa doctrine en dehors de la Ligue : il allait, comme on le verra, se rapprocher de Déroulède : en octobre 1901, il allait finalement sortir du comité directeur de la Ligue, devenue une organisation purement électoraliste. Mais c'est pourtant lui qui, avec Maurras, apporterait l'armature intellectuelle au futur nationalisme d'extrême-droite.

Le dessaisissement

Dans l'immédiat, avec l'appui de la Ligue et de Lemaitre, la campagne en faveur de la loi de dessaisissement se poursuivait depuis janvier 1899. Dupuy, cédant à la pression qui s'exerçait sur lui, se décida à faire cette loi, malgré le fait qu'il l'avait rejetée lorsqu'il s'était présenté devant le Parlement en novembre.

Le ministre de la Justice, Lebret, avait promis à la Chambre une nouvelle enquête sur les prétendus méfaits de la Chambre criminelle. Le premier président, Mazeau, chargé de l'enquête avec deux autres magistrats, innocenta la Chambre criminelle face aux accusations de Quesnay de Beaurepaire, mais il recommanda quand même le dessaisissement : « Nous craignons que, troublés par les insultes et les outrages, et entraînés pour la plupart dans des courants contraires par des préventions qui les dominent à leur insu, ils n'aient plus, l'instruction terminée, le calme et la liberté morale indispensables pour faire l'office de juges. »

Au Conseil des ministres, Dupuy rencontra l'opposition vigoureuse de Leygues, de Delombre et de Delcassé ; mais la majorité le soutint. Le projet de loi de dessaisissement fut présenté à la Chambre le 30 janvier par Lebret, puis renvoyé en commission. La majorité de la commission trouva le projet scandaleux. Selon le rapporteur, Renault-Morlière, « de telles lois sont essentiellement dictatoriales et révolutionnaires, dans le plus mauvais sens du mot ». Le gouvernement, disait-il, ne pouvait invoquer que l'opinion publique.

Un groupe de progressistes reprit ces arguments dans un manifeste présenté comme un « suprême appel au gouvernement », et signé par Brisson, Bourgeois et, entre autres, Poincaré, Barthou, Isambert, Jonnart, Sarrien, Viviani, Millerand et Pelletan. Lors du débat à la Chambre, Dupuy ne trouva comme justification à la loi que des « circonstances exceptionnelles ». Mais seuls Pelletan et Millerand protestèrent, Pelletan dénonçant les mouchards qui avaient épié les gestes des magistrats. Jamais selon lui il n'y avait eu un pareil scandale. Mais le mot qui décida du vote, le mot qui est passé à l'histoire, fut prononcé par Lebret : « Regardez dans vos circonscriptions. » Le dessaisissement fut voté par 324 voix contre 207.

Ce fut un moment charnière dans l'histoire de la République. Le parti progressiste s'était divisé : des amis de Brisson, quelques modérés et les signataires du manifeste avaient voté contre, avec les socialistes. Ce fait fut désigné comme la « plaque tournante qui allait changer toute l'orientation républicaine ». On allait vers un reclassement des partis. Après les ruptures successives des socialistes et des radicaux avec le nationalisme et l'antisémitisme, fut franchi le pas décisif sur le chemin qui menait à la constitution d'une véritable majorité de gauche — cette fois sans les nationalistes — majorité destinée à remplacer la majorité du centre sur laquelle Méline s'était appuyé. La nouvelle majorité de gauche, identifiée avec le camp dreyfusard complètement politisé, allait faire son apparition en juin.

La mort de Félix Faure

Sur ces entrefaites, eut lieu un autre événement dramatique. Le soir du 16 février, M. Le Gall, chef du secrétariat civil du Président de la République Félix Faure, est assis comme d'habitude dans un salon d'angle du rez-de-chaussée de l'aile gauche de l'Élysée qui donne accès au cabinet de travail du Président. Après qu'une jeune femme est venue voir le chef de l'État, il entend des cris étranges venus de l'élégant boudoir qui se trouve au-delà du cabinet de travail ; et, craignant un malheur, il force la porte. Là, d'après le récit que Casimir-Périer a reçu de son ancien valet, il trouve le Président sans connaissance, dans le dévêtement le plus significatif, et la jeune femme, Madame Steinheil, « toute nue, hurlante, délirante, convulsée par une crise de nerfs ». Félix Faure avait été la victime d'une hémorragie cérébrale foudroyante, et il mourut à 22 heures, sans reprendre connaissance. Madame Steinheil dut quitter précipitamment l'Élysée par une porte dérobée.

La nouvelle de la mort du Président fut immédiatement télégraphiée partout. Elle surprit car, à 58 ans, Félix Faure portait toujours beau, et paraissait en bonne santé, toujours à la chasse, toujours en mouvement, refusant de se ménager. La belle Mme Steinheil « affolait déjà depuis quelque temps déjà le président par le philtre capiteux de ses ardeurs savantes », raconte Paléologue ; elle était « jolie, séduisante, lascive, très experte dans "l'art de casser les reins aux mâles", comme disait Guy de Maupassant ». Mais la bonne santé de Félix Faure n'était qu'apparente. « Plusieurs fois, on avait remarqué », ajoute Paléologue, « son œil vitreux, ses paupières boursouflées, sa gêne subite dans l'articulation des mots. On prétend même qu'il avait eu naguère un trouble congestif de mauvais augure. Il avait donc passé l'heure de connaître Mme Steinheil. » Dès le lendemain de sa mort, les indiscrétions des domestiques de l'Élysée aidant, des bruits commençaient à courir sur ses exploits amoureux dangereux. Drumont, toujours inventif, parla d'un meurtre commis par une « Dalila » qui était, naturellement, à la solde des juifs.

Clemenceau résuma de façon acerbe la situation que créa pour la France la mort de son Président : « Félix Faure vient de mourir. Cela ne fait pas un homme de moins en France. Néanmoins, voici une belle place à prendre. Les prétendants ne manqueront pas. C'est Félix Faure qui avait entrepris pour son propre compte d'étouffer la révision du procès Dreyfus [...] Je vote pour Loubet. » Félix Faure avait en effet travaillé dans l'ombre pour empêcher la révision, mais Clemenceau avait été imprudent de présenter Loubet, le président du Sénat, comme le candidat des révisionnistes. Un courant se développa cependant en sa faveur, d'abord au Sénat, ensuite à la Chambre, et Loubet fut élu Président le 18 février, par 483 voix contre 279 à Méline, candidat des progressistes de la Chambre et de la droite.

D'origine paysanne, resté très provincial, Loubet était plein de sens, dit Reinach, fin politique, « républicain à vingt-quatre carats », et surtout il n'avait pas été mêlé aux récentes querelles des partis. Néanmoins, dès son élection, la fureur des nationalistes éclata.

De retour de Versailles, le nouveau Président fut sifflé, entre la gare Saint-Lazare et l'Élysée, par les ligueurs de Déroulède, les antisémites de Guérin et les partisans du duc d'Orléans. Ils hurlaient : « Démission ! », « Panama ! » (Loubet avait une fois subi un vote de blâme à ce propos). « Les agents laissaient faire, laissaient siffler, laissaient crier », a noté Jean France qui accompagnait le Président. « Le travail des ligues réactionnaires, en particulier de la Ligue des Patriotes, avait été si habile que les neuf dixièmes des gardiens de la paix et la plus grande partie des cadres, officiers de paix en tête, avait une sympathie notoire et non dissimulée pour les antidreyfusards [1]. » Ce jour-là, dit Reinach, « le cœur de la cohue — cinq à six cents hommes —

---

1. Cit. BERLIÈRE, J.-M., « La généalogie d'une double tradition policière », BIRNBAUM, *La France de l'affaire Dreyfus, cit.*, p. 209.

était à Déroulède, de beaucoup un meilleur manieur d'hommes que Guérin ».

Déroulède en avait pris la tête. Les plus échauffés lui criaient de marcher sur l'Élysée, mais il leur demanda de patienter et de pèleriner à la statue de Jeanne d'Arc, place des Pyramides.

Encore le coup de force annoncé

Adossé au piédestal, Déroulède déclara la guerre à Loubet ; il fallait « bouter hors de France, comme Jeanne d'Arc a fait des Anglais, une constitution étrangère... L'élection d'aujourd'hui est un défi... Ce n'est pas à une aristocratie parlementaire, c'est au peuple qu'il appartient de nommer le Président de la République... Nous aurons à délivrer ensemble le suffrage universel. » Il s'engagea : « Ne faisons rien ce soir ; il y a à l'Élysée un mort que j'aimais ; jeudi, réunissez-vous et je vous promets que je ferai mon devoir ; nous chasserons le nouvel élu qui n'est pas pour moi le chef de la nation française, nous renverserons la République actuelle, pour la remplacer par une République meilleure ! A bas celle-ci ! » Le coup de force fut ainsi annoncé pour le jour des obsèques nationales de Félix Faure.

Mais il y avait toujours deux prétendants, ou même trois, si l'on comptait le bonapartiste, le prince Victor, qui maintenait la plus grande discrétion. Dès la mort de Félix Faure, le duc d'Orléans s'était laissé persuader que l'occasion si longtemps attendue était venue. Voulant s'assurer l'appui de Déroulède, il demanda une entrevue à ce dernier. Déroulède refusa. Les royalistes continuèrent à conspirer, c'est-à-dire à rédiger un brouillon de lettre à un général, ou un brouillon de proclamation, s'imaginant déjà le général en marche et le peuple prêt à acclamer son prince à son entrée dans le royaume de ses pères. Face au refus de Déroulède, ils en furent réduits à lui laisser « ouvrir la brèche » ; mais ils pensaient s'y jeter avec lui. « Habitués à prendre leurs propres déclamations et criailleries, celles des nationalistes, le vacarme de la presse et de la rue pour le cri de la nation, ils s'en persuadèrent encore plus pendant cette semaine agitée où, chaque soir, des bandes conspuaient Loubet sur les boulevards », écrit Reinach.

L'agitation du 19 et du 20 février, à la suite d'une réunion de 3 000 personnes, organisée par les groupes plébiscitaires du département de la Seine, Salle des Mille Colonnes, rue de la Gaîté, fit croire à une situation révolutionnaire.

Le 23 février, Déroulède s'apprêtait donc à marcher vers l'Élysée, profitant de l'hostilité envers Loubet des foules rassemblées pour les obsèques du Président. Le scénario qu'il prévoyait pour le coup de force correspondait à son idée constante : l'armée, appuyée par le peuple de Paris, chasserait Loubet de l'Élysée, et l'installerait, lui, Déroulède, à sa place, à la tête d'une République plébiscitaire. Le gouvernement mis bas, le Parlement dissous, la constitution abrogée, le peuple serait « convoqué dans ses comices » pour entériner ce coup de force par son vote. Tout serait calqué sur le modèle bonapartiste. Mais pour réussir son coup, il lui fallait, pensait-il, un général et une brigade. Ce fut le général de Pellieux qui lui donna, sinon une promesse, du moins « quelque parole qui y ressemblât... une demi-promesse », dit Reinach. Sinon, il n'aurait pas marché.

Quel était, ce 23 février, l'état des forces sur le terrain ? Déroulède avait prévenu ses 25 000 ligueurs : il avait envoyé 4 000 cartes-télégrammes, fait passer des notes dans les journaux et diffusé une affiche. Ses hommes étaient convoqués à 15 heures place de la Bastille, lieu à quelques centaines de mètres de la place de la Nation où seraient disloquées les troupes après le défilé pour les obsèques du Président.

Dans la nuit du 22 au 23 février, les choses se gâtèrent avec les royalistes : à un émissaire du duc d'Orléans, Castellane, Déroulède déclara que si le duc se présentait il lui mettrait « la main au collet ».

Le fiasco de la place de la Nation

Le jour venu, Déroulède s'installe avec Barrès dans une loge de concierge près de la place de la Nation, « son écharpe de député en sautoir, ses poches bourrées de proclamations, de décrets, de pièces d'or, de billets de banque

(environ 50 000 francs) pour parer aux premiers besoins ».
Selon lui, la longue route de la barrière du Trône à l'Hôtel
de Ville et à l'Élysée était jalonnée de ses partisans. Place
de la Nation, avec quelques centaines de ses ligueurs, se
trouvaient le prince Victor et Guérin qui, les mains dans les
poches, plaçaient ses bandes. « Il y avait donc là un peu plus
d'un millier d'individus, les uns à Déroulède, les autres à
Guérin », dit Reinach, « qui étaient tous prêts à un coup de
main, si l'armée se laissait détourner, et autant de badauds
et de curieux. »

Pas un seul agent de police, selon tous les témoignages.
Le Premier ministre s'était obstiné à masser le gros des forces de police, avec le préfet, à l'Élysée et place Beauvau.
« Il eût été bien tard », remarque Reinach, « pour arrêter une
émeute populaire et militaire, qui aurait déjà traversé, en se
grossissant, la moitié de Paris. » Par ailleurs, la police municipale n'était plus sûre. Les forces insurrectionnelles, certes
divisées, n'étaient donc pas négligeables : mais tout dépen-
dait de l'appui de l'armée, et du pays. Sur ces points essentiels, Déroulède se trompait.

L'armée avait eu pour mission, depuis un demi-siècle, de
maintenir l'ordre : chez les officiers, et même chez le plus
agité des généraux, de Pellieux, lorsqu'il était au pied du
mur, le réflexe de respect de l'ordre le faisait reculer devant
l'impensable. « Ces militaires », dit Reinach, « les plus audacieux et les plus dénués de scrupules, qui parlent de tout
casser et de jeter les avocats par les fenêtres, dès qu'il s'agit
d'une initiative à prendre, sont saisis d'une timidité subite. »
Nous avons déjà noté que les officiers de l'armée prêts à
participer à la souscription Henry n'étaient pas plus de 1 700
sur 25 000 ; la plupart des officiers étaient antidreyfusards
par conformisme et restaient dans le devoir. Seuls deux régiments, les 4e et 32e de ligne, étaient prêts à marcher avec
Déroulède [1].

De Pellieux n'était pas Bonaparte. Le jour fatidique des
funérailles, suite au service religieux à Notre-Dame, ce général, « après avoir constaté une fois de plus que le peuple ne
bougeait pas, ne huait ni Loubet, ni le Sénat, ni même la

---

1. STERNHELL, Z., *op. cit.*, p. 122.

Cour de cassation », arrêta son plan de retraite. Il ordonna à ses troupes de se disloquer avant la place de la Nation.

Tout s'est donc terminé rapidement, dans la dérision. Ni l'armée ni le peuple n'étaient au rendez-vous. Herr et Péguy s'étaient chargés d'ailleurs de la contre-offensive républicaine. Les allemanistes avaient fourni des troupes éprouvées dans les combats de rue. Péguy avait placé aux points stratégiques des groupes d'hommes chargés de surveiller les événements, de donner l'alerte et d'entraîner le peuple des faubourgs. Mais personne ne bougea [1].

Lorsque les troupes arrivèrent place de la Nation, vers 16 heures 30, en revenant du Père-Lachaise, Déroulède se porta avec environ 200 hommes vers l'avenue de Taillebourg d'où résonnaient des tambours et des clairons. Barrès prit Guérin par le bras : « C'est bien d'être ici. » Mais Déroulède s'aperçut que le général qui arrivait n'était pas de Pellieux, mais Roget.

C'était trop tard pour reculer ; pensant que le destin avait choisi Roget, Déroulède saisit la bride de son cheval. Il crie : « Suivez-nous, mon général, ayez pitié de la patrie ; sauvez la France et la République ; des amis nous attendent ; suivez-nous à la place de la Bastille, à l'Hôtel de Ville. A l'Élysée, mon général ! »

Ni Roget ni la foule ne comprennent d'abord ce qui se passe. A ces cris et ces hurlements se mêlent *La Marseillaise* entonnée par des cuivres, des cris de « Vive l'armée ! Vive la République ! ».

Le bruit effraye le cheval du général Roget. « Lâchez mon cheval et laissez-moi passer », dit-il. Il indique à ses troupes le chemin de la caserne de Reuilly, par le boulevard Diderot. L'opération de Déroulède semble manquée ; il tente pourtant encore d'entraîner Roget de force, en barrant l'entrée de la rue de Reuilly avec ses hommes. Il dit à son lieutenant, Habert, qu'il faut barrer la route à droite, l'entrée de la caserne sur la rue de Reuilly étant sur la droite du boulevard Diderot. Dans la confusion, Habert croit que Déroulède veut barrer l'entrée de la rue du Faubourg-Saint-Antoine, qui

---

1. LINDENBERG et MAYER, *op. cit.*, pp. 165-166.

mène à Paris. « Non ! Non ! Laissez passer. C'est le chemin de la Bastille », s'écrie celui-ci.

Arrivé à l'angle de la rue de Reuilly, Déroulède supplie Roget : « Je vous en prie, mon général, sauvez la France. Ce n'est pas là [à la caserne], c'est à Paris qu'il faut aller ! » « Je ne fais que ce que je veux ! » répond Roget avec violence. Déroulède, avec Habert et une quinzaine de ses gardes du corps, passent la grille, pénétrant dans la cour de la caserne. Déroulède se déclare alors « prisonnier de l'armée qui l'a trahi ».

Roget annonça qu'il le mettait en état d'arrestation ; et, après quelques heures seulement, sur les ordres de Dupuy, Déroulède et Habert furent inculpés, ignominieusement, « de s'être introduits dans la caserne et d'avoir refusé d'en sortir, malgré les injonctions de l'autorité militaire ». L'équipée de Déroulède finit ainsi dans l'humiliation. Mais il avait pu faire insérer quand même dans le procès-verbal qu'il s'était rendu place de la Nation « pour entraîner les troupes dans un mouvement insurrectionnel et renverser la République parlementaire ».

Paris sourit, la République était indemne et le pays retourna au calme. Dupuy continua de traiter les adversaires de la République par le mépris : Déroulède ne fut accusé que de provocation à militaires alors qu'il ne cessa pendant deux mois, devant le magistrat instructeur, de se déclarer coupable d'avoir voulu renverser la République : le juge s'ingénia à réduire la portée de chacun des actes accomplis place de la Nation. Son procès fut finalement renvoyé aux assises. Déroulède cependant ne se sentit nullement découragé.

Les royalistes ne furent pas non plus poursuivis pour complot : Dupuy voulait les tenir par la simple menace de la Haute Cour. Il croyait, par un savant équilibre, ménager à la fois les nationalistes et leurs adversaires. Pour ne pas sembler complètement inerte dans la défense de la République, il poursuivit toutes les Ligues, y compris la Ligue des Droits de l'Homme. Frappées d'une amende symbolique de 16 francs chacune, elles continuèrent cependant d'exister.

Le 27 février, la loi de dessaisissement fut débattue au Sénat. L'opposition était plus vigoureuse qu'à la Chambre : une série de républicains respectés s'élevèrent contre « une des plus grandes hontes des siècles » (Maxime Lecomte), des procédés « indignes du caractère français », employés contre des juges irréprochables (Bérenger), et « une loi qui nous mettrait au ban des peuples civilisés » (Monis).

Waldeck-Rousseau revient

Waldeck-Rousseau, dans un retour remarqué à la politique après cinq ans de silence, observa qu'il était paradoxal de dire qu'« une Cour criminelle, ayant voulu enquêter, s'enquérir, s'éclairer, sera, par cela même dessaisie et à constater que, plus sa faculté, plus sa capacité de juger s'accroît, plus son pouvoir de juger diminue... »

Cette loi lui parut marquée de faiblesse. « Le jour où les assemblées politiques seront saisies par l'opinion publique de la question de savoir ce que l'on doit faire des accusés ou des juges, le mot de justice ne sera qu'un vain mot, et la justice ne sera plus que le plus dérisoire des simulacres... » Le but des injures incessantes contre les juges était d'affaiblir le gouvernement, de troubler les esprits, « de faire de l'anarchie pour arriver à faire de la réaction... Une chose grandit et grandit sans cesse dans le pays, c'est le pouvoir de la menace et de la calomnie... » Et au lieu de résister, le gouvernement évitait ses responsabilités, et on voyait se répandre dans le pays une sorte de résignation. Était-ce le moment de diminuer l'autorité de la Justice ? Les Français « ont toujours été un peuple épris d'idéal et de raison », mais « certains mots ont perdu leur sens : craindre qu'une erreur ait été commise, ce n'est pas obéir au plus noble devoir, au plus noble sentiment d'humanité, non ; dans un certain jargon nationaliste, cela a été méconnaître la patrie ! Vouloir réparer cette erreur, cela a été une forfaiture ; et voilà maintenant qu'on nous demande des tribunaux exceptionnels ou extraordinaires... on a parlé de l'opinion : parlons de justice [...] Je ne sais qu'un moyen de ne pas se tromper et de ne pas la tromper, c'est d'écouter d'abord sa conscience, c'est ensuite de lui obéir ! »

Hélas ! la majorité du Sénat était acquise à la loi de dessaisissement : le 1er mars, elle fut votée par 158 voix contre 118. Waldeck-Rousseau acquit cependant une nouvelle autorité chez les révisionnistes. Et, deux jours après, la Chambre criminelle riposta en renvoyant le procès Picquart-Leblois devant une juridiction civile. Picquart fut transféré du Cherche-Midi à la Santé. Les révisionnistes avaient encore marqué un point.

Et surtout la révision poursuivait son cours, malgré la loi de dessaisissement. Mazeau, premier président des Chambres réunies, choisit comme rapporteur Ballot-Beaupré, président de la Chambre civile en remplacement de Quesnay de Beaurepaire. C'était un homme d'intégrité et de jugement.

L'enquête de la Chambre criminelle fut communiquée aux autres chambres, et à la défense. Mathieu Dreyfus en prit connaissance par Mornard, l'avocat de Lucie Dreyfus.

L'enquête de la Cour de cassation publiée

Craignant que l'état d'esprit de certains juges et les pressions politiques n'aboutissent au refus de la révision, Labori, Demange, Mornard et Trarieux, réunis chez Reinach, s'accordèrent avec Mathieu sur l'idée de publier cette enquête. Mais comment le faire sans compromettre ni Mornard ni Mathieu ?

Mathieu fit porter anonymement quelques extraits des dépositions et documents les plus frappants chez Clemenceau. Frappé par ces mystérieux documents, Clemenceau consulta Reinach qui demanda à Mathieu d'authentifier ses propres documents ! « Je lus "mes documents" avec une apparente attention », raconte Mathieu « et je déclarai : "les documents sont authentiques !" » A la suite de cette comédie, Clemenceau et Reinach décidèrent de faire proposer la publication des documents au *Figaro* par Victorien Sardou qui acceptait d'en prendre la responsabilité. *Le Figaro* publia l'enquête à partir du 31 mars. Mathieu, par l'intermédiaire de Bernard Lazare, engagea cinq juifs russes qui recopièrent les documents, travaillant nuit et jour pour éviter que l'écriture ne soit reconnue en cas de poursuites. Et chaque soir, par des intermédiaires pittoresques, les textes furent apportés au *Figaro*.

L'effet fut considérable. Pour la première fois, les principaux éléments du procès furent mis à la disposition du grand public. Beaucoup furent convertis à la révision. « Le tirage du journal devint si grand », raconte Mathieu, « que M. de

Rodays, gérant du *Figaro*, n'eut plus qu'une préoccupation, c'était d'en assurer la suite. »

Et les Chambres réunies, après avoir obtenu communication du dossier secret, trouvèrent, tout comme leurs confrères, qu'il ne contenait rien qui pût être mis à la charge de Dreyfus.

Le plus important des témoins fut le juge de 1894, Freystätter. Interrogé sur la question de savoir si en 1894, à l'audience, Henry avait parlé de la pièce « canaille de D », il répondit que seul le bordereau avait été discuté. C'était un point capital.

Les juges des Chambres réunies arrivèrent aux mêmes conclusions que leurs confrères. Le dessaisissement avait tourné court. Le 29 mai, les trois Chambres se réunirent en séance plénière au Palais de Justice pour entendre le rapport de Ballot-Beaupré.

La cassation

Le même jour et à quelques mètres de là — était-ce un hasard ? — Déroulède et Habert comparurent enfin devant les assises. Après que le tribunal eut entendu quelques extravagances des accusés et l'éloge de leur « action symbolique », ils furent acquittés.

Cependant, dans la grande salle du Palais normalement affectée à la Chambre civile, il y avait affluence. La salle était bourrée de journalistes. On y voyait, dit Reinach, « les figures connues du procès Zola, des avocats, des intellectuels, beaucoup de femmes ; mais l'air de bataille s'était évaporé, le respect planait, quelque chose de religieux ». La salle était impressionnante. Selon *L'Illustration*, le décor en est « trop somptueux et d'un goût contestable ». L'or y ruisselle à profusion sur les murs, les caissons, les corniches, les motifs d'ornement. La peinture allégorique du plafond, œuvre de Baudry, symbolise la glorification de la loi. « Une balustrade demi-circulaire de marbre limite l'enceinte du prétoire ou siègent en robe rouge bordée d'hermine les 46 magistrats. » Ballot-Beaupré a « une belle figure de magistrat : tête ronde et forte, front développé qu'agrandit encore la calvitie ; face rasée, largement épanouie, sans rien de vulgaire, grâce à la fermeté et à la noblesse des traits, à la vive intelligence du regard ; bref, une physionomie tout à la fois ouverte et réfléchie, respirant la droiture et la sagesse ». Un grand silence règne.

Ballot-Beaupré résume d'abord, impartialement, le *pour* et le *contre*. Puis il introduit ses conclusions : l'aveu qu'a évoqué Cavaignac ne résiste pas à l'examen ; de même, le dossier secret ne se prête qu'à des inductions. Une seule certitude : les attachés militaires avaient d'autres agents. Il ne reste donc, du point de vue strictement juridique, que l'écriture du bordereau et le papier pelure quadrillé. Il pose la question, à demi oubliée : « Le bordereau, base principale de l'accusation et de la condamnation, est-il, oui ou non, de la main de Dreyfus ? » Il s'arrête. Tous les yeux sont sur lui. Le monde entier attend.

Puis c'est la réponse : « Néanmoins, après un examen approfondi, j'ai acquis, pour ma part, la conviction que le bordereau a été écrit, non par Dreyfus, mais par Esterhazy ! »

« Un poids, comme un rocher, tomba des poitrines », note Reinach. « Presque tous les yeux se mouillèrent. Beaucoup de conseillers, ceux de la Chambre criminelle qui avaient été tant outragés, ceux des Chambres civiles qui avaient si longtemps douté ne retinrent pas leurs pleurs. Ces hommes, presque tous au terme de leurs carrières, beaucoup de vieillards, avaient vu tant de choses, tant de misères, qu'ils se croyaient durcis, bronzés ; plusieurs l'étaient : ils furent pris aux entrailles. »

Enfin, il dit quelques mots « sur certains dangereux défenseurs » qu'avaient eus Dreyfus et l'armée. « Non, l'armée, devant nous, n'est pas en cause ; elle n'est pas notre justiciable ; elle est, Dieu merci ! bien au-dessus de ces discussions qui ne sauraient l'atteindre, et son honneur, assurément, n'exige pas que l'on maintienne à l'Île du Diable un condamné innocent. » Il ne demanda pas à la Cour de proclamer l'innocence de Dreyfus, mais, puisqu'il y avait un fait nouveau, il y avait lieu à ordonner le renvoi devant un nouveau Conseil de guerre. Manau et Mornard conclurent de même, et requirent la cassation avec renvoi : c'est également ce que Lucie Dreyfus demandait, car son mari voulait que la réparation vienne de ses pairs.

Le 3 juin, la Cour cassa le jugement de 1894 et renvoya Dreyfus devant le Conseil de guerre de Rennes.

Une petite minorité parmi les juges, ne pouvant pas empêcher la cassation, réussit cependant à faire insérer dans l'arrêt de la Cour, comme raison de la révision, la communication de la pièce « canaille de D », cette communication ayant été prouvée « à la fois par la déposition du président Casimir-Périer et par celles des généraux Mercier et de Boisdeffre eux-mêmes ». Cela allait avoir pour résultat d'inculper Mercier, et ainsi d'embarrasser les juges du nouveau Conseil de guerre.

La lecture de l'arrêt en audience solennelle fut accueillie, dit Reinach, par un grand cri de « Vive la Justice ! » « Il y eut ce jour-là, dans le monde entier, une belle joie, un vif mouvement des cœurs. » Tous les regards étaient tournés vers la France. Et ce fut à nouveau, chez les antidreyfusards extrémistes, une explosion de colère, des insultes contre les juges, la dénonciation d'une « victoire juive ».

Loubet attaqué à Auteuil

L'agitation de rue, les complots de salon reprirent. Pour les antidreyfusards, le grand obstacle maintenant était Loubet, qui s'était fait une grande popularité depuis trois mois. Il fut décidé par le « beau monde » parisien d'étouffer sa popularité en le huant la première fois qu'il se montrerait en public.

L'événement eut lieu à l'hippodrome d'Auteuil, le 4 juin. Comme en février, les conspirateurs de salon bavardaient partout ; le gouvernement était informé et, comme en février, Dupuy massa la police « partout sauf là où il eût fallu ». Loubet fut accueilli par 300 manifestants aux cris de « A bas Loubet ! A bas Panama ! Démission ! » Un gentilhomme, le baron de Christiani, escalada les marches de la loge présidentielle, gardée seulement par des huissiers de l'Élysée, et par deux fois leva sa canne. Loubet para le coup et seul son chapeau fut atteint. Après une bagarre d'une demi-heure avec la police, une cinquantaine d'aristocrates furent arrêtés.

Tous les républicains n'avaient désormais qu'un mot à la bouche : la défense républicaine. Dupuy, qui avait laissé faire une deuxième fois, après les scènes de février, se savait condamné. Il obtint cependant un sursis, le 5 juin, à la suite d'un débat où il fut interrogé par la droite sur son attitude face aux poursuites contre Mercier, mis en accusation dans l'arrêt des Chambres réunies. La motion adoptée flétrissait les scandales d'Auteuil et approuvait les déclarations du gouvernement. Mais la Chambre restait toujours plongée dans la perplexité à propos des poursuites contre Mercier : il fut décidé d'ajourner la question et de statuer après le Conseil de guerre.

Le même jour, à l'Île du Diable, Dreyfus apprit que le procès de 1894 avait été cassé, qu'il cessait d'être un déporté, et que le croiseur *Sfax* venait le chercher pour le ramener en France. « Ma joie fut immense, indicible. J'échappais enfin au chevalet de torture où j'avais été cloué pendant cinq ans... l'aube de la justice se levait enfin pour moi. »

Les violences continuaient, et les républicains s'inquiétaient à la pensée que Dreyfus serait à nouveau livré à l'armée. Les premiers résultats de l'arrêt : le retour de Zola, le départ du *Sfax* pour ramener Dreyfus, et la mise en liberté de Picquart après un non-lieu auraient pu être pris pour des triomphes si on n'avait pas cru la République menacée.

L'acquittement de Déroulède, l'accueil fait au retour de Marchand, le héros de Fachoda, l'incident d'Auteuil, firent que Clemenceau parla de « guerre civile » et que Jaurès vit le triomphe imminent de la réaction. Mais le peuple se chargea de retourner la situation : face à la paralysie gouvernementale, et à l'inaction des parlementaires, il y eut une mobilisation populaire pour répondre à l'offense faite au Président. « Les milliers d'adresses qui arrivaient à Loubet des grandes villes et des plus petits villages racontaient l'émotion de la province. La protestation de Paris sera, cette fois, celle du pays républicain. » Les journaux républicains appelèrent à manifester à Longchamp le dimanche 11 juin, pour venger Auteuil.

La riposte : Longchamp

Prudemment, les royalistes s'abstinrent. Mais ouvriers, étudiants et petits-bourgeois affluèrent. « Quand vint ce dimanche — un beau dimanche », écrit Jules Isaac, « on eût dit que soudain tout Paris accourait au rendez-vous : de toutes parts et par tous les modes de locomotion — omnibus, fiacres, hirondelles ou bateaux-mouches sur la Seine, tous bondés — puis à pied, par petits groupes, ruisselets qui bientôt confluaient et finissaient par former fleuve, une foule immense, résolue, chantante, joyeuse ». « Dans l'enceinte du pesage, les proscrits de la Commune, les révolutionnaires communistes, comme Vaillant, acclamaient, à côté des opportunistes les plus connus, le président de la République bourgeoise. »

Le dreyfusisme, c'était désormais le peuple de gauche, toutes tendances confondues, de la gauche la plus extrême, des anarchistes aux républicains modérés, tous ceux qui étaient résolus à défendre le Président et la République.

Cette fois, Dupuy envoya 6 000 gardiens de la paix, 20 000 hommes de troupe, la gendarmerie, la garde républicaine et même une douzaine de juges d'instruction pour improviser, en plein champ de courses, un tribunal des flagrants délits. Mais il n'y eut pas de troubles sérieux, sauf une bagarre au pavillon d'Armenonville ; Loubet fut acclamé, et Dupuy devint du coup l'homme qui avait défendu le Président contre ses amis. A la différence d'Auteuil, la police montra un excès de zèle ; il y eut quelques bagarres également dans la soirée, et Vaillant interpella à la Chambre, « apportant à la tribune », dit Jean-Marc Berlière, « de nombreux témoignages accablants sur la violence des gardiens de la paix et de leurs sentiments nationalistes et réactionnaires [1] ». Dupuy, dit Reinach, ne condescendit pas à défendre sa police. Il se sentit perdu.

La chute de Dupuy

La motion qui l'acheva commença : « La Chambre, résolue à ne soutenir qu'un gouvernement décidé à défendre avec énergie les institutions républicaines et assurer l'ordre public... » Dupuy fut renversé par 321 voix contre 175. La journée populaire du 11 juin avait ainsi éliminé Dupuy, et elle mit fin aux demi-complicités gouvernementales et policières avec les antidreyfusards extrémistes et ceux qui ne

---

1. Berlière, J.-M., *loc. cit.*

rêvaient que de renverser la République. La voie était ouverte à la constitution d'un gouvernement résolu à la défendre.

Mais la tâche était laborieuse ; la crise dura 10 jours. Loubet appela d'abord Poincaré, « le premier de sa promotion politique », selon Reinach. Mais il échoua, à cause de l'opposition de Sarrien et des radicaux. En renonçant, il recommanda au Président le nom du sénateur Waldeck-Rousseau.

Waldeck-Rousseau

Waldeck-Rousseau avait 52 ans. C'était un homme froid, distant, un provincial d'une parfaite honnêteté qui s'était fait une belle situation de grand bourgeois à Paris par l'exercice de sa profession d'avocat spécialisé dans les affaires civiles. Il avait été, rappelons-le, le premier à être sollicité pour défendre Dreyfus.

Député républicain depuis 1879, il avait été le promoteur de la loi de 1884 sur les syndicats, qui portait son nom. Il était rare qu'un républicain s'occupe des ouvriers : il acquit ainsi la réputation d'être un conservateur intelligent. Mais la politique l'attirait moins que son métier, et il s'en détourna après 1885. Élu sénateur en 1890, il n'avait guère pris la parole avant son intervention remarquée de février 1899 sur le dessaisissement. Toujours réservé sur la question de l'innocence de Dreyfus, il s'inquiétait surtout, au printemps de 1899, de la menace montante de la droite et du cléricalisme.

Lorsque Loubet l'appela, il montra toujours de la répugnance devant la tâche difficile qu'on lui proposait. Elle lui fut imposée presque de force, selon son confident Lépine ; et il n'accepta qu'à deux conditions : qu'il choisirait lui-même ses ministres, sans consulter la Chambre, et qu'il ramènerait Lépine avec lui comme préfet de police. Ce dernier avait été envoyé à Alger en octobre 1897 à cause de l'agitation antisémite, puis démis de ses fonctions. Il avait pu constater les ravages faits dans les rangs et les cadres de la police municipale, dit Berlière, par la propagande des Ligues.

L'autre grand problème était naturellement de rétablir

l'ordre dans l'armée, et à cet effet Waldeck-Rousseau pensa tout de suite au général marquis de Galliffet, un ami personnel depuis de longues années.

Galliffet et Millerand

Galliffet, qui s'était distingué à Sedan, était connu depuis 1871 comme le « massacreur » de la Commune ; il avait ensuite occupé de hauts postes militaires : il avait été en 1880 gouverneur militaire de Paris. Aujourd'hui, il avait 69 ans « mais ne les paraissait pas », dit Reinach, « tant il avait gardé de vigueur dans un corps sec et couturé de cicatrices, la taille droite comme d'un jeune homme, le visage haut en couleur, d'un bronze rouge, les yeux vifs, enfoncés derrière un bec d'oiseau de proie, un nez à la Condé, et qui brillaient du même feu qu'aux jours de bataille ou de fête d'autrefois, et toujours cette même allure, qui avait contribué à sa fortune, d'un chef de bandes qui n'a peur de rien et d'un grand seigneur qui se moque de tout ».

C'était en somme un cynique, et un homme qui disait tout ce que son humeur du moment lui dictait. Halévy le qualifiait de « marquis jusqu'au bout des ongles, quoiqu'il ne veuille pas qu'on lui donne ce titre », et de « républicain déclaré », alors que pour l'historien Pierre Sorlin c'était un royaliste. Pour avoir défendu Picquart, il passait chez les nationalistes pour un dreyfusard. Pierre Sorlin a noté cependant ses variations sur la question Dreyfus [1]. La seule chose, sans doute, qu'il prenait véritablement au sérieux, c'était l'armée. Lorsque Waldeck-Rousseau lui offrit le poste de chef de cabinet à la Guerre, pensant prendre lui-même le ministère, Galliffet accepta : il s'ennuyait ferme dans sa retraite.

D'autre part, Waldeck-Rousseau avait pensé s'adjoindre le socialiste Alexandre Millerand que Reinach lui avait recommandé — car il fallait faire appel, selon ce dernier, à toutes les fractions du parti républicain.

Millerand avait le même âge que Jaurès. Venu du radicalisme, il était devenu, au début des années 1890, à côté de lui, un grand leader des Socialistes Indépendants. Avec sa

---

1. Sur Waldeck-Rousseau, son ministère et sur Galliffet, voir SORLIN, P., *Waldeck-Rousseau* (Colin, 1966), ch. VIII.

tête massive et ses épaules carrées, Millerand avait, disait Caillaux, l'air d'un docker. La culture et le souffle oratoire de Jaurès lui manquaient, mais c'était un avocat qui excellait dans l'argument serré. Il avait été très efficace dans la défense des syndicats au moment des grèves. Depuis qu'il avait proclamé en 1896, dans son discours de Saint-Mandé, que la socialisation des moyens de production ne se ferait en France que par des moyens pacifiques, il était l'homme le plus représentatif de l'évolution du socialisme français vers le parlementarisme. C'est un homme qui pensait en termes de réalisations pratiques, et il n'attendait que l'occasion que lui offrait Waldeck d'exercer le pouvoir.

Jaurès, prévenu par lui des offres de Waldeck, décida, après bien des hésitations, de donner son accord. Selon Andler, c'était Herr qui avait endossé la responsabilité de décider Jaurès à passer outre à l'opposition de Guesde et de Vaillant, pour qui toute participation gouvernementale était vaine avant qu'on ait fait la révolution sociale. Jaurès savait d'avance le calvaire qui l'attendait, mais il pensait que l'appoint socialiste permettrait de sauver la République, et d'aller de l'avant dans la marche vers la révision. Dans *La Petite République* du 19 il affirma qu'« à force de sauver la République, le socialisme la fera sienne ».

Cependant, la première combinaison tomba, surtout à cause des exigences des progressistes préoccupés de questions de personnes. Waldeck renonça, et Loubet, sans succès, se tourna vers les radicaux. Bourgeois se déroba.

Loubet n'eut alors d'autre possibilité que de rappeler Waldeck. Il le supplia de conjurer l'orage ; les principaux républicains lui firent à nouveau de son acceptation un devoir civique.

Le cabinet Waldeck

Le soir du 20 juin, au beau château de Galliffet, à Clairefontaine, dans la forêt de Rambouillet, Waldeck, Galliffet et Millerand composèrent le nouveau cabinet, où étaient représentées toutes les tendances du parti républicain. Cette fois, Galliffet serait lui-même ministre de la Guerre, et couvrirait Waldeck devant l'armée ; Millerand le couvrirait devant la gauche.

Le lendemain 21 juin, avant l'annonce du nouveau cabinet, Millerand, sans parler de Galliffet, fit part aux députés socialistes, mais comme d'une affaire passée, des offres qu'il avait reçues. Il n'était pas question à cette réunion de l'opposition constante des socialistes à la participation officielle d'un des leurs à un gouvernement bourgeois, mais seulement de la question de savoir si un individu avait le droit de participer.

Un député, Cadenat, proposa cependant d'engager la responsabilité du groupe « par un vote officiel et public » ; mais Vaillant s'opposa et la motion votée déclarait que si un socialiste entrait dans un gouvernement bourgeois, ce serait à titre personnel, sans engager pour autant le parti. Jaurès, n'étant pas député, n'assista pas à la réunion ; il dit à Millerand qu'il consentait à donner son appui au ministère, mais le supplia de ne pas mettre sa main dans celle du « massacreur de mai ».

L'annonce de la composition du nouveau cabinet fut accueillie à Paris par un chorus de critiques. Pour les nationalistes, c'était un scandale, un « ministère Dreyfus ». Pour les hommes de gauche, Pelletan par exemple, confier la République au massacreur de la Commune, c'était une infamie. Vaillant, ayant déjà entendu « un propos » effrayant » à la Chambre concernant Galliffet, écrit à Jaurès que « cela effacerait ce qui a été dit hier au groupe socialiste ». Pour les parlementaires en général, c'était un défi à la raison, qui ne tenait aucun compte des groupes à la Chambre.

Mais Waldeck, une fois nommé, agit avec détermination. Dans les vingt-quatre heures, le préfet de police fut remplacé par Lépine qui rappelle : « Mon premier soin en rentrant à mon cabinet... fut de reprendre en main la direction de la police municipale. Je prévoyais que, sous peu, j'allais en avoir besoin. » Le retour de Lépine, dit Jean-Marc Berlière, fut essentiel. « Il est certain que son tempérament ne le porte pas plus à tolérer le désordre et les manifestations tapageuses et violentes des antidreyfusards qu'à supporter la passivité de la police. Il va imposer silence dans les rangs des cadres et le sens du devoir à "ses" gardiens de la paix [1]. »

---

1. Berlière, J.-M., *art. cit.*, pp. 209-210.

Au même moment, le procureur général et le procureur de la République furent relevés de leurs fonctions, et il y eut plusieurs mutations dans l'armée. Là aussi, selon la circulaire de Galliffet, le mot d'ordre était : « silence dans les rangs ! »

Waldeck voulait être jugé sur ses actes. Mais pourrait-il gouverner ? L'appui de la Chambre était rien moins que sûr. Lorsqu'il se présenta devant elle le 26 juin, il fut accueilli par un tumulte inconnu dans les annales de la IIIe République, des hurlements et des cris d'animaux. Et lorsque Galliffet parut, aux cris : « Assassin ! Massacreur ! » l'imperturbable marquis répondit : « Assassin, voilà ! »

Lorsque Waldeck tenta de lire sa déclaration, le vacarme fut tel qu'il ne put guère se faire entendre. Il fut sans cesse interrompu. Ne pouvant présenter le programme, il se contenta de faire appel à l'union des républicains « pour maintenir intact le patrimoine commun » et « permettre à la justice d'accomplir son œuvre dans la plénitude de son indépendance ». Il fut surpris et désarmé. Les feuilles de sa déclaration tremblaient entre ses mains.

« Vous tremblez », dit quelqu'un.

Un député, Dauzon, répond : « Il n'y aurait pas un de vous qui aurait le courage de faire ce que fait M. Waldeck-Rousseau. » Le socialiste indépendant Viviani vole à son secours, tente de reprendre la parole, mais les injures recommencent et il se voit contraint de descendre de la tribune.

Réunira-t-il une majorité ? Les apparences sont contre lui ; mais, selon Pierre Sorlin, il a pris des assurances chez les socialistes parlementaires et les radicaux qui lui vaudront 180 voix ; tout dépendra des modérés, mais Waldeck a également fait travailler ses amis dans les couloirs.

Aynard, dit Reinach, « sans monter à la tribune, raisonna ses amis, arracha à Méline, un par un, près de la moitié des modérés ». Pelletan déclara qu'il s'abstiendrait. Brisson, malade, monta à la tribune et lança un dernier appel : « le gouvernement propose de défendre la République ; je lui donne mon vote ; j'invite tous ceux sur qui je puis avoir, par ma carrière passée, quelque influence dans cette Chambre, à voter, je ne dis pas pour le gouvernement, mais pour la République ». « Il tendit », dit Reinach, « éleva les bras dans un appel où les initiés reconnurent le signe maçonnique de la détresse. C'était bien superflu : sa détresse, son angoisse pour la République, criaient assez haut dans le sanglot de sa voix, dans sa figure ravagée. »

La confiance fut votée par 262 voix contre 237. La majorité comprenait la masse des radicaux qui, à l'exception du groupe Pelletan, suivirent Brisson, la plupart des socialistes et 61 progressistes dont Aynard, Jonnart et Poincaré. Ce vote consacra l'éclatement définitif du groupe progressiste à la Chambre qui s'était amorcé lors du vote contre la loi de dessaisissement. Face au danger de la réaction nationaliste et cléricale, les partisans de Waldeck considérèrent maintenant que le principal danger était à droite, et qu'il fallait revenir, pour défendre la République, à la politique de concentration avec les radicaux et les socialistes.

Ce sera donc avec l'appui de cette nouvelle majorité de défense républicaine qui correspondait à la coalition des forces populaires de Longchamp, que Waldeck allait pouvoir gouverner jusqu'au procès de Rennes et au-delà. Désormais, la France allait être gouvernée à gauche.

Gauche dreyfusarde contre droite antidreyfusarde

Le dreyfusisme victorieux achève de se politiser : au combat judiciaire pour Dreyfus se substituera bientôt un combat politique plus vaste et plus durable : pour la République, contre le militarisme, le nationalisme et le cléricalisme.

Les 29 modérés, dont Barthou, Dupuy et Ribot, s'abstinrent, avec Pelletan et 13 radicaux. Les socialistes révolutionnaires — guesdistes et blanquistes — quittèrent le groupe socialiste de la Chambre. Ils publièrent par la suite le fameux *Manifeste du redressement* du 14 juillet qui justifia leur rupture de l'unité socialiste au Parlement : « Il s'agissait d'en finir avec une politique prétendue socialiste, faite de compromissions et de déviations... le parti socialiste, parti de classe, ne saurait être ou devenir, sous peine de suicide, un parti ministériel. Il n'a pas à partager le pouvoir avec la bourgeoisie, dans les mains de laquelle l'État ne peut être qu'un instrument de conservation et d'oppression sociales. » Malgré la popularité de l'ascension de Millerand, dans une large partie de l'électorat ouvrier et socialiste, la querelle de principe des leaders sur la participation allait handicaper pour longtemps les efforts tentés en vue d'unir les divers courants socialistes.

La droite, les ralliés, les amis de Méline, une trentaine de radicaux et les nationalistes et les antisémites avaient voté contre Waldeck. Désormais, l'opposition de droite regroupera toutes les forces antidreyfusardes, modérées ou extrémistes, et sera renforcée par quelques transfuges de la gauche radicale, notamment Cavaignac. Le nationalisme et l'antisémitisme enfin se situeront à l'extrême-droite. « Même, dit Léon Blum, beaucoup de dreyfusards de la première heure avaient regagné le camp de la réaction comme leur sol naturel. »

L'opposition dreyfusarde de droite, à l'exemple de ses adversaires, englobera sa lutte contre la révision dans une politique plus large qui la supplantera : pour l'armée et le nationalisme, contre le socialisme et la laïcité, et, pour les plus échauffés, contre la République elle-même.

Mercier contre Dreyfus

Sur le plan judiciaire, pendant l'été de 1899, c'était Mercier, incriminé, on l'a vu, par l'arrêt des Chambres réunies, qui mena l'attaque. « Tout le mois qui précéda l'ouverture des débats », dit Reinach, « il poussa sa double opération : déclarer publiquement qu'il dira tout au Conseil de guerre, qu'il y sortira, quoi que doive en résulter, la révélation décisive, et faire circuler en souterrain que c'était le bordereau annoté. »

Cette légende du bordereau annoté de la propre main de l'empereur Guillaume II, dont le bordereau sur papier pelure n'était que le calque ou la copie, circulait, on l'a vu, depuis longtemps ; dans les milieux nationalistes, dans les salons, les bureaux de rédaction, les cercles militaires, on continuera jusqu'au procès de Rennes, d'attendre que ce « grand secret » soit enfin révélé.

Plus l'échéance du procès approchait, plus il s'annonçait comme le duel de Mercier contre Dreyfus. Dans *L'Intransigeant* du 3 août, Mercier déclara : « Dreyfus sera sûrement condamné de nouveau. Car dans cette affaire, il y a certainement un coupable. Et ce coupable, c'est lui ou moi. »

Toujours Déroulède

L'incurable romantique Déroulède, plutôt encouragé par son acquittement par le jury de la Seine, continua de comploter. Il avait reçu des offres d'aide de la part des Assomptionnistes, via leurs comités Justice-Égalité, et aussi des royalistes et des bonapartistes. Il avait été décidé, dès le 17 juin, que les ligues devaient se fédérer. Déroulède ferait alors partie, avec Guérin, d'un triumvirat qui prendrait le pouvoir après le coup de force. Bien que la police le serrât de près, il préparait son coup bruyamment et en plein jour.

Après avoir été acclamé par la foule à la revue du 14 juillet à Longchamp, il s'imagina toujours que le peuple était à ses côtés et, le 16, il lança un nouvel appel en faveur d'une action combinée du Peuple et de l'Armée dans un discours à la Ligue de la Patrie Française : « A quoi bon crier : A bas les ministres ! A bas les présidents ! A bas les Panamistes ! A bas les Dreyfusards ! A bas les Parlementaires et le Parlementarisme ! Les corrupteurs et les corrompus ! Est-ce que ces deux mots-là ne disent pas tout ce qu'il y a à dire : "Vive l'Armée !" »

Mais comme il cherchait toujours des soutiens militaires, il ajouta : « Pour nous aider à secouer le joug des sectes et des coteries, peut-être hésite-t-elle encore à franchir le Rubicon dérisoire qu'a tracé pour elle une Constitution usurpatrice de tous les pouvoirs et de tous les droits ? Que nos cris d'hier, que vos acclamations de tout à l'heure, que mon discours d'aujourd'hui la rassurent et l'éclairent. Le Peuple est avec elle : qu'elle soit avec le Peuple !

Je ne lui fais pas l'injure de lui conseiller de marcher avec nous pour nous venger, elle, je lui demande, je la supplie de venger la Nation, de servir et de sauver la République qu'on déshonore, la France qu'on tue. »

Débuts de l'Action Française

Du côté des intellectuels nationalistes qui cherchaient à affirmer leur indépendance par rapport à la Ligue, le moment semblait venu aussi, à la fin du printemps, de présenter l'Action Française au public. C'est ce que fit Henri Vaugeois, lors de sa conférence du 20 juin, toujours il est vrai sous l'égide de la Ligue. Le prospectus du nouveau mouve-

ment parlait de renforcer les liens entre le peuple et les
« hommes de haute culture » à qui on devait l'expansion de
la Ligue. Le 10 juillet sortit enfin la « petite revue grise » qui
deviendra l'organe officiel et le cœur de l'Action Française
jusqu'en 1908.

A part le royaliste Maurras, tous les fondateurs de l'Action
Française étaient encore des républicains. Mais dès le
1er août, l'aspiration d'Henri Vaugeois vers l'ordre et l'autorité l'amena à opter pour le retour vers le passé : « Réaction
d'abord. » L'Action Française, dès ses débuts, se positionna
sur son terreau naturel, à l'extrême droite.

Comment Waldeck-Rousseau et Galliffet qui, à eux seuls,
constituaient l'essentiel, la tête du nouveau gouvernement,
faisaient-ils face à la nouvelle situation qui avait suivi le vote
du 26 juin ? Le Parlement étant en vacances dès le 4 juillet,
ils avaient donc les mains libres pour exercer ce que Reinach
a appelé une « dictature de trois mois ». Leur action était
triple : faire en sorte que la justice puisse agir en toute indépendance et dans un souci de stricte légalité, ainsi que l'avait
promis Waldeck le 26 juin ; mettre la Haute Armée au pas ;
et enfin surveiller Déroulède et les comploteurs éventuels.

Le retour de Dreyfus

Alfred Dreyfus débarqua du *Sfax* le 30 juin ; à minuit, il
fut transféré à la prison militaire de Rennes. Il ignorait à peu
près tout de sa propre affaire et n'avait jamais entendu parler
ni de Picquart, ni de Scheurer-Kestner, ni du rôle de Zola.

« L'horrible cauchemar prenait fin », rappelle-t-il. « Je
croyais que les hommes avaient reconnu leur erreur, je
m'attendais à trouver les miens, puis, derrière les miens, mes
camarades qui m'attendaient les bras ouverts, les larmes
aux yeux. »

Dès son débarquement, ce fut la fin des illusions : « Là où
je croyais trouver des hommes unis dans une commune pensée de justice et de vérité, désireux de faire oublier toute la
douleur d'une effroyable erreur judiciaire, je ne trouvais que
des visages anxieux, des précautions minutieuses, un débarquement fou en pleine nuit sur une mer démontée. »

Dès le lendemain, il put revoir sa femme : « L'émotion
que nous éprouvâmes, ma femme et moi, en nous revoyant,

fut trop forte pour qu'aucune parole humaine puisse en rendre l'intensité. Il y avait de tout, de la joie, de la douleur, nous cherchions à lire sur nos visages les traces de nos souffrances, nous aurions voulu nous dire tout ce que nous avions sur le cœur, toutes les sensations comprimées et étouffées pendant de si longues années, et les paroles expiraient sur nos lèvres. Nous nous contentâmes de nous regarder, puisant, dans les regards échangés, toute la puissance de notre affection comme de notre volonté. »

« Les révisionnistes », dit Reinach, « qui avaient toujours vécu dans l'illusion, s'y enfoncèrent de plus en plus vers cette époque. Ils écoutaient d'une oreille distraite le fracas nationaliste... une espèce de foi mystique, anti-scientifique, dans la justice des choses, qui s'était accrue avec le succès, endormit jusqu'aux plus avisés. »

Waldeck-Rousseau était moins optimiste. En prenant le pouvoir, il voulut enfin se renseigner sur la question de l'innocence de Dreyfus : il en fut convaincu à la lecture d'un rapport « clair et concis » établi à son intention par le commissaire Temps. Ayant l'habitude de regarder les difficultés en face, il se persuadait que l'accusé avait « seulement un petit nombre de chances ». Pour éviter les dérapages, il rédigea les instructions de Galliffet pour le commissaire du gouvernement au procès de Rennes, Carrière. Les réquisitions de ce dernier ne devaient porter sur aucun des points où la Cour de cassation avait jugé souverainement, *in terminis* ; et aucun témoin ne pouvait être cité, aucun débat se rouvrir sur ces vérités acquises, définitives, « à peine d'excès de pouvoir et de nullité ». Toute dénonciation relative à des faits autres que ceux visés par l'arrêt devait être écartée, réservée à un autre procès. Galliffet renonçait à son droit « de tracer au ministère public des réquisitions écrites ».

Ainsi, il était tout à fait d'accord avec Waldeck pour ne pas peser sur la justice. Plus les juges s'acharnaient contre Dreyfus, pensait-il, plus il avait de chances d'être acquitté. On a vu que, sur l'innocence de Dreyfus elle-même, son opinion variait. Mais, selon Pierre Sorlin, « quelle que soit sa conviction profonde, Galliffet considérait pendant l'été 1899 que la liquidation de l'Affaire était nécessaire et que l'acquittement serait le meilleur moyen de tourner la page ».

Pour lui, la question Dreyfus était sans doute un épisode. L'essentiel était de rétablir l'ordre dans l'armée. Il exerça sa verve contre les grands chefs qu'il méprisait, à la différence des officiers de rang modeste qui, à son avis, ne songeaient qu'à faire leur devoir. Il prit une série de mesures sévères, contre Zurlinden, Négrier, de Pellieux et Roget, et plusieurs généraux furent mis à la retraite.

A cette époque, du Paty devint un moment le bouc émissaire de l'État-Major. Il fut inculpé d'avoir forgé plusieurs pièces, les télégrammes « Blanche » et « Speranza » et même le faux Henry, puis d'avoir communiqué la pièce « canaille de D » à *L'Éclair* en 1896. Deux jours après, il fut libéré sur un non-lieu.

Le 4 août, trois jours avant l'ouverture du procès de Rennes, Déroulède informa ses propres partisans, Guérin et les royalistes, qu'il allait « marcher », soit le jour de la déposition de Mercier, soit le jour du verdict. Les hommes des trois groupements seraient disposés aux points stratégiques de Paris. Selon des rapports de police, certainement exagérés, « plusieurs généraux et de nombreux officiers seraient prêts à marcher ce jour-là ». Le général Négrier qui, on vient de le voir, avait été sanctionné, allait prendre la tête de la marche sur l'Élysée. En cas de succès, un gouvernement de coup d'État serait nommé : les généraux Hervé et de Pellieux, et puis Quesnay de Beaurepaire, Marcel Habert et Georges Thiébaud devraient y figurer. La liste est hallucinante.

Mais tous les yeux, en France et dans le monde, étaient tournés vers Rennes, où le procès de Dreyfus devait s'ouvrir le 7.

Rennes

En 1899, dit Colette Cosnier, Rennes était une ville austère, qui somnolait « dans un digne conservatisme provincial ». Les hôtels du centre ville — entièrement reconstruit après l'incendie de 1720 — lui donnaient des airs d'aristocrate fané. C'était le siège d'une université, d'une Cour d'appel, du 10e corps d'armée, et du Conseil de guerre qui allait juger Dreyfus. Il y avait « peu d'usines, mais une trentaine de communautés et d'associations religieuses, peu d'ouvriers, mais beaucoup de magistrats, d'ecclésiastiques, de professeurs, de militaires, 69 937 habitants. »

Dès le début de l'été, l'Affaire avait introduit quelques foyers d'agitation dans le calme profond de la ville. En juillet, des affiches apparurent sur les murs dénonçant le péril juif, ou criant : « Vive Dreyfus ! A bas l'Armée ! » Le 14 juillet, on cria beaucoup dans les rues : « Vive les gendarmes ! Vive Picquart ! Vive Zola ! Vive la République ! Vive l'armée ! A bas Zola ! A bas Loubet ! A bas la calotte ! A bas les sacs à charbon ! A bas Panama ! »

A la section locale de la Ligue des Droits de l'Homme, des magistrats, des militaires et la majorité des habitants d'une ville bien pensante s'opposaient un groupe restreint d'ouvriers et d'intellectuels. La haine nationaliste se focalisait sur Victor Basch, le fondateur de la section de la Ligue. C'était l'Ennemi par excellence. Le groupe antisémite multiplia les réunions : après celle du 29 juillet, une bagarre opposa 150 antisémites et 50 dreyfusards. Elle se solda par un bilan de 7 blessés dans le camp nationaliste.

Et dès les premiers jours d'août, la grande invasion de la ville par l'Affaire commença. « Dès le matin, il règne dans le quartier de la gare une animation extraordinaire. A l'aube, les voyageurs — témoins, journalistes, personnalités — descendent du train après une nuit d'insomnie et de cahots : le trajet de Paris à Rennes s'effectue en sept heures, parfois plus. Le général Mercier arrive ainsi avec une heure et demie de retard : dans la cour de la gare, la voiture du général de Saint-Germain l'attend, les badauds sont déçus de le voir si rapidement... Hasard malencontreux : Barrès descend du même train que Mathieu Dreyfus... et que Picquart, que la foule acclame [1]. »

Écrivains, hommes politiques et journalistes distingués arrivent du monde entier, surtout d'Angleterre et d'Allemagne ; ils convergent sur Rennes : de la France, outre Barrès, Jaurès, Viviani, Bernard Lazare, Octave Mirbeau, Jules Claretie, Maurice Sarraut, Marguerite Durand du journal féministe *La Fronde*, et la belle journaliste Séverine.

---

1. COSNIER, C., *Rennes pendant le procès Dreyfus* (Rennes, Ouest-France, 1984), *passim*.

D'Angleterre, Fullerton du *Times*, G.W. Steevens du *Daily Mail*, le docteur Dillon du *Daily Telegraph*, M. Knight du *Morning Post*, suivis, vers la fin du procès, par Lord Russell de Killowen, président de la Haute Cour de Justice d'Angleterre et représentant de la reine Victoria. Karl Liebknecht, le social-démocrate allemand, représente un journal viennois. Le Tout-Paris et les représentants de plusieurs têtes couronnées font de Rennes le lieu à la mode.

Mais l'effervescence produite par l'invasion est circonscrite : vainement chercherait-on dans la ville, dit *L'Illustration*, « des symptômes d'une fièvre semblable à celle qui agita Paris pendant le procès Zola ». La majeure partie de la ville conserve son calme provincial ; « C'est à peine si quelques badauds s'alignent sur le passage des longues files d'étrangers, témoins cités, hâtant le pas vers le Conseil de guerre. » En effet, « il y eut à Rennes pendant tout le mois », explique Joseph Reinach, « comme deux villes, la bretonne, où l'hostilité persistait, se lisait partout, aux visages contractés, aux regards obliques, au dur silence de tout ce qui était indigène, et une ville nouvelle, venue du dehors, parisienne et cosmopolite, aussi bruyante que l'autre était taciturne, où les passions éclataient et fumaient dans un dernier incendie ».

Selon Mathieu Dreyfus, Rennes en août 1899 a aussi « toutes les apparences d'une ville assiégée. Les rues sont remplies de soldats, de gendarmes. Des patrouilles à cheval circulent incessamment dans les grandes artères ».

Le procès va s'ouvrir dans la salle des fêtes du lycée, imposant complexe de bâtiments au bord du boulevard de la Gare (actuelle avenue Janvier), en face de la prison militaire. Le lycée, dit Mathieu, « est occupé militairement, comme une forteresse. Personne n'y peut entrer. On craint, me dit-on, qu'on y place une bombe. Le sous-sol, tous les recoins ont été minutieusement visités. »

La salle des fêtes est un immense vaisseau rectangulaire. Selon *L'Illustration*, elle mesure 22 mètres de longueur, 15 mètres de largeur et 8 mètres de hauteur : « des murs peints à la colle d'ocre café au lait : les grands côtés percés chacun de six fenêtres et d'autant d'œils-de-bœuf répandant la lumière à souhait. Une étroite frise, courant sous les œils-de-bœufs, est décorée des noms de Bretons illustres.

Au fond, exhaussée d'un mètre environ, une scène assez large s'ouvre dans un encadrement surmonté, comme il sied, d'une cartouche en carton-pâte aux armes de la ville. »

Le procès de Rennes

Le matin du 7 août, dit Paléologue, cette salle est « archi-comble, un millier de personnes au moins. » Paléologue s'était demandé si une salle « aussi énorme, aussi retentis-sante, aussi théâtrale, ne risquait pas de transformer la procé-dure en spectacle ». Selon Reinach, il y avait « plus de cent témoins, les militaires en tenue sauf Chanoine, autour de Mercier qui s'installa au premier rang, à côté de Casimir-Périer, après avoir salué la veuve d'Henry "enveloppée d'un long voile de deuil", et tout l'ordinaire public des grandes journées de l'Affaire, déjà frémissant des sensations nouvel-les qu'il était venu chercher à Rennes, surtout des écrivains et des artistes, plus de quatre cents journalistes, de nombreux officiers de la garnison, et beaucoup de femmes, de tous les mondes, en claires toilettes d'été, et plus passionnées, dans les deux partis, que les hommes ».

En arrivant, Mathieu Dreyfus aperçoit « sur la scène qui domine la salle, une grande table et des sièges pour les mem-bres du Conseil de guerre, des juges suppléants, les délégués du ministère de la Guerre et du ministère des Affaires étran-gères, et pour quelques privilégiés. A droite, le banc de la défense, un couloir dans lequel se tiennent un grand nombre de gendarmes. C'est par là qu'arrivera tout à l'heure mon frère. »

Il est 7 heures du matin. A cause des chaleurs d'été, les séances du procès vont s'arrêter chaque jour à midi. Le prési-dent, le colonel Jouaust, est directeur du génie ; tous les autres membres du conseil de guerre sont des artilleurs ; ils sont donc à même de comprendre les questions techniques du procès, ce qui n'était pas le cas en 1894. « Je regarde les témoins », rappelle Mathieu. « Je reconnais Mercier, horri-blement laid, d'une laideur sinistre, des yeux glauques à demi recouverts de paupières épaisses, plissées. Il est assis au premier rang, dans un fauteuil qu'il ne quittera plus lors-

qu'il aura déposé. Un bref commandement : "Portez armes !"
retentit, puis un bruit de fusils vivement maniés, et dans un
brouhaha d'éperons et de sabres, les membres du conseil de
guerre entrent, suivis de leurs suppléants. Le colonel Jouaust
et les juges portent leur main à leur képi, et la séance est
déclarée ouverte. Un nouveau commandement : "Déposez
armes !", les crosses des fusils restent sur le plancher de la
salle, le colonel Jouaust dit : "Faites entrer l'accusé !"

Subitement un silence de mort. Toutes les têtes se tournent
vers le couloir qui se trouve derrière le banc de la défense.
C'est le premier contact de mon frère avec l'humanité depuis
cinq ans. Sa faiblesse physique, l'émotion, ne trahiront-elles
pas sa volonté ? Je n'ai pas le courage de regarder. Je ferme
mes yeux. J'entends : "Asseyez-vous." J'ouvre les yeux. »
Tout le monde attendait l'homme qui a été depuis si longtemps au centre de la tempête, et que si peu de gens ont vu.
Enfin, c'est lui.

« Dreyfus entre, en uniforme de capitaine d'artillerie, d'un
pas ferme, rapide, volontairement "automatique et cadencé",
le regard net derrière le lorgnon, droit sur la salle où tout le
monde était debout. Un instant, comme ébloui par la splen-
dide lumière qui coulait des fenêtres, il parut s'arrêter. Il
avait trois degrés à monter jusqu'à sa place, au bas de la
tribune des avocats. Ses jambes chancelaient sous lui ; la
secousse fut trop forte : tout son sang affluant au cœur, il crut
qu'il allait tomber, se raidit encore, d'un effort douloureux,
cependant que son visage, l'enveloppe de fer de cette âme
d'acier, demeurait immobile, impénétrable, plus fermé qu'un
mur. Militairement, dans l'attitude du soldat sous les armes,
il salua le conseil, s'assit à l'invitation du président, retira
son képi : on eût dit une statue... Il avait trente-neuf ans,
mais semblait sans âge, à la fois vieux et jeune, les cheveux
blanchis, "seulement une couronne de cheveux gris", très ras,
la courbe du crâne dénudée, un crâne très vaste "comme pour
contenir plus de matière à souffrance", la nuque décharnée,
desséchée par le soleil des tropiques, la face rétrécie et
contractée, les yeux "vitrifiés", d'un bleu si pâle qu'ils en
semblaient blancs, le corps qui avait comme fondu, un peu
de chair collée sur des os qui la perçaient ; par contre, la
taille à peine voûtée, "redressée contre les destinées", l'éner-

gique menton aux méplats saillants, la moustache fine et
restée châtaine, surtout l'éclat factice du teint où l'affaiblis-
sement du cœur amenait à chaque respiration des flots de
sang qui l'empourpraient et firent dire à Barrès "qu'il rosis-
sait comme un petit cochon". » Si les journalistes de *La
Libre Parole*, de *L'Éclair*, du *Journal* le veulent en bonne
santé, même Barrès est contraint de dire qu'« on jetait en
pleine lumière une misérable guenille humaine. Une boule
de chair vivante, disputée entre deux camps de joueurs et qui
depuis six ans n'a pas eu une minute de repos. »

Mais Dreyfus refuse, comme en 1894, de faire appel à la
pitié. Un innocent ne doit s'adresser qu'à la raison, dira-t-il.
Il essaie de « cacher sous le décor d'un soldat invaincu la
loque d'homme que le bagne, le climat meurtrier et Lebon
avaient fait de lui..., et relevant à peine d'une crise violente
de fièvre, le foie congestionné, incapable de supporter
d'autres aliments que le lait et les œufs, il s'est gorgé de
stimulants, crainte de se trouver mal et parut s'armer d'une
force factice ».

Le greffier Coupois lit quelques pièces de procédure,
l'arrêt de la Cour de cassation, enfin l'acte d'accusation de
1894. Immobile, Dreyfus entend sans écouter.

Le vieux colonel Jouaust « naturellement bon mais non
moins bourru », affecte de le bousculer et de le traiter en
coupable. En réalité, c'est pour la salle, il incline personnellement à l'acquittement. Il lui présente le bordereau et
demande s'il le reconnaît. Le repoussant d'un geste presque
machinal, Dreyfus répond d'abord à mi-voix que la pièce lui
avait déjà présentée en 1894, mais qu'il ne la reconnaissait
pas. Puis, brusquement, un cri rauque lui échappe, que la
salle n'entend guère : « J'affirme encore que je suis innocent,
comme je l'ai déjà affirmé, comme je l'ai crié en 1894. Je
supporte tout depuis cinq ans, mon colonel, mais encore une
fois, pour l'honneur de mon nom et celui de mes enfants, je
suis innocent, mon colonel. — Alors, vous niez ? — Oui,
mon colonel. »

Oubliant la question de l'écriture du bordereau, Jouaust le
presse sur les questions qu'il a pu ou n'a pu connaître. Il
répond toujours, d'une voix claire, par des faits et des déné-
gations. Il nie l'aveu fait à Lebrun-Renault.

Puis, pendant quatre jours, du 8 au 11 août, des séances à huis clos sont consacrées à l'examen contradictoire des dossiers secrets, militaire et diplomatique. Impassible, Dreyfus assiste à ce déballage : au dire de Paléologue, responsable du dossier diplomatique, il n'y a pas là-dedans vingt lignes qui s'appliqueraient à lui. Son attitude semblait dire : « En quoi ce que vous exhibez là me concerne-t-il ? » Le général Chamoin, responsable du dossier militaire, commet la faute de se laisser persuader par Mercier d'introduire un faux dans le dossier secret, une version falsifiée du télégramme Panizzardi. L'audace de Mercier, dit Mathieu Dreyfus, est prodigieuse.

Arrestation des comploteurs

L'audience des témoins ne commence que le 12 août. Entre-temps, Waldeck-Rousseau décide d'agir contre Déroulède et les comploteurs. Ce dernier, on s'en souvient, avait annoncé qu'il « marcherait » le jour de la déposition de Mercier, fixé pour ce 12 août. Malgré le fait que les témoignages recueillis après l'affaire de la place de la Nation et les rapports de police sur les intentions des ligues fédérées soient vagues et inconsistants, Waldeck, à un conseil des ministres tenu à Rambouillet, le 10 août, grossit le trait, et il persuade le conseil de décider à l'unanimité d'arrêter les conspirateurs et de les poursuivre pour complot et attentat « en vue de changer le Gouvernement ». Mais Waldeck ne veut impliquer aucun militaire dans le complot. L'avertissement suffira.

Déroulède, Buffet et les principaux chefs des groupes nationalistes, royalistes et antisémites sont donc arrêtés le 12 août à l'aube. Thiébaud refuse d'ouvrir sa porte et disparaît par les toits. Habert, alerté, rédige un manifeste et s'éclipse pendant deux mois. Guérin, qui se trouve non chez sa mère, où la police fait irruption, mais chez sa maîtresse, se rend au quartier général de la Ligue Antisémitique, 51, rue de Chabrol, immeuble qu'il a fortifié ; il s'y barricade et déclare qu'il recevra à coups de fusil quiconque essayera d'en forcer l'entrée.

Le « siège » du « fort Chabrol » défrayera la chronique pendant plus d'un mois, disputant les colonnes des journaux aux échos du procès de Rennes. Waldeck laisse Guérin pourrir. Des Parisiens jettent à Guérin et à ses amis des paquets de vivres depuis le toit de l'immeuble en face, ce qui lui permet de tenir un peu plus. Mais il se rendra le 20 septembre.

Le danger de coup de force était-il réel ? Sûrement pas, mais, selon Pierre Sorlin, Waldeck pense que les nationalistes ont besoin d'une sérieuse leçon ; il a peur d'une explosion après le verdict dans le cas d'un acquittement : il est préférable de les arrêter préventivement plutôt que de sembler leur faire subir une vengeance. Il est surtout troublé par les Ligues, derrière lesquelles il voit le royalisme. L'événement lui donne raison sur un point décisif : la rue se calmera.

D'ailleurs, le 12 août, l'attention est tellement concentrée sur Rennes que le premier coup de filet sur les arrestations produit « peu d'émotion », dit Reinach. « En une nuit, la République était dégagée, sans une goutte de sang, par le seul réveil de la Loi. »

La déposition de Mercier

A Rennes, lorsque le Conseil de guerre reprend ses séances, rien des événements de Paris n'y a encore transpiré. Le grand événement du jour, ce sera donc la déposition de Mercier. Va-t-il enfin dévoiler le « grand secret » ? — Il paraît à la barre en uniforme. Mais, au lieu de la bombe attendue, c'est une « interminable » conférence sur toute l'affaire, prononcée à voix basse, et qui va durer quatre heures et demie. « L'attente d'une péripétie était telle qu'au bout d'un quart d'heure la déception se peignait sur tous les visages. Adversaires et partisans se sentirent également frustrés. »

Mercier procède, dit Reinach, « avec un art consommé, tronquant les textes, falsifiant les dates, faussant les faits, parfois rien que par l'incorrection et l'obscurité de langage, l'inexactitude voulue, se contredisant dans la même phrase, jusqu'à l'absurde, mais toujours de façon à conduire, à ramener les juges à l'abominable mensonge sous-entendu. » Il n'a pas besoin d'affirmer ouvertement l'existence du bordereau annoté par l'empereur d'Allemagne. Il déclare simplement que Dreyfus était pour les gouvernements allemand et italien « une connaissance », « une personne que tout le monde connaît et sur laquelle il n'y a pas besoin de donner de détails ».

« Vous savez, » dit-il, « que M. Mertian de Muller, se trouvant en visite au château de Potsdam, le 2, le 3 ou 4 novembre 1894 je crois, vit sur la table du cabinet de l'Empereur un numéro de *La Libre Parole* portant le timbre du cabinet de l'Empereur et sur lequel étaient écrits au crayon rouge les mots : "*Capitaine Dreyfus ist gefangen*" (Le capitaine Dreyfus est pris). »

Il insiste de même sur le fait que, dans le télégramme Panizzardi, il est question du « capitaine Dreyfus », sans explication. En laissant entendre que l'empereur d'Allemagne connaissait Dreyfus et « s'occupait souvent personnellement des affaires exceptionnelles d'espionnage », il insinuait qu'il ne serait pas étonnant qu'il ait annoté le bordereau.

Et il ajoute un récit de la « nuit tragique » : « M. Casimir-Périer, dans sa déposition devant la Chambre criminelle, a parlé de la démarche quelque peu insolite qui avait été faite auprès de lui par l'ambassadeur d'Allemagne » ; mais il « n'a pas été jusqu'au bout de sa déposition. Il n'a pas dit que, ce même jour, nous sommes restés, lui, Président de la République, M. Charles Dupuy, le Président du Conseil, et moi, de huit heures du soir à minuit et demi dans son cabinet, à l'Élysée..., à attendre si la paix ou la guerre allait sortir de cet échange de communications... nous avons été à deux doigts de la guerre. » Si la guerre, un soir, a été sur le point de sortir de l'affaire Dreyfus, remarque Reinach, comment ne pas conclure que l'Empereur allemand avait un intérêt personnel à ne pas être compromis dans cette basse histoire d'espionnage ?

Et il y a plus : Mercier place la « nuit tragique » *avant* le premier procès Dreyfus : il l'utilise pour justifier la communication aux juges du dossier secret, qu'il avait refusé d'admettre au procès Zola, et cela en raison du danger de guerre. En réalité, l'incident diplomatique datait du 6 janvier 1895 (voir supra, p. 56). Casimir-Périer qui venait, le jour même, dans une déposition qui a précédé celle de Mercier, de rappeler sa véritable nature, proteste deux fois. « Il a démenti son ancien ministre d'un geste violent, demandant la parole. Mais Mercier, impassible, a continué son récit. »

Mercier garde l'écriture du bordereau pour la fin de son discours, sachant qu'il est attendu là-dessus. Il se base sur le système de Bertillon : « Je persiste... à croire que le bordereau a été écrit par le capitaine Dreyfus, mais je n'attache pas grande importance à cette question, parce que, même si le bordereau a été écrit par un autre, son examen cryptographique va démontrer qu'il n'a pu l'être que sous l'inspiration du capitaine Dreyfus ». Arrivé à sa péroraison, Mercier se tourne pour la première fois vers Dreyfus : « Si le moindre doute avait effleuré mon esprit, Messieurs, je serais le premier à vous déclarer et à dire devant vous au capitaine Dreyfus : je me suis trompé de bonne foi. » Dreyfus ne peut pas se tenir : il se lève et hurle : « C'est ce que vous devriez dire. »

MERCIER : « Je viendrais dire au capitaine Dreyfus : je me suis trompé de bonne foi, je viens avec la même bonne foi le reconnaître et je ferai tout ce qui est humainement possible pour réparer une épouvantable erreur.

DREYFUS : C'est votre devoir.

MERCIER : Eh bien non, ma conviction, depuis 1894, n'a pas subi la plus légère atteinte, elle s'est fortifiée par l'étude plus complète et plus approfondie de la cause, elle s'est fortifiée aussi de l'inanité des résultats obtenus pour prouver l'innocence du condamné de 1894, malgré l'immensité des efforts accumulés, malgré l'énormité des millions follement dépensés. »

A peine Mercier a-t-il quitté l'estrade que Casimir-Périer « bondit vers la barre. Et, les yeux fulminants, la voix stridente, il s'écrie : "M. le général Mercier a fait sur mon rôle en 1895, quelques déclarations que je ne veux pas ratifier de mon silence et que, au surplus, je ne peux tolérer. Je demande à être confronté avec lui." »

Jouaust décide que la confrontation aura lieu le lundi matin, 14 août. Mais ce jour-là, encore un coup de théâtre. « Dès l'ouverture de la séance, un cri aigu s'élève dans le fond de la salle : "On vient d'assassiner Labori !" » « Tumulte, clameurs, altercations », dit Paléologue. Sur le quai du canal de la Vilaine, un jeune homme a tiré une balle dans le bas du dos de Labori qui se trouve tout de suite immobilisé par terre, incapable de remuer ses jambes.

L'assassin s'enfuit, en criant « Je viens de tuer *le* Dreyfus »,
ou « Je viens de tuer *un* Dreyfus ». On va chercher un médecin ; Labori est soigné et, dès le lendemain, il est annoncé
que le coup n'a atteint aucun organe et que Labori pourra
reprendre sa place à la barre avant huit jours.

Cependant, confronté avec Mercier ce matin du 14 août,
Casimir-Périer, lui inflige « d'impérieux démentis » :
« Jamais Lebrun-Renault n'avait parlé devant moi... des
aveux... » Et sa colère monte : « Je n'ai parlé d'aucune soirée, moi, et le général Mercier n'a pas eu à accepter ce que
j'ai dit d'une soirée... Le général Mercier, que j'avais nommé
ministre de la Guerre, n'avait pas à intervenir dans les questions diplomatiques. Dans la soirée du 6 [janvier], je n'étais
pas troublé : je ne sais pas qui l'était... si l'incident était aussi
tragique qu'on l'a représenté, l'ambassadeur en aurait référé
à Berlin, avant de prendre rendez-vous pour le lendemain
avec le Président du Conseil. » Mercier trébuche : « Je n'ai
pas de souvenirs précis » (sur la date). « J'affirme l'exactitude absolue de ma mémoire... Je ne veux pas que mes paroles soient dénaturées, cinq minutes après que je les ai
prononcées. »

Mercier reste impassible. Dès qu'il est chassé d'une date,
il se replie sur une autre. Et lorsque Demange lui demande
comment des faits datant du 6 janvier ont pu le décider à
faire la communication secrète le 22 décembre, il répond que
ce qui s'est passé le 6 janvier est « l'épilogue d'une crise qui
durait depuis longtemps » !

Mercier domine le procès

Par son arrogance dans le mensonge, et par sa tranquille
conviction d'avoir eu raison depuis cinq ans envers et contre
tout, Mercier est la personne centrale du procès. C'est toujours l'obstiné, l'homme qui se pique de ne jamais se déju-
ger. Pour Galliffet, c'est un « halluciné » qui se croit
l'incarnation de la France. « Toujours assis dans son fauteuil,
toujours tournant ses pouces », dit Mathieu Dreyfus de lui,
« il apportait une attention profonde à tous les incidents, à
toutes les dépositions. Il dominait la troupe des faux témoins
par son intelligence, son sang-froid, une infatigable activité,
toujours prêt à intervenir, à payer de sa personne, et dirigeait

toutes les forces du mensonge à l'assaut de la vérité... Son action incessante s'exerçait partout. Ses nombreux émissaires de tous grades avaient la mission de fréquenter les mess, les cercles d'officiers, tous les milieux militaires. Ils y répandaient la bonne parole. »

Du 14 août au 7 septembre, par les chaudes matinées d'été, c'est le défilé sans fin des autres témoins : 70 ont été cités par l'accusation, 45 par la défense. Ceux de l'accusation témoignent tous dans le sens de Mercier : d'abord les anciens ministres de la Guerre, dont Cavaignac, qui s'accroche toujours à la légende des aveux, puis tous les chefs et le personnel de l'État-Major. Ils restent dans le rôle qui est devenu le leur depuis longtemps, en ajoutant seulement ici ou là quelques variations.

Peu de révélations importantes donc : le procès devient en effet un spectacle, comme le craignait Paléologue, mais convenu, un rien ennuyeux. Le commissaire du gouvernement ne respectait pas les limites qui lui avaient été fixées par les instructions de Galliffet. » C'est ainsi que Cavaignac a pu ressortir la légende des aveux ; la pièce « canaille de D » a pu refaire surface, et même quelques nouvelles charges apparaître. Les témoins mineurs racontent des conversations supposées très suspectes : un officier rencontre Dreyfus sur le quai d'une gare, et celui-ci demande : « Y a-t-il des nouvelles ? »

L'escroc Cernusky est le seul à faire sensation, en se basant sur les confidences d'un autre aventurier, pour affirmer que Dreyfus était un des quatre espions français au service de l'Allemagne. Les ouï-dire fleurissent, laissant pantois les journalistes anglais.

Lord Russell de Killowen, de son côté, est scandalisé par la partialité des témoins et du président : « Quelle offense à la justice que cet interminable défilé d'accusations devant la barre !... Un témoin n'a pas le droit d'accuser ; il doit dire ce qu'il a vu, ce qu'il sait, rien de plus. Pourquoi donc cette complaisance en faveur de l'accusation ? Pourquoi le colonel-président a-t-il toléré cela ? »

Mais toutes les accusations contre Dreyfus ne résistaient pas aux témoignages de la défense : Picquart fit une démonstration claire qui dura sept heures ; le commandant Hartmann montra que l'auteur du bordereau ne pouvait pas avoir été un artilleur. Un des juges de 1894, Freystätter, témoigna sur la communication du dossier secret : ayant du remords de s'être associé à la condamnation d'un innocent, il déclara que le président Maurel avait lu 7 pièces pendant la délibération. Maurel répondit qu'après avoir lu la première pièce il avait passé le dossier à son voisin, en disant : « Je suis fatigué ! » C'est ainsi que Maurel dut admettre la façon dont il avait fait condamner Dreyfus... (cf. supra, pp. 49-50)

Les experts d'écriture sont toujours en désaccord, sauf que Charavay a reconnu son erreur de 1894. Les intellectuels réaffirment que le bordereau est d'Esterhazy. Ce dernier ne témoigne pas, mais écrit de Londres aux militaires des lettres pleines d'insultes et de menaces. Il reconnaît avoir émis le bordereau, sous la dictée de Sandherr, mais n'empêche, Dreyfus est un « misérable » et un « infâme » dont la culpabilité ressort de ce que Mercier n'a pas dit. Toujours plane l'ombre du faux impérial.

Enfin, suite à une demande de Waldeck-Rousseau, Berlin refuse de communiquer quelques-uns des documents mentionnés au bordereau ; Labori ne réussit pas non plus à obtenir de Berlin l'autorisation d'interroger Schwartzkoppen.

Le 4 septembre, le gouvernement, pour calmer les nerfs du pays au moment du verdict, décide de constituer le Sénat en Haute Cour pour juger Déroulède et les conspirateurs arrêtés le 12 août. La Haute Cour doit se réunir le 18 septembre.

Comment le procès finira-t-il ? En l'absence d'un fait nouveau, ce que Waldeck n'a pas obtenu de l'Allemagne, ceux qui ont suivi le procès sont maintenant pessimistes, malgré le poids des témoignages de la défense. A Paris, les ministres et les principaux révisionnistes ne doutent plus que Dreyfus sera de nouveau condamné.

En effet, il eût été peu vraisemblable que des soldats peu experts en droit, peu doués de sens critique et confrontés à ce tourbillon contradictoire de vérités et de contre-vérités, d'opinions et d'ouï-dire, eussent mis en doute la bonne foi de leurs supérieurs.

Le réquisitoire de Carrière est complètement informe. « Ses interventions au débat, » dit Reinach, « avaient été rares, d'ordinaire niaises. Visiblement, il ne comprenait pas, l'un de ces hommes qui sont à eux-mêmes leur caricature, le type du microcéphale, un front fuyant à plus de trente degrés, des yeux de fouine, un nez pareil à un bec, le menton aussi fuyant que le front, et, avec son corps massif et haut sur pattes, l'air de ces grands échassiers tristes et grotesques qu'on appelle marabouts. » Pendant plus d'une heure et demie, « pas un argument, pas même un effort vers un argument ». « Quelle faiblesse d'esprit, quelle ignorance du droit ! » s'exclame Lord Russell à son propos. « Comment a-t-on pu confier une tâche aussi grave à un personnage aussi grotesque, *such a grotesque figure* ! La France ne sait donc pas que le monde entier a les yeux fixés sur l'affaire Dreyfus ? »

Les partisans d'une seconde condamnation sont remplis de stupeur ; ceux de Dreyfus ont repris l'espoir. Mais Bernard Lazare et Cornély craignent maintenant que si Labori se laisse aller à sa fougue naturelle, il indisposera les juges. Mathieu Dreyfus lui demande de renoncer à plaider. Il accepte.

Demange plaide seul. Le grand avocat parle pendant cinq heures, discutant chaque invention, chaque hypothèse avec la même vigueur, car n'importe laquelle aurait pu influencer les juges. C'est pour eux seuls qu'il parle, presque toujours sur le ton de la causerie, sans s'adresser à la salle, sans effets oratoires ou même de style. Il ne paraît jamais suspecter leur bonne foi. Il éveille quelquefois la pitié dans la salle, il fait de son client une peinture si tragique que plusieurs juges ne sont pas maîtres de leur émotion. Il lit des extraits du journal de Dreyfus, à l'Île du Diable, pour démontrer son culte de la patrie. Et il ne touche aux coupables que d'une main « hésitante », dit Reinach. « Esterhazy est plutôt un escroc qu'un traître. » Demange refuse de croire à la complicité d'Henry et d'Esterhazy. « Les juges de 1894 n'étaient pas éclairés, ils n'avaient pas l'écriture d'Esterhazy : vous l'avez, vous ; c'est un fil conducteur ; Dieu a permis que vous l'ayez ! Maintenant, allez ! »

A ces mots, un grand frisson secoue les membres du conseil. Demange conclut : « Vous allez entrer dans la chambre de vos délibérations et alors là, qu'allez-vous vous demander ? Si Dreyfus est innocent ? Non ! Je l'atteste, moi, son innocence, mais vous n'avez qu'à vous demander, vous, s'il est coupable... Vous vous direz : Nous ne savons pas ! Un autre aurait pu trahir ; mais lui, non, non : il y a des choses qu'il n'a pas pu commettre [...] cette écriture n'est pas la sienne [...] Il y a un homme, là-bas, au-delà de la Manche, qui a pu, lui, commettre le crime [...] A ce moment-là, je le jure, il y aura un doute dans votre conscience. Ce doute me suffit ; ce doute, c'est un acquittement. » C'est toute la méthode de Demange : faire naître le doute. A la fin de la plaidoirie, un juge, Merle, pleure à grosses larmes.

Le monde entier attend le verdict.

Après que Carrière eut demandé aux juges de peser le pour et le contre, et que Demange leur eut exprimé sa confiance, Dreyfus, horriblement pâle, essaya de crier son innocence ; mais sa faiblesse physique était telle qu'on n'entendit qu'un murmure rauque : « Je suis innocent... l'honneur du nom que portent mes enfants... Votre loyauté. »

Le verdict

Après plus d'une heure de délibérations, les juges rentrent en séance. Jouaust déclare, dans un silence profond : « Au nom du peuple français [...] A la majorité de cinq contre deux : oui, l'accusé est coupable. » Jouaust, qui a voté « Non » avec de Bréon, avait insisté pour qu'on vote les circonstances atténuantes. La peine est fixée à dix ans de détention.

Pas de protestation dans la salle, « rien qu'un long murmure comme la plainte du vent d'automne ». Demange, en sanglots, embrasse Dreyfus. Celui-ci dit seulement : « Consolez ma femme. »

A la nouvelle du verdict, face à son incohérence, la première réaction chez les révisionnistes fut la stupeur : comment une trahison pouvait-elle comporter des circonstances atténuantes ? Mais c'était quand même une sorte de victoire. Pour Clemenceau, l'iniquité reculait. Zola déclara : « La vérité vient de faire un pas de géant. » Mais, dans leur esprit, la bataille devait continuer.

A l'étranger, la réprobation contre la France était universelle ; dans vingt villes, de Budapest à Indianapolis, des manifestations populaires éclatèrent : on s'en prit aux consulats, au drapeau français. « De toutes parts », dit Reinach, « on proposait de mettre la France en quarantaine, de décliner son invitation à l'Exposition Universelle qui devait s'ouvrir au printemps prochain, ou d'y aller comme dans un mauvais lieu. »

L'Exposition Universelle devait en effet ouvrir ses portes à Paris en avril 1900. Ne fût-ce que pour cette raison-là, le sentiment commençait à se répandre qu'il fallait se hâter de mettre fin à l'agitation qui avait secoué le pays depuis deux ans.

Il n'y avait pas de triomphalisme chez les antidreyfusards : le verdict acquis, ils pouvaient même, comme les autres, commencer à participer à la vague de sympathie qu'avait provoquée la souffrance de Dreyfus. Les officiers du Conseil de guerre demandèrent que Dreyfus ne fût pas dégradé une deuxième fois.

Il y avait de quoi : lorsque Mathieu Dreyfus retrouva son frère dans sa cellule le lendemain du verdict, le 10 septembre, la physionomie de ce dernier « sous une apparence calme, témoignait d'une si profonde tristesse, d'une si atroce souffrance intérieure », qu'il eut de la peine à maîtriser son émotion. « Ses traits étaient comme convulsionnés et le rictus douloureux de sa bouche s'était creusé davantage. » Mathieu lui dit que la lutte continuerait plus vive, plus ardente que jamais, qu'elle serait certainement de courte durée, et qu'il devait tout supporter stoïquement, même une nouvelle dégradation. « Au mot de dégradation, il eut un violent soubresaut, et il protesta avec emportement : "Jamais je ne supporterai une nouvelle dégradation ; je ne revêtirai pas mon uniforme, il ne sera pas souillé une seconde fois. Je me ferai traîner : on me portera de force ; cela, jamais, jamais." » Retourné tout de suite à Paris, Mathieu déclara à Reinach et à Bernard Lazare : « Il ne vivra pas six mois s'il reste en prison. »

Vers la grâce

Reinach lui expliqua qu'il pensait à la grâce : « Le cri d'horreur du monde s'élèvera », dit-il à Mathieu, « non seulement contre les criminels qui ont fait condamner votre frère, mais encore contre la France. Il faut désolidariser la France d'avec le crime. » Et il fallait pour cela la grâce immédiate. C'est ce qu'il écrivit dans son article du *Siècle* qui parut le même jour, sous le titre « Il faut dégager l'honneur de la France. » L'idée de la grâce perçait également dans *Le Petit Parisien,* et même dans *Le Temps.*

Clemenceau et Jaurès refusaient de suivre l'idée de Reinach : pour Clemenceau, « après avoir soulevé tout un peuple pour la Justice, on va l'inviter à se contenter de la grâce d'un individu ! Dreyfus rentre bourgeoisement chez lui, les troupes dreyfusistes se dispersent : c'est la fin de l'Affaire et quelle fin ! » Le lutteur Clemenceau ne veut pas abandonner le combat, et il continue à mener sa campagne dans la presse, comme le fait Jaurès. Mais quelle solution pour le gouvernement ? Il n'en trouve aucune. Et Waldeck-Rousseau découvre bien vite qu'il n'y a pas, en effet, de porte de sortie judiciaire : il avait pensé à la cassation, mais ce serait un troisième conseil de guerre. Galliffet le lui avait bien fait sentir dans une lettre, juste avant le verdict : « Ce sera le combat entre deux Conseils de guerre et deux conseils de révision. Ce sera le combat contre toute l'armée, concentrée dans une résistance morale... n'oublions pas qu'en France la grande majorité est antisémite. Nous serons donc dans la posture suivante : d'un côté toute l'armée, la majorité des Français (je ne parle pas des députés et des sénateurs), de l'autre le ministère, les dreyfusards et l'étranger. » Un troisième conseil de guerre condamnerait Dreyfus à six voix contre une, écrivait le cynique Galliffet à la princesse Radziwill, un quatrième à l'unanimité.

Mornard, que Waldeck a consulté, lui dit qu'il ne reste que la grâce. Waldeck s'y rallie. Reinach va le voir. A son premier mot sur la grâce, le visage de ce dernier s'éclaire. Il répond qu'il y est décidé, mais qu'il y prévoit des difficultés. Le président de la République est inquiet : il faut préparer l'armée à ce désaveu du jugement de Rennes. Reinach insiste sur une grâce immédiate : dans un mois elle aura l'air d'un simple acte de pitié. Waldeck se laisse convaincre : il dit qu'il verra Loubet et Millerand.

Mais la perspicacité juridique de Millerand découvre alors un nouvel obstacle : le pourvoi en révision de Dreyfus, pourvoi qu'il a demandé pour la forme sans vraiment y croire, sera pourtant admis, parce que les juges de Rennes ont commis une erreur de droit : ils ont oublié de statuer sur la surveillance à laquelle Dreyfus doit être soumis après l'exécution de sa peine. Et si le jugement de Rennes n'est réformé que sur ce point, ce sera la catastrophe. Il faudra donc que Dreyfus se désiste de son pourvoi. « Et l'Exposition ? » ajoute Millerand. « Est-ce que l'Exposition n'est pas en danger ? »

Nouveau tollé chez les dreyfusards, à une réunion aux bureaux du *Radical*. « Dreyfus m'est indifférent, qu'on le coupe en morceaux, qu'on le mange », s'écrie Clemenceau avec violence. Mathieu arrive, et s'écrie aussitôt : « Non ! Jamais je ne conseillerai à mon frère de retirer son pourvoi ! Il mourra en prison ; sa mort sera sur la conscience des ministres ! » « Ah voilà qui est bien », s'écrie encore Clemenceau, en lui serrant chaleureusement la main : « Vous êtes un brave, je n'attendais pas moins de vous ! » Reinach se tait. Le téléphone sonne : Millerand demande à Mathieu de passer au ministère. Dans la voiture de Reinach, Mathieu dit son angoisse : la prison, pour son frère, c'est la mort : l'honneur permet-il le retrait du pourvoi ?

Au ministère, Millerand expose à Mathieu la nature de la nouvelle impasse juridique et lui demande de retourner à Rennes pour conférer seul à seul avec Alfred. Mathieu se raidit, mais Millerand et Reinach disent tous deux que s'ils avaient été l'avocat de Dreyfus, ils lui auraient conseillé d'accepter le retrait du pourvoi. Mathieu veut encore consulter Clemenceau et Jaurès. Il les attend, avec Reinach, dans le jardin du ministère. Ce dernier le tente : dans deux jours, il pourra être loin avec son frère, dans un coin tranquille. Lorsque Clemenceau et Jaurès arrivent, avec le socialiste Gérault-Richard, ils retournent au bureau de Millerand. C'est alors un beau débat : Clemenceau reproche à Reinach de faire dévier dans les sables la plus grande affaire du siècle. Reinach répond que l'idéalisme de Clemenceau ne fera que perpétuer les polémiques et les discordes.

CLEMENCEAU : « Vous sacrifiez la cause de tous les opprimés à un intérêt particulier.

REINACH : Vous faites d'une créature vivante un bélier contre les institutions militaires ou politiques.

CLEMENCEAU : Vous humiliez la République contre le sabre..»

Mais c'est le bon sens de Gérault-Richard qui convainc Jaurès : « Le peuple verra seulement que Loubet n'a pas voulu garder un innocent en prison. »

« Mathieu, » dit Clemenceau, « vous avez la majorité. »

« Non », reprit Mathieu, « il ne s'agit pas de majorité. Si vous persistez à déconseiller le retrait du pourvoi, je n'y consentirai pas. »

CLEMENCEAU (après une longue minute de silence) : « Eh bien, si j'étais le frère, j'accepterais. » Aucun des autres n'essaie de lui en tirer davantage.

JAURÈS : « Il est bien entendu que Dreyfus et Mathieu, après la grâce, continuent la lutte.

REINACH : En doutez-vous ? »

Ni Jaurès, ni Clemenceau n'en doutaient.

MATHIEU (vivement) : « Je vous demande d'écrire ici, vous-mêmes, tout de suite, la déclaration qu'il publiera, en sortant de prison. »

Jaurès s'assied au bureau de Millerand. Lui et Reinach rédigent :

« Le gouvernement de la République me rend la liberté. Elle n'est rien pour moi sans l'honneur. Dès aujourd'hui, je vais continuer à poursuivre la réparation de l'erreur judiciaire dont je suis encore victime. Je veux que la France entière sache, par un jugement définitif, que je suis innocent ; mon cœur ne sera apaisé que lorsqu'il n'y aura plus un Français qui m'impute le crime qu'un autre a commis. »

De retour à Rennes, Mathieu persuade Dreyfus d'accepter : ce qu'il fait, songeant à sa femme et à ses enfants.

Au conseil des ministres, nouvel accroc : tous les ministres demandent la grâce immédiate, mais Loubet déclare qu'il serait plus politique d'attendre la semaine suivante, lorsque l'opinion et l'armée y auront été préparées et quand la Haute Cour se sera réunie. Mais Millerand a engagé sa parole d'honneur : si la grâce n'est pas immédiate, il donnera sa démission. Waldeck-Rousseau et Galliffet se tiennent également pour engagés, à cause de leurs assurances à Millerand. Il faut alors en référer à Mathieu : celui-ci doit dégager Millerand et accepter que la grâce ne soit signée que le 19. C'est ce qu'il fait finalement.

Retour au calme
Le tapage, cessa, dit Reinach.

Le 18, la Haute Cour se réunit ; elle entendit le réquisitoire du procureur général Bernard et décida, à plus de 200 voix, le renvoi du dossier à la Commission d'instruction. Loubet signa le décret de grâce le 19 septembre. Deux jours plus tard, Galliffet adressa un ordre du jour à l'armée : il avait obtenu de Waldeck qu'il n'y aurait pas contre elle de représailles : « L'incident est clos ! Les juges militaires, entourés du respect de tous, se sont prononcés en toute indépendance :
— Nous nous sommes, sans arrière-pensée aucune, inclinés devant leur arrêt. — Nous nous inclinerons de même devant l'acte qu'un sentiment de profonde pitié a dicté à M. le Président de la République.

— Il ne saurait plus être question de représailles, quelles qu'elles soient.

— Donc, je le répète, l'incident est clos.

— Je vous demande, et s'il était nécessaire, je vous ordonnerais d'oublier ce passé pour ne songer qu'à l'avenir.

— Avec vous tous, mes camarades, je crie de grand cœur : "Vive l'armée !" à celle qui n'appartient à aucun parti, mais seulement à la France. »

Pour Galliffet, l'Affaire Dreyfus avait-elle jamais été autre chose qu'un « incident » ?

Dreyfus était déjà à Carpentras pour sa convalescence.

CHAPITRE V

Épilogue : la réhabilitation
et les suites de l'Affaire

L'Affaire était-elle terminée ? Oui et non. Pour le gouvernement Waldeck-Rousseau, certes, la question juridique principale était réglée ; et l'agitation dans le pays cessa avec une surprenante rapidité. En ce qui concernait l'armée, l'insuccès des comploteurs avait montré que la désaffection avait été somme toute limitée, et le petit nombre de sanctions prises par Galliffet avaient suffi pour la calmer.

Le Premier ministre avait vu juste : la nomination de Galliffet et de Millerand, suivie de la condamnation bâtarde de Rennes et de la grâce présidentielle, avait eu une double conséquence heureuse : de satisfaire l'armée, qui pouvait se sentir justifiée (Dreyfus était toujours condamné), mais en même temps à l'abri de représailles ; et puis de laisser Dreyfus en liberté, avec la certitude qu'il ne retournerait pas en prison.

Cette nouvelle situation n'offusquait pas trop non plus les antidreyfusards extrémistes, car elle enlevait, comme Clemenceau l'avait prévu, le gros des troupes révisionnistes. Le pays pouvait enfin respirer et se préparer à l'ouverture de l'Exposition Universelle.

Mais Dreyfus et ses partisans irréductibles entendaient poursuivre la bataille par tous les moyens dont ils disposaient, jusqu'à ce que son innocence soit officiellement reconnue. Certains dreyfusards reprochaient même à Dreyfus son acceptation de la grâce, et son inactivité pendant sa convalescence.

Au gouvernement, à l'automne de 1899, il ne restait donc, pour achever la liquidation de l'Affaire, qu'à éliminer tout foyer éventuel d'agitation dans le pays, et qu'à passer l'éponge sur les innombrables procès que l'Affaire avait occasionnés.

Le procès de Déroulède et de ses amis devant la Haute Cour eut lieu du 9 novembre au 4 janvier. L'absence de préparatifs réels d'un coup de force apparut rapidement et, à la suite d'une série d'audiences bruyantes où Déroulède et tous les accusés firent de la propagande en faveur de leurs idées, lui et Buffet furent condamnés à 10 ans d'exil. Habert, qui se rendit en décembre, fut condamné plus tard à 5 ans d'exil. Guérin fut condamné à 10 ans de prison, puis la sentence fut commuée en exil en 1901. C'était la fin de Déroulède et de Guérin. En même temps, Drumont perdait toute influence.

Ce qui restait des ligues nationalistes décapitées s'accrochait à la seule Ligue restée active, la Ligue de la Patrie Française qui se transforma en organisation électoraliste. Elle bénéficia aux élections municipales de 1900 d'une grande poussée nationaliste à Paris. Mais ce fut la débâcle en province, et après les législatives de 1902, le nationalisme de la droite modérée végéta. En 1905, la Ligue de la Patrie Française fut liquidée.

L'avenir du nationalisme, c'était à l'extrême-droite l'Action Française, bientôt convertie tout entière au royalisme par Maurras. Celui-ci, avec Barrès, deviendra le principal théoricien et inspirateur du nationalisme français au XXᵉ siècle.

Sur le plan judiciaire, Waldeck-Rousseau fit voter une loi d'amnistie recouvrant tous les crimes et délits se rattachant à l'affaire Dreyfus, sauf les meurtres et les causes civiles ; elle provoqua des hurlements de protestation de la part des dreyfusards impénitents. Pour Mathieu Dreyfus, c'était une loi « honteuse, misérable ». Une loi spéciale, disait-il, était faite pour soustraire à un châtiment mérité des hommes qui durant des années ont violé toutes les lois. « Singulière conception aussi de l'équité, celle qui consiste à sauver les criminels, alors que leurs victimes resteront frappées ; Dreyfus demeurera légalement le traître, et Picquart exclu de l'armée. » Mais l'affaire Dreyfus était devenue, aux yeux du gouvernement, un problème qui appelait un traitement essentiellement politique par des mesures d'apaisement.

Retour à la vie ordinaire

La politique était bien revenue. Comme le dit Blum dans ses *Souvenirs sur l'Affaire*, la grande période de l'Affaire était révolue. Dès le suicide d'Henry, écrit-il, « l'enchantement avait cessé... Nous recommencions à vivre comme tout le monde. » « Une fois le cyclone passé, la France se retrouvait à peu près identique à elle-même. Étrange spectacle... Quoi ! des années durant, une passion sans exemple avait possédé, bouleversé les vies personnelles et la vie commune ! On s'était senti différent : tout avait semblé différent autour de soi. Et voilà que sitôt terminée la phase aiguë, sitôt tombée la température, la société, le corps politique, les groupes, les individus se retrouvaient pareils à eux-mêmes, tels que s'il ne s'était rien passé[...] Nous n'avions pas réussi la rénovation révolutionnaire. » Il est vrai : les dreyfusards les plus idéalistes, comme Péguy, avaient cru un moment instaurer le règne des grands principes — Vérité, Justice, Liberté. Mais la révolution morale si ardemment désirée par eux n'avait pas eu lieu : le dreyfusisme s'était politisé, étape par étape ; on était revenu à la vie ordinaire et la vie politique, avec toutes ses compromissions, reprenait ses droits. Péguy qui, dès 1903, taxa la relance de l'Affaire par Jaurès de « reprise politique parlementaire » ne cessa de le déplorer : il en fera le thème central de *Notre Jeunesse* qu'il écrivit en 1910. Pour, lui, tout commençait en mystique, en idéalisme pur, et tout finissait en politique.

Reprise et fin de l'Affaire

De quoi s'agissait-il ? Mathieu et Alfred Dreyfus, avec Joseph Reinach, avaient cherché en vain le fait nouveau qui seul permettrait une nouvelle révision du procès de 1899. Ils avaient longtemps recherché ce fameux bordereau annoté de l'empereur d'Allemagne. C'est alors que Jaurès, après avoir alerté Mathieu Dreyfus, prit prétexte d'un débat parlementaire sur l'invalidation d'un député nationaliste, Syveton, pour prononcer un long discours où il refit tout l'historique de l'Affaire et évoqua le bordereau annoté.

La Chambre ne réagit guère, mais l'initiative de Jaurès eut quand même pour résultat une promesse du général André, successeur de Galliffet au ministère de la Guerre, de faire une nouvelle enquête sur les documents de l'affaire Dreyfus.

Malgré les critiques de Péguy, l'action de Jaurès mit en marche la révision finale. Toute une série de documents firent surface, tendant à prouver l'innocence de Dreyfus, et la commission consultative décida, le 25 décembre 1903, en faveur de la révision. Dans l'indifférence publique, et avec beaucoup de lenteur, la Chambre criminelle et les Chambres réunies statuèrent : selon le jugement final, il ne restait plus rien de l'accusation initiale contre Dreyfus ; il n'était donc plus question d'un nouveau conseil de guerre, et le jugement de 1894 fut cassé sans renvoi. La réhabilitation fut prononcée par la Cour de cassation, le 12 juillet 1906. Le 22 juillet, une parade eut lieu à l'École militaire, Dreyfus fut décoré de la Légion d'honneur. Cette fois, l'Affaire était bel et bien terminée.

N'avait-elle donc été qu'un épisode, qu'un « incident », comme le disait Galliffet ? Tout dépend du point de vue. Selon le moraliste Péguy, la révolution avait été manquée. Mais, néanmoins, depuis 1899, si l'Affaire n'avait pas révolutionné la vie des Français, elle n'avait pas cessé de produire des conséquences politiques, sociales et idéologiques ; et son impact allait s'étendre sur tout le xxᵉ siècle.

Conséquences de l'Affaire

La première conséquence politique, avec la transformation de l'extrême-droite nationaliste que nous venons de noter, fut l'arrivée aux affaires en France, pour une décennie, d'un pouvoir de gauche, appuyé sur la coalition des républicains autour de Waldeck, avec les radicaux et les socialistes, coalition qui s'était constituée pendant le combat pour Dreyfus. Si la majorité de Waldeck était fragile en juin 1899, elle s'est rapidement affermie, pour devenir jusqu'en 1909 la base solide du bloc des gauches dont Jaurès deviendra le grand inspirateur. Après l'antinationalisme dont on vient de voir les effets, l'anticléricalisme fut le ciment le plus puissant de la nouvelle majorité et il marqua beaucoup l'action de la gauche ex-dreyfusarde devenue gouvernementale.

Une période de gouvernement stable commença : Waldeck-Rousseau amorça sa politique de reprise de l'œuvre républicaine de laïcisation. La congrégation des Assomptionnistes, qui s'était mise à la pointe de la lutte antirépublicaine, fut dissoute en janvier 1900, et, dès le 14 novembre 1899, Waldeck déposa un projet de loi sur les associations qui prévoyait d'exercer un certain contrôle sur toutes les congrégations religieuses. Il fut poussé à prendre cette mesure par la force de la montée anticléricale dans la presse depuis l'automne de 1898.

L'Affaire, par le climat anticlérical passionné qu'elle créa, et par le fait qu'elle porta au pouvoir un gouvernement de gauche, donna une nouvelle occasion, et un sérieux coup de pouce, à la volonté permanente de la gauche française de poursuivre son projet de laïcisation de la société.

Après la mort de Waldeck, le succès des radicaux aux élections législatives de 1902 accéléra le processus : l'installation au pouvoir d'un anticléricalisme plus dur, conduisit à la loi sur l'enseignement congréganiste de 1904 et à la séparation de l'Église et de l'État.

L'alliance de Jaurès et des socialistes avec les républicains et les radicaux dans le bloc des gauches contribua au même résultat, car Jaurès considérait que l'intérêt du socialisme, à court terme, était de pousser les radicaux à parachever la laïcisation, comme prélude historique à l'introduction du socialisme, qui s'ensuivrait lorsque la question de la laïcisation serait réglée une fois pour toutes.

La querelle interne des socialistes sur l'opportunité de l'entrée de Millerand dans le ministère n'empêcha pas les socialistes de contribuer à cette nouvelle poussée de laïcisation. Mais elle allait durablement diviser le mouvement socialiste nationalement et internationalement. Il y eut même deux partis socialistes en France de 1902 à 1905. La question de la participation socialiste était toujours à l'ordre du jour à la S.F.I.O. entre les deux guerres.

Millerand, comme ministre du Commerce de Waldeck-Rousseau, mit en chantier une législation sociale, notamment

sur la durée du travail. Mais lorsqu'il essaya en 1901 d'insti-
tuer l'arbitrage dans le cas des conflits de travail, il rencontra
la forte hostilité des syndicats révolutionnaires. En 1906, au
congrès d'Amiens de la CGT, il fut accusé d'avoir cherché
à domestiquer les syndicats. C'était en réaction contre cette
tentative que se développa la vigueur du syndicalisme révolutionnaire au début du XXᵉ siècle en France.

L'Affaire n'allait pas être moins féconde en matière
d'idées politiques et sociales : tous les courants de pensée
politique en France au XXᵉ siècle allaient en porter la marque.
Chez Maurras et Barrès, la théorie nationaliste s'élabora ;
les socialistes se divisèrent entre réformistes, partisans de la
participation gouvernementale, et révolutionnaires ; l'idéalisme républicain s'affirma chez Alain pour qui l'Affaire
aura été une leçon nécessaire de vigilance républicaine ;
Péguy, de son côté donna en 1910, dans *Notre jeunesse*, une
valeur religieuse et, selon lui, chrétienne aux principes républicains, identiques à ceux de son dreyfusisme : Vérité, Justice, Liberté.

La société française allait être enfin durablement marquée
par l'Affaire : si les tentatives d'apporter le savoir au peuple
dans les Universités Populaires ne survécurent pas à
l'enthousiasme initial, les intellectuels et la Ligue des Droits
de l'Homme ne cesseront pas de jouer un rôle dans les multiples crises qui affecteront la France au XXᵉ siècle.

La communauté juive ressentit les contrecoups de
l'Affaire : les juifs perdirent leurs entrées dans la haute
société, phénomène que Proust évoquera dans *A la recherche
du temps perdu* ; les officiers juifs dans l'armée commencèrent à rencontrer des obstacles dans leur carrière, et l'antisémitisme persista.

Dans le catholicisme, l'Affaire détermina deux courants :
l'un amena beaucoup de catholiques à se rapprocher de
l'Action Française, l'autre mena à Marc Sangnier.

Enfin l'armée elle-même subit le choc de l'affaire des
fiches, le général André ayant été moins prudent que Galli-
fet : le stockage des fiches sur les opinions politiques et religieuses des officiers de l'armée provoqua un scandale
parlementaire qui le força à démissionner.

Toutes les conséquences de l'Affaire n'étaient pas perma-

nentes. Le succès politique du dreyfusisme ne pouvait repré-
senter à long terme un triomphe total : si les forces politiques
du dreyfusisme occupèrent la place en France à partir de
1899, leurs adversaires ne désarmèrent pas : le nationalisme
d'extrême-droite regagna de l'influence à partir de la crise
marocaine de 1905, et il s'épanouit en France avant, pendant,
et après la Première Guerre mondiale, de l'Action Française
au Front National.

Par ailleurs, le ralliement de toute la gauche, y compris
des socialistes, à la défense de la République se renouvela
au moment du Front Populaire.

Dans le monde, l'Affaire demeure un modèle pour la lutte
contre les erreurs judiciaires, et plus généralement un para-
digme de la lutte pour la liberté et pour les droits de
l'Homme contre l'autorité arbitraire et la raison d'État ; elle
est restée un rappel permanent des dangers de l'antisémitisme, et elle a achevé de convaincre Théodore Herzl de la
nécessité d'un État juif. Elle est ainsi aux sources du sio-
nisme. L'Affaire est aussi à la source de plusieurs tendances
profondes mais contradictoires du XXe siècle : des doctrines
de haine et d'exclusion, mais en même temps une aspiration
vers des sociétés basées sur le droit et les libertés. En ce
sens, elle ne cessera jamais d'être d'actualité.

Bibliographie

INITIATION

Il ne saurait être question ici de donner une bibliographie d'ensemble sur l'Affaire Dreyfus. Mais un certain nombre de témoignages d'époque ou d'analyses compléteront heureusement le présent ouvrage : la plupart sont disponibles en édition de poche. Dans l'ordre :

BLUM, L., *Souvenirs sur l'Affaire* (Gallimard, 1981). Collection « Idées ». Essentiel sur les réactions des dreyfusards et des hommes politiques.

GAUTHIER, R., *« Dreyfusards ! »* (Julliard, 1965). Collection « Archives ». Recueil de textes.

DREYFUS, M., *L'Affaire telle que je l'ai vécue* (Grasset, 1978).

DREYFUS, A., *Cinq années de ma vie (1894-1899)*, introduction de Pierre Vidal-Naquet (François Maspero, 1982), « Petite collection Maspero/Histoire ».

ZOLA, E., *L'Affaire Dreyfus. La vérité en marche*, préface de Colette Becker (Garnier-Flammarion, 1969). Donne les principaux textes de Zola, y compris *J'Accuse... !* et une Chronologie. Réédition 1994.

PALÉOLOGUE, M., *Journal de l'Affaire Dreyfus 1894-1899. L'Affaire Dreyfus et le Quai d'Orsay* (Plon, 1955).

PÉGUY, Ch., *Notre Jeunesse* (Gallimard, 1993). Collection « Folio ».

BERNARD LAZARE, *Une erreur judiciaire. L'Affaire Dreyfus* (Allia, 1993). Reproduit le deuxième mémoire de Bernard Lazare.

BOUSSEL, P., *L'Affaire Dreyfus et la presse* (Colin, 1960). Extraits d'articles de presse. Collection « Kiosque ».

KEDWARD, R., *The Dreyfus Affair* (Longmans, 1965). Recueil de textes en français. Présentation en anglais.

REBÉRIOUX, M., *La République radicale ? 1898-1914* (Seuil, 1975), chapitre 1 (T. XI de la *Nouvelle Histoire de la France contemporaine*).

L'Affaire Dreyfus. Vérités et mensonges, L'Histoire, n° 173 (janvier 1994).

PONTY, J., « La presse quotidienne et l'Affaire Dreyfus en 1898-1899 : essai de typologie », *Revue d'Histoire Moderne et Contemporaine*, t. XXI (avril-juin 1974), pp. 193-220.

PETER, J.-P., « Dimensions de l'affaire Dreyfus », *Annales ESC*, (novembre-décembre 1961), pp. 1141-1167.

Pour la présentation la plus récente et la plus complète de l'Affaire dans tous ses aspects :

BREDIN, J.-D., *L'Affaire*, nouvelle édition (Fayard/Julliard, 1993), avec une bibliographie de 18 pages comportant les derniers titres.

ORIENTATION DE LA RECHERCHE

L'immensité de la bibliographie existante sur l'Affaire peut décourager mais, avec les titres déjà cités, les 5 titres qui suivent forment le socle fondamental et le point de départ indispensable de toute recherche sur l'Affaire. Leur petit nombre ne doit pas faire illusion : ils offrent, en particulier dans l'ouvrage monumental de Joseph Reinach, une masse de faits et d'analyses dont on n'a pas toujours tenu compte comme il le fallait.

REINACH, J., *Histoire de l'Affaire Dreyfus*, 7 t. (La Revue Blanche/Fasquelle, 1901-1911). Très utile index général dans le t. VII.

Malgré ses erreurs bien connues sur Henry et le prétendu complot jésuite, ce grand livre reste incontournable et pourtant méconnu. Il apporte un éclairage essentiel sur d'innombrables points spécifiques : sur les hommes et les événements, mais aussi sur l'opinion publique, sur la société et sur la politique.

THOMAS, M., *L'Affaire sans Dreyfus* (Fayard, 1961) L'ouvrage définitif sur tout ce qui concerne le rôle dans l'Affaire de l'espionnage, de l'État-Major et de la Haute Armée.

LEBLOIS, L., *L'Affaire Dreyfus. L'Iniquité. La Réparation. Les principaux faits et les principaux documents* (Aristide Quillet, 1929). Chronologie (30 p.).

Mille pages de documents, pour l'essentiel des extraits de comptes rendus des procès. Le point de départ de tout travail sur les sources.

CAPERAN, L., *L'Anticléricalisme et l'Affaire Dreyfus* (Toulouse, Imprimerie Régionale, 1948).

Un autre livre méconnu qui offre beaucoup plus que son titre ne l'indique : sur le rôle de l'Eglise et des catholiques, mais aussi sur les dreyfusards et les antidreyfusards, et sur la dimension politique de l'Affaire.

BIRNBAUM, P. (sous la direction de), *La France de l'Affaire Dreyfus* (Gallimard, 1994).

La première tentative globale en vue de situer l'Affaire dans la société et la politique de son temps. Apporte beaucoup d'aperçus neufs sur l'armée, la police, les nobles, etc.

Parmi les publications de l'année du centenaire ajoutons encore :

BURNS, M., *Histoire d'une famille. Les Dreyfus : l'émancipation, l'Affaire, Vichy* (Fayard, 1994).

Essentiel et très neuf sur Dreyfus, sa jeunesse et sa famille.

GERVEREAU, L., et PROCHASSON, Ch. (sous la direction de), *L'Affaire Dreyfus et le tournant du siècle (1894-1910)* (BDIC, 1994).

Le livre de l'exposition des Invalides (avril-juin 1994) — avec ses 600 illustrations il constitue une véritable histoire visuelle de l'époque.

DROUIN, M., (sous la direction de), *L'Affaire Dreyfus de A à Z. Histoire et dictionnaire* (Flammarion, 1994).

INDEX

Table

Dans Le Livre de Poche

Extraits du catalogue

Documents, témoignages

Le Livre de Poche
Références

La collection « Le Livre de Poche Références » *couvre le domaine des sciences humaines et répond aux besoins nouveaux de l'Université. Elle accueille des auteurs prestigieux, universitaires de renom et chercheurs de haut niveau et publie des textes essentiels, bilans et synthèses audacieuses, études historiques, présentation de grandes théories.*

La Pochothèque

Une série du Livre de Poche
au format 12,5 × 19

Le Petit Littré

1946 pages - 120 F

Cet « abrégé », connu sous le titre de « Petit Littré » et de
« Littré-Beaujean », offre l'essentiel de ce que les étudiants et un
grand public cultivé peuvent rechercher dans la version complète et développée.

Encyclopédie géographique

1200 pages - 64 pages hors texte - 155 F

L'inventaire actuel complet des unités nationales du monde
contemporain, de leurs institutions, de leur histoire, de leurs
ressources naturelles, de leurs structures économiques, des
courants d'échanges.

Encyclopédie de l'art

Illustré en couleurs. 1400 pages - 195 F

Un inventaire des grandes créations artistiques *de la Préhis-
toire à nos jours.* Les artistes, les styles. Toutes les époques,
toutes les régions du monde, toutes les disciplines.

Encyclopédie de la musique

Illustré en couleurs. 1144 pages - 175 F

Le point des connaissances sur toutes les cultures musicales –
européennes ou extra-européennes – *de l'Antiquité à nos jours.*
Les principaux compositeurs.

La Bibliothèque idéale

Présentation de Bernard Pivot   1000 pages - 120 F

Réalisé par l'équipe de *Lire,* ce « guide de lecture » unique en
son genre, comporte la sélection commentée de 2 500 livres.

Dictionnaire des lettres françaises :
Le Moyen Age

1506 p. - 175 F

Une documentation approfondie sur la production littéraire
du Ve au XVe siècle.

Le Théâtre en France
Sous la direction de Jacqueline de Jomaron

1225 pages. - 145 F

Une histoire du théâtre français du Moyen Age à nos jours. Des essais personnels d'auteurs animent les grands débats esthétiques.

L'Art de la préhistoire
L.-R. Nougier

Illustré en couleurs. 540 p. - 149 F

Un panorama mondial de l'art préhistorique, en Chine, en Amérique, en Europe, en Afrique.

L'Art égyptien
S. Donadoni

Illustré en couleurs. 672 p. - 169 F

3 000 ans d'histoire de l'art égyptien, des temps archaïques à l'époque ptolémaïque et romaine.

L'Art du XVe siècle, des Parler à Dürer
J. Białostocki

Illustré en couleurs. 526 p. - 149 F

Les artistes, les styles, les types inonographiques liés aux bouleversements politiques et religieux dans l'Europe du XVe siècle.

Atlas de la biologie
G. Vogel, H. Angermann

297 planches couleur- 642 p. - 149 F

Un ouvrage de référence à l'usage des étudiants et un guide clair pour tout lecteur curieux des plus récents progrès de la biologie.

Atlas de l'écologie
D. Heinrich, H. Hergt

123 planches couleurs. 284 p. - 75 F

Une initiation approfondie au fonctionnement des grands écosystèmes. Les problèmes de pollution industrielle et urbaine.

Atlas de la philosophie
P. Kunzmann, F.P. Burkard, F. Wiedmann

2 000 notions, 750 tableaux et schémas couleur. 288 p. - 75 F

De Confucius à Foucault et Deleuze, les principaux penseurs et l'exposé des doctrines. Des schémas explicatifs figurent en regard des textes.

Dans Le Livre de Poche

(Extrait du catalogue)

Biographies, études...

Badinter Elisabeth
Emilie, Emilie. L'ambition féminine.
au XVIIIe siècle (*vies de Mme du Châtelet, compagne de Voltaire, et de Mme d'Epinay, amie de Grimm*).

Badinter Elisabeth et Robert
Condorcet.

Borer Alain
Un sieur Rimbaud.

Bourin Jeanne
La Dame de Beauté (*vie d'Agnès Sorel*).
Très sage Héloïse.

Bramly Serge
Léonard de Vinci.

Bredin Jean-Denis
Sieyès, la clé de la Révolution française.

Cahm R.
L'Affaire Dreyfus.

Caldwell Erskine
La Force de vivre.

Chalon Jean
Chère George Sand.

Champion Jeanne
Suzanne Valadon ou la recherche de la vérité.
La Hurlevent (*vie d'Emily Brontë*).

Charles-Roux Edmonde
L'Irrégulière (*vie de Coco Chanel*).
Un désir d'Orient (*jeunesse d'Isabelle Eberhardt, 1877-1899*).

Chase-Riboud Barbara
La Virginienne (*vie de la maîtresse de Jefferson*).

Chauvel Geneviève
Saladin, rassembleur de l'Islam.

Monnet Jean
Mémoires.
Orieux Jean
Voltaire ou la royauté de l'esprit.
Pernoud Régine
Aliénor d'Aquitaine.
Perruchot Henri
La Vie de Toulouse-Lautrec.
Prévost Jean
La Vie de Montaigne.
Renan Ernest
Marc Aurèle ou la fin du monde antique.
Souvenirs d'enfance et de jeunesse.
Rey Frédéric
L'Homme Michel-Ange.
Roger Philippe
Roland Barthes, roman.
Séguin Philippe
Louis-Napoléon le Grand.
Sipriot Pierre
Montherlant sans masque.
Stassinopoulos Huffington Arianna
Picasso, créateur et destructeur.
Sweetman David
Une vie de Vincent Van Gogh.
Thurman Judith
Karen Blixen.
Troyat Henri
Ivan le Terrible.
Maupassant.
Flaubert.
Zola.
Zweig Stefan
Trois Poètes de leur vie (*Stendhal, Casanova, Tolstoï*).
Trois Maîtres (*Balzac, Dickens, Dostoïevski*).
Le Combat avec le démon (*Kleist, Hölderlin, Nietzsche*).

Dans la collection « Lettres gothiques » :

Journal d'un bourgeois de Paris (*écrit entre 1405 et 1449 par un Parisien anonyme*).

Dans Le Livre de Poche

Extraits du catalogue

Biblio/essais

Composition réalisée par NORD-COMPO

IMPRIMÉ EN FRANCE PAR BRODARD ET TAUPIN
Usine de La Flèche (Sarthe).
LIBRAIRIE GÉNÉRALE FRANÇAISE - 6, rue Pierre-Sarrazin - 75006 Paris.

ISBN : 2 - 253 - 90512 - 7   ◈ 42/0512/6